汽车驾驶智能模拟设备系列教材

汽车驾驶电子学习室使用指南

北京宣爱智能模拟技术有限公司　组编
于晓辉　主编

机械工业出版社

本书系统完整地介绍了电子学习室的设备特性、教学功能、安装维护，依据“理论、模拟加实车”的培训模式，将理论学习、模拟练习与实车训练三个教学阶段有机地结合起来，使学员以易于接受的立体多元化组合媒体形式完成驾驶技能的学习，显著提升学习效果。

图书在版编目（CIP）数据

汽车驾驶电子学习室使用指南/于晓辉主编．—北京：机械工业出版社，2011.10

汽车驾驶智能模拟设备系列教材

ISBN 978-7-111-35665-3

Ⅰ.①汽…　Ⅱ.①于…　Ⅲ.①汽车驾驶—操纵模拟器—指南　Ⅳ.①U471.1-62

中国版本图书馆 CIP 数据核字（2011）第 172498 号

机械工业出版社（北京市百万庄大街 22 号　邮政编码 100037）
策划编辑：杜凡如　责任编辑：杜凡如　丁　锋
版式设计：张世琴　责任校对：肖　琳
封面设计：王伟光　责任印制：乔　宇
北京铭成印刷有限公司印刷
2011 年 10 月第 1 版第 1 次印刷
184mm×260mm・16.25 印张・391 千字
0001—3000 册
标准书号：ISBN 978-7-111-35665-3
定价：90.00 元

凡购本书，如有缺页、倒页、脱页，由本社发行部调换

电话服务
社服务中心：(010) 88361066
销售一部：(010) 68326294
销售二部：(010) 88379649
读者购书热线：(010) 88379203

网络服务
门户网：http：//www.cmpbook.com
教材网：http：//www.cmpedu.com
封面无防伪标均为盗版

“汽车驾驶智能模拟设备系列教材”
编审委员会

主　编：于晓辉

副主编：秦　策

参　编：（按姓氏笔画为序）

王新华　任存喜　李　娟　肖海青

余　浩　余　涛　陈明延

前言　模拟是教育的核心技术

人类教育史上曾有过三次重大教育技术革命，第一次是将教育年轻人的责任从家族转移到专业教员手中，第二次是将书写文字作为与口语同样重要的教育工具，第三次是发明印刷术和普遍运用教科书。自20世纪50年代以来，随着教育机器、教育电视、计算机辅助教学、卫星通信技术的发展，教育技术开始了西方教育家所谓的“第四次革命”。信息技术（例如，通信技术、同步卫星技术、电视技术、计算机技术等）和系统科学方法、人类脑科学及心理学等现代科学技术迅速发展，并被先后引入到教育领域，正在引发和推动教育理念、方式、结构等方面的又一次重大变革。学习资源不仅限于教员和教科书，更多的教育媒体被引入到学习中。学习环境的扩展，使人类学习的场所丰富起来，“地球村”和全球性的学习，这些前人想都无法想象的事情成为现实。随之而来的，不仅是对教育理念、教育时间、教育形式、教育结构等方面产生革命性、震荡性的冲击，而且必然会引起深刻、全面、广泛和持久的教育变革。

美国教育传播与技术学会AECT05新定义：教育技术是通过创造、使用、管理适当的技术性过程和资源，以促进学习和提高绩效的研究与符合伦理道德的实践。所谓现代教育技术，就是运用现代教育理论和现代信息技术，通过对教与学过程和教学资源的设计、开发、利用、评价和管理，以实现教学优化的理论和实践。教育技术更多地强调利用新技术来实现教育教学的优化，应用于教育的现代信息技术主要包括：模拟音像技术、数字音像技术、卫星广播电视技术、计算机多媒体技术、人工智能技术、互联网通信技术及虚拟现实模拟技术。

模拟技术，或称为仿真（simulation）技术，就是用一个系统模仿另一个真实系统的技术。虚拟现实（Virtual Reality）技术，简称VR，是20世纪80年代新崛起的一种综合集成技术，涉及计算机图形学、人机交互技术、传感技术、人工智能等。它由计算机硬件、软件以及各种传感器构成三维信息的人工环境——虚拟环境，可以逼真地模拟现实世界（甚至是不存在的）的事物和环境，人投入到这种环境中，立即有身临其境的感觉，并可亲自操作，自然地与虚拟环境进行交互。由于计算机技术的发展，模拟技术逐步自成体系，成为继数学推理、科学实验之后人类认识自然界客观规律的第三类基本方法，而且正在发展成为人类适应、认识、改造客观世界的一项通用性、战略性技术。

模拟培训技术是在教育技术学的基础理论指导下，应用现代模拟教学设备实施相关专业的教学实践活动。运用教育技术手段组织汽车驾驶的教学活动，完全区别于传统意义上的汽车驾驶培训。虚拟仿真技术具有沉浸性（Immersion）、交互性（Interaction）、

虚幻性（Imagination）、逼真性（reality）等基本特性，应用汽车驾驶模拟器实施汽车驾驶技能的培训，不能沿用常规的教学方式方法，否则不仅难以提高教学效能，还会造成误导，影响教学效果。因此，必须建立一套适应于汽车驾驶模拟培训特点的教学模式，这套系列教材就是为此而专门编制的。

汽车驾驶教学的目的在于构建学员安全驾驶能力与品德的心理结构，而要加速这种能力与品德的构建，则必须依据学习规律进行定向培养。传统的培训模式大都以教学实践经验为基础，在总结和概括的过程中形成，属于归纳式的培训模式。在这种培训模式中，经验和感性的成分较多，以支离破碎的知识为主，没有构成系统化和概括化的教学体系，教学运用的局限性较大。教练员教学能力的培养周期长，成本高，驾校培训质量对教练员的依赖性非常大。无数的教学实践证明，影响实车训练效率最主要的教学障碍是错误操作，而产生错误操作最主要的原因则是方法不当、顺序不清、概念不明、判断不准。如何提高实车训练的教学效能呢？国际上通常的做法是在实车训练前，合理地安排理论学习和模拟练习，也就是采用“理论、模拟加实车”的模式。

“理论、模拟加实车”是一种科学、高效、节能型的培训模式，它是将理论学习、模拟练习与实车训练三个教学阶段有机地结合起来，针对汽车驾驶培训各阶段不同的教学特点，运用教学建模的方法，采用模块化教学、案例式教学、个性化教学、任务式教学等全新的教学模式，对汽车驾驶的教学内容进行高度概括化、系统化，形成易教、易学、适考的教学体系。通过上车前的理论学习和模拟练习，可以帮助学员懂得行车概念，掌握操作方法，明确心智顺序，理清判断思路，从而系统完整地掌握汽车驾驶知识，大幅度地提高实车训练效率。我们必须清醒地认识到，模拟练习代替不了实车训练，这是铁律，但是通过模拟练习，可以大幅度提高训练效率，这就是模拟练习的目的，模拟练习的核心价值在于解决实车训练无法实现的教学内容。

这套“汽车驾驶智能模拟设备系列教材”系统完整地介绍了电子教练机、电子学习机、电子教练室、电子学习室等四套设备的设备特性、教学功能、安装维护，展示了现代教育技术在汽车驾驶培训领域中的应用状况，以及汽车驾驶模拟培训技术在运用各种教学理论基础上所表现出来的全新教学系统设计理念。其核心思想体现在以下四个方面：

（一）从教学规律看，模拟培训技术克服了传统教学知识结构线性的缺陷，信息呈现多形式、非线性网络结构的特点，符合现代教育认知规律。

从建造和形成认知结构方面，教学系统基于奎林（M. R. Quilian）的语义网络理论。人类的认知是一个层层相连的网状结构，这个结构中有节点、链等，各节点之间通过链的作用而结成一个记忆网络。显然，传统教学知识结构的线性化，限制了学员多层次、多角度地获得知识信息，只能按照教员的教学计划来完成学习。而模拟培训技术教学结构从最初的知识节点出发，呈网状分布的知识链结构形成一种多层次的知识结构，这是一种以人类思维方法组织教学信息的学习环境，学员可以根据自己的实际能力、学习需要来安排学习。

在认知过程方面，模拟培训技术教学符合加涅（R. M. Gagne）的认知学习理论。该理论揭示了人类掌握知识、形成能力的阶梯式发展过程。传统的职业技术教育教学过程，尤其是理论教学部分，是由感知教材、理解教材、巩固与运用知识几个环节顺序连接而成的，教学周期长，学员的记忆易于淡化，不利于阶梯式发展过程的形成。而模拟培训技术则把感知、理解、巩固与运用融合为一体，使学员的记忆在较短时间内得到强化，可以有效地促进个体主动参与认知结构不断重组的递进式学习过程。

（二）从教学模式看，模拟培训技术教学系统采取的“理论、模拟加实车”培训模式，既是一个可以进行个别化自主学习的教学环境与系统，同时又是一个能够形成相互协作的教学环境与系统。

模拟培训教学系统输入与输出手段的多样化，使其具有很强的交互能力，多种学习形式交替使用，可以最大限度地发挥学员学习的主动性，从而完成自主学习。与网络技术相结合的多媒体教学系统还可以使学员与学员之间、学员与教员之间跨越时空的限制进行互相交流，实现自由讨论式的协同学习，这显然是传统教学模式无法比拟的。

（三）从教学内容看，模拟培训技术集声、文、图、像于一体，知识信息来源丰富，容量大，内容充实，形象生动而更具吸引力。

应用模拟培训技术教学系统改变了传统教学方式，使学员占有的时空不断扩大，为学员创造了一个宽阔的时域空间，既可以超越现实时间，生动地展示历史或未来的认知对象，又能够拓宽活动范围，将巨大空间与微观世界的事物展示在学员面前加以认知。

（四）从教学手段看，模拟培训技术的教学系统主要是指模拟驾驶教学系统。

模拟驾驶教学系统强调以计算机为中心的多媒体群的作用，从根本上改变了传统教学中的教员、教材、学员、车辆四点一线的格局，学员面对的不再是单一枯燥无味的文字教材和一成不变的粉笔加黑板的课堂，呈现在学员面前的是图文并茂的音像教材、视听组合的多媒体教学环境与手段、在网络上远距离双向传输的教学系统，以及模拟驾驶环境的电子教练设备。传统教法中抽象的书本知识转变为学员易于接受的立体多元化组合媒体形式，使得教学过程与教学效果达到最优化状态。在整个学习过程中，充分利用学员的视觉与听觉功能，对大脑产生多重刺激作用，从而使得学习效果显著提高。

我深信通过这套丛书的面市，将有利于推动汽车驾驶培训行业的技术性改造工作，使培训工作更加科学高效，教学活动更加丰富多彩。

于晓辉

Contents

目　录

前言　模拟是教育的核心技术

第一篇　设备特性篇

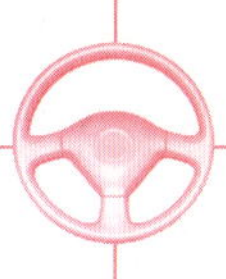

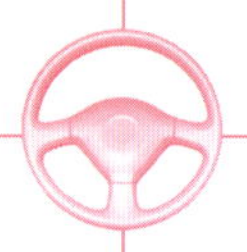

第一篇　设备特性篇

第一章　电子学习室的组成

动感型汽车驾驶电子学习室（简称：电子学习室）由动感型汽车驾驶模拟器和理论教室整合而成，是以实施规模组织模拟交通事故案例教学为主要内容的模拟教学平台。它由模拟训练室（又称主教室）与观察学习室（又称副教室）两部分组成。教员在模拟训练室内，组织两个教室的学员共同完成模拟教学活动。模拟训练室装配一台六自由度动感型汽车驾驶模拟器，可实现高仿真驾驶，学员以驾驶操作为主；观察学习室可容纳学员 20 名左右，学员以同步观察、分析讨论为主。两个教室通过视频、通话、教学组织共享，形成同步参与互动交流的教学平台。该系统主要以实现积累和丰富驾驶人驾驶经历为目的，主要适用于规模组织汽车驾驶人应用驾驶技能的培训与测评。

电子学习室由互动型视景系统、模拟教学专用软件、电动伺服运动平台、电控系统、模拟座舱、附属设施等部分组成。模拟训练室如图 1-1 所示，观察学习室如图 1-2 所示。

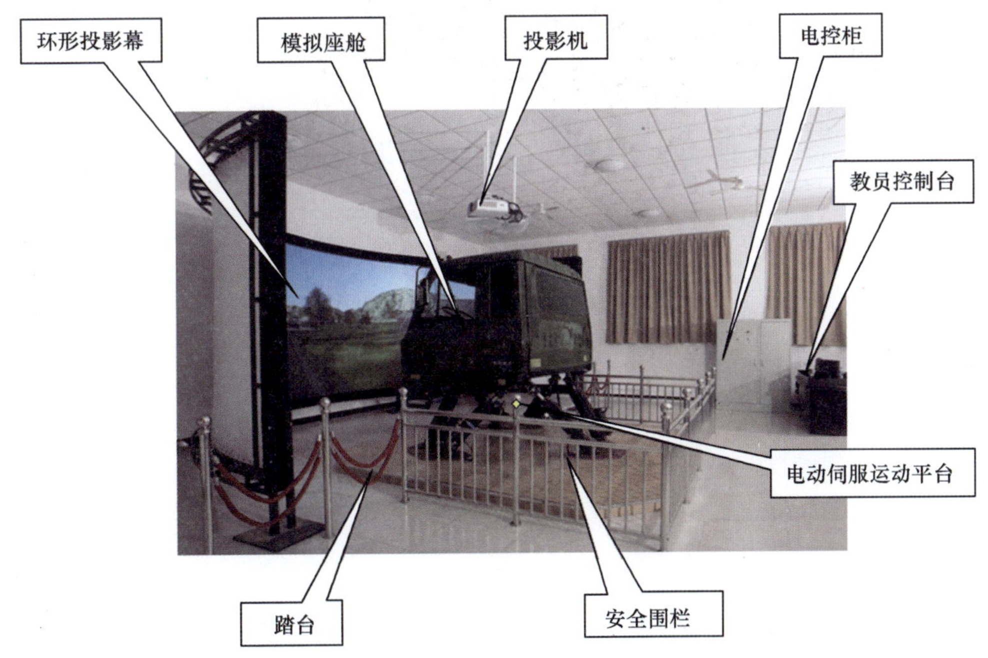

图 1-1　宣爱 QJ-4B1 型电子学习室的模拟训练室示意图

电子学习室的主要特点：

1）电子学习室采用以教员为中心的教学结构设计，软件提供模块化、案例式和个性

图 1-2　宣爱 QJ-4B1 型电子学习室的观察学习室示意图

化等三种教学模式，以及汽车驾驶技能动态测评和事故倾向性测评两种测评手段，还有路基、路谱、案例、音视频和动力学模型等五种编辑工具，含 40h 的教学视频、1000 起交通事故经典案例和 12 条三维互动道路等三个数据库，便于教员组织各种类型的教学活动。经典案例如图 1-3 所示。

图 1-3　1000 起十种类型的交通事故经典案例示意图

2）通过教员集中组织案例教学与学员轮流体验驾驶相结合的方式，以及针对不同学员不同技能缺陷而自动生成的“个性化培训计划”，可实施定向强化式紧急避险模拟训练。加之，汽车驾驶技能动态测评和驾驶人事故倾向性测评等技能测评手段，使学员充分体验和感受车辆交通事故所造成的危害，深刻认识到发生事故的原因，积累应对突发情况的避险经验，提高安全驾驶的基本技能，从而加速构建学员安全驾驶能力与品德的心理结构，预防和减少交通事故。

第一节　互动型视景系统

视景系统是人机对话的窗口，可实现视景显示跟随驾驶操作而实时变化，具有 180° 的主观视角视窗。

一、系统组成

互动型视景系统由多媒体计算机、投影机、边缘融合器、环形（平板）投影幕、后（下）视镜显示屏、视频监控装置、音箱功放及传声器等组成，可实现驾驶人主观 180°以上视角无缝拼接的道路场景和左、右后视镜及下视镜的屏幕显示。

1. 多媒体计算机

所谓多媒体计算机是具有多媒体处理功能的计算机（图 1-4）。多媒体技术，即计算机交互式综合处理多媒体信息——文本、图形、图像和声音等，使多种信息建立逻辑连接，集成为一个系统并具有交互性。简言之，多媒体技术就是具有集成性、实时性和交互性的计算机综合处理声文图信息的技术。

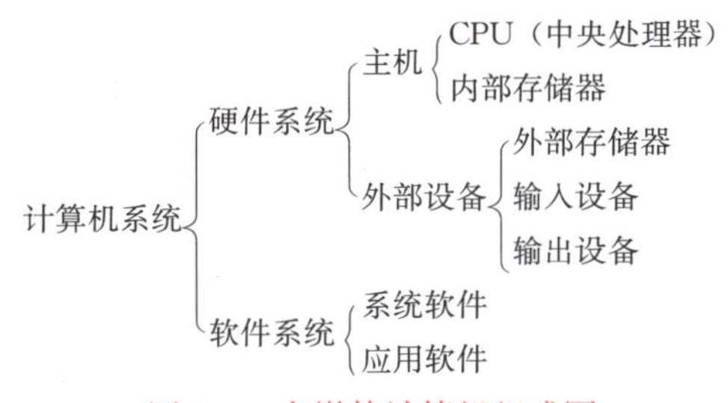

图 1-4　多媒体计算机组成图

系统采用最新英特尔四核中央处理器和英伟达最新含 GPU 显示卡，可达到 3072×768 分辨率下三维场景显示，刷新率大于 50Hz。工程计算机如图 1-5 所示。

2. 投影机

DLP（Digital Light Processor）投影机技术是一种全数字反射式投影技术。其特点首先是数字优势；数字技术的采用，使图像灰度等级提高，图像噪声消失，画面质量稳定，数字图像非常精确。其次是反射优势；反射式 DMD 器件的应用，使成像器件的总光效率大大提高，对比度亮度均匀性都非常出色。DLP 投影机清晰度高、画面均匀、色彩锐利，三片机可达到很高的亮度，且可随意变焦，调整十分方便。

本系统主教室采用的投影机为三洋（SANYO）PLC-XT2100，三通道不加融合设备，使用投影机硬拼接对齐方式，边缘的部分变形通过投影机微调实现。拼接所实现的视野像素可以达到 3072×768，流明数为 4000，UHE 灯泡。投影机在安装前已进行了色彩的匹配，保证三个画面的彩色基调基本一致。视景系统投影机布置如图 1-6 所示。

图 1-5　工程计算机示意图

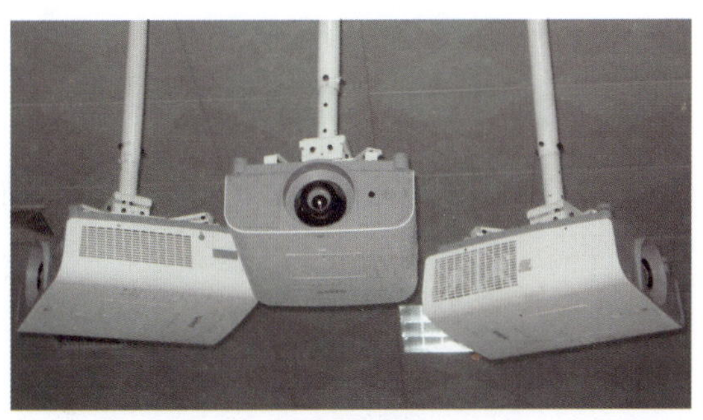

图 1-6　视景系统投影机布置示意图

3. 边缘融合器

边缘融合器也叫大屏幕无缝拼接，边缘融合机，是在拼接控制器基础上的高性能边缘融合处理设备。主要功能是将一台或多台投影机投出的图像经过边缘融合技术处理，

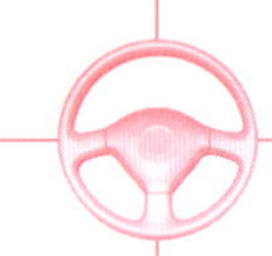

实现一幅完整无缝大画面显示。它集视频多窗口处理技术和边缘融合技术为一体，在一台控制器上完美实现视频多窗显示、边缘融合、色差校正、多路信号源选择、无缝切换、输入信号自动调整和预存场景自由调用等功能。三通道边缘融合器外观如图 1-7 所示。

边缘融合技术是将一组投影机投射出的画面进行边缘重叠，并通过融合技术显示出一个没有缝隙、更加明亮、超大、高分辨率的整幅画面，画面的效果就像是一台投影机投射的画面。

边缘融合技术中采用整幅屏幕，消除了传统拼接存在的屏幕间的物理缝隙，从而使得屏幕显示的图像保持完整。采用边缘融合处理技术后，更好地消除了光学缝隙，从而使显示的图像完全一致，保证了显示图像的完整和美观。在边缘融合拼接系统中，所有图像都经过边缘融合处理器进行了校正和统一，在大屏幕上进行图像显示和切换时，无论切换什么格式的图像，整个屏幕的亮度、色彩、鲜艳度、均匀度都比较一致。

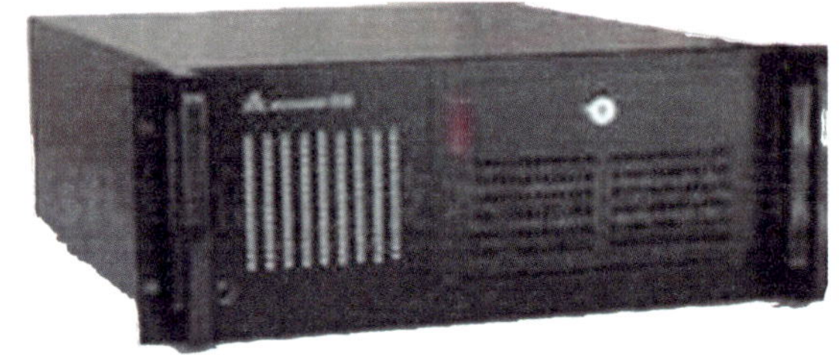

图 1-7　三通道边缘融合器

由于在处理器中对投影显示图像进行了处理，可以对不同投影信号间的色差、亮差、均匀度进行调整，使得系统显示的图像质量更完美。

4. 环形投影幕

环形投影幕也可称为柱形投影幕（图 1-8），是虚拟现实、仿真系统的专用屏幕，适用于多通道互动视景系统。

在视景仿真应用环境中，柱形投影幕较平面幕有更大的视角，会使用户产生强烈的沉浸感，应用效果比平面投影幕好得多。

柱形投影幕按幕面材质又分为软幕和硬幕两种。

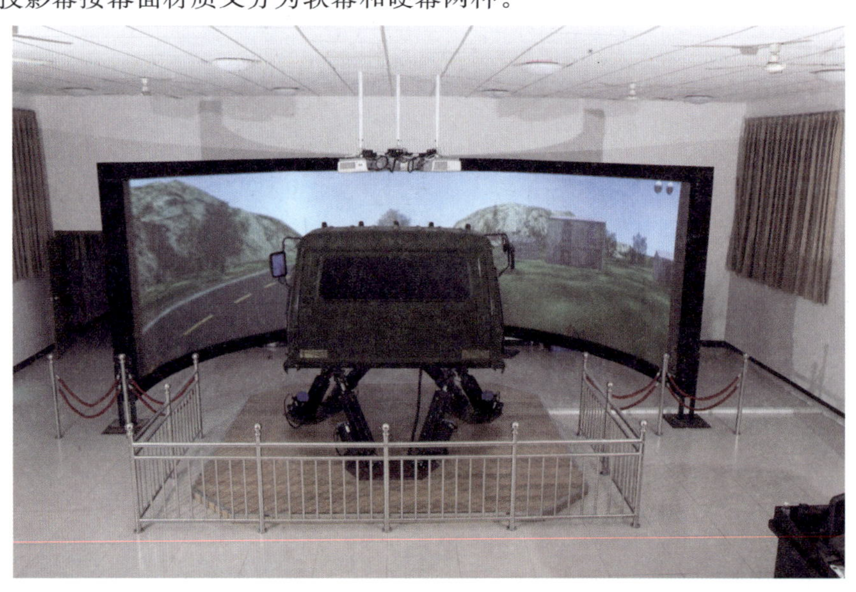

图 1-8　环形投影幕示意图

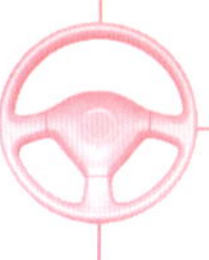

互动型视景系统柱形投影幕采用 12.9m×3m 软幕，基材选用 PVC 材料，材质柔软，可折叠，运输和保存十分方便。投影幕总合成视角达到 180°。屏幕使用增益小、视角大的 PVC 白塑正投幕，增益在 1.0～1.2，视角 40°～50°，有足够宽的视角和成像效率。处理后整个幕面平整，不会因为温度和湿度的原因引起幕面变形。

5. 后（下）视镜液晶显示器

液晶显示器是以液晶材料为基本组件，在两块平行板之间填充液晶材料，通过电压来改变液晶材料内部分子的排列状况，以达到遮光和透光的目的来显示深浅不一、错落有致的图像，而且只要在两块平板间再加上三原色的滤光层，就可显示彩色图像。液晶显示器功耗很低，因此倍受工程师青睐，适用于使用电池的电子设备。

系统由三块液晶显示器组成，用来显示左右后视镜景物和下视镜景物。左右后视镜的液晶板尺寸为 12.1in，下视镜的液晶板尺寸为 10.4in，如图 1-9 所示。

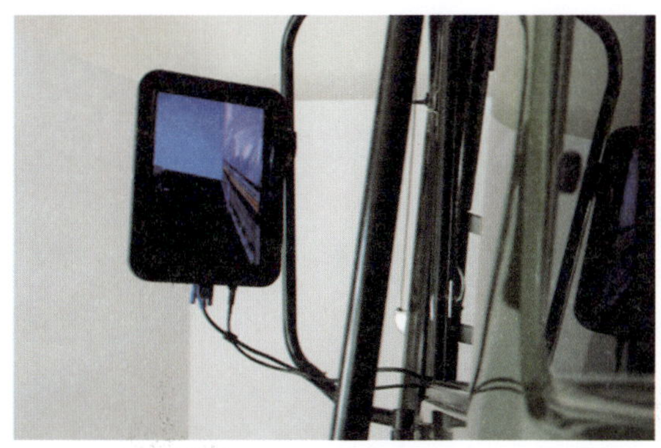

左后视镜液晶屏

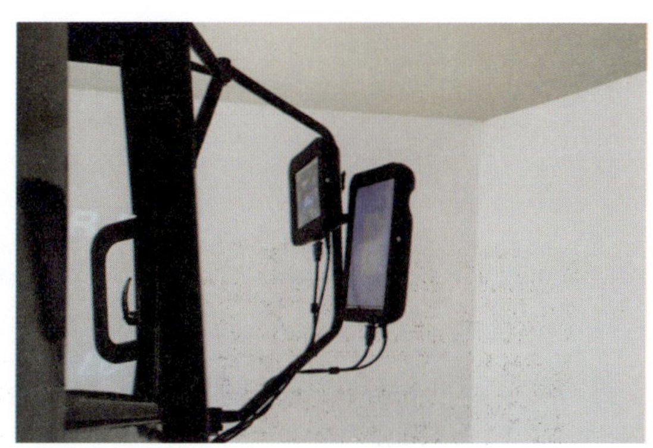

右后（下）视镜液晶屏

图 1-9 液晶屏示意图

6. 视频监控装置

系统采用最新的实时监控录像系统，共有 4 个摄像头，其中 3 个摄像头装在座舱内，采集转向盘、三踏板、变速器的操作动作。第 4 个摄像头安装于副教室，用于监控副教室学员学习情况。视频监控摄像头如图 1-10 所示。

图 1-10 视频监控摄像头

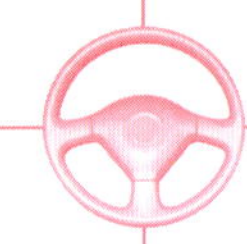

7. 音箱功放及传声器

图 1-11　音箱示意图

音箱（图 1-11）是整个音响系统的终端，它是音响系统极其重要的组成部分，担负着把电信号转变成声信号供人的耳朵直接聆听这么一个关键任务，直接与人的听觉打交道。人的听觉是十分灵敏的，对复杂声音的音色具有很强的辨别能力。由于人耳对声音的主观感受正是评价一个音响系统音质好坏的最重要的标准，因此，可以认为，音箱的性能高低对一个音响系统的放音质量起着关键作用。

功率放大器简称功放（图 1-12），俗称“扩音机”，是音响系统中最基本的设备，它的任务是把来自信号源（专业音响系统中则是来自调音台）的微弱电信号进行放大以驱动扬声器发出声音。

传声器俗称“话筒”（图 1-13），是声电转换的换能器，通过声波作用到电声元件上产生电压，再转为电能，用于各种扩音设备中。

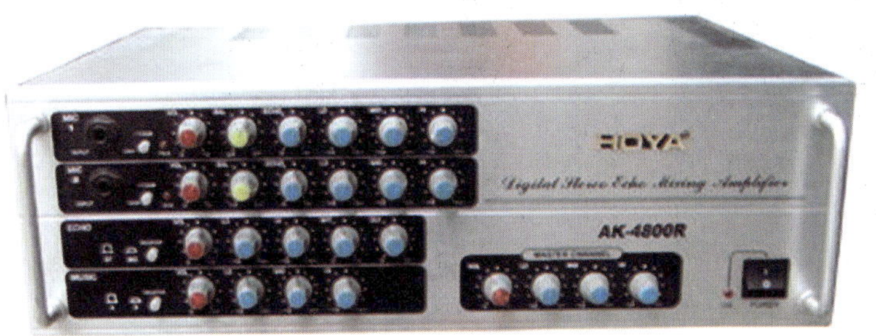

图 1-12　功放示意图

图 1-13　传声器示意图

系统包括三组音箱和六对全时双工传声器，音箱和传声器分别安装于教员台、座舱内和副教室，可进行实时音频沟通。

二、总成性能指标

1. 整体指标要求

1）整体画面总合成 180°视角。

2）画面中包括三个后视镜的画中画功能，侧后视镜角度可调，确保有足够宽的视角和成像效率。

3）三通道拼接所实现的视野像素达到 3072×768，视景画面显示速率≥24 帧/s，清晰度高。

4）在 20℃室温条件下，单次连续工作高于 8h，稳定性高。

5）屏幕的高度和宽度可以调节，以适应大小、高低不同的场地，同时根据需求，屏幕的角度可调节。

6）动态响应时间短，操纵机件操作与视景显示响应滞后时间不大于 30ms。

2. 单项性能指标

1）宽视角：画面中包括三个后视镜的画中画功能，侧后视镜角度可调，确保有足够

宽的视角和成像效率。

2）高清晰度：三通道拼接所实现的视野像素达到 3072×768，视景画面显示速率不小于 24 帧/s。

3）同色彩度：应用于同一台模拟器上的投影机在安装前已进行了色彩匹配，保证三个画面的彩色基调基本一致。

4）屏幕的高度和宽度可以调节，以适应大小、高低不同的场地，同时根据需求屏幕的角度也可以调节。

5）投影机根据流明分为几个级别，以供不同的使用需求。

第二节 模拟教学专用软件

电子学习室配装的模拟教学专用软件是视景 VIEW4 V1.1 系列软件，如图 1-14 所示。

视景 VIEW4 V1.1 系列模拟教学专用软件的教学内容，采用以教员为中心的教学结构设计。视景 VIEW4 V1.1 模拟教学系统由教学管理模块、适应练习模块、模块化教学模块、案例式教学模块、个性化教学模块、测评体系模块、编辑工具模块、使用帮助模块等八部分组成。

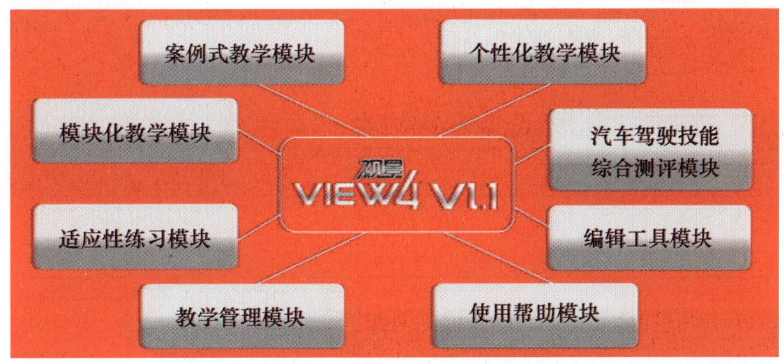

图 1-14 视景 VIEW4 V1.1 软件结构组成图

启动“视景 VIEW4”，输入用户名和密码后，单击“登录”，即可进入视景VIEW4 V1.1 软件前台的主界面，如图 1-15 所示。

一、教学管理模块

教学管理模块相当于视景 VIEW4 V1.1 软件的后台系统，是对单位信息、学员信息的管理。单击“教学管理”，进入教学管理界面，如图 1-16 所示。

1. 单位信息

单位信息主要是对进行培训的单位的相关信息进行管理，主要包括基本信息、全期培训计划、教学日志和单位总评成绩等四部分，如图 1-17 所示。

2. 学员信息

学员信息主要是对进行培训的学员的相关信息进行管理，由基本信息、个性化培训计划、培训记录、评测结果记录等四部分组成，如图 1-18 所示。

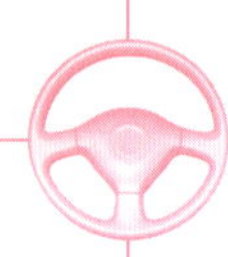

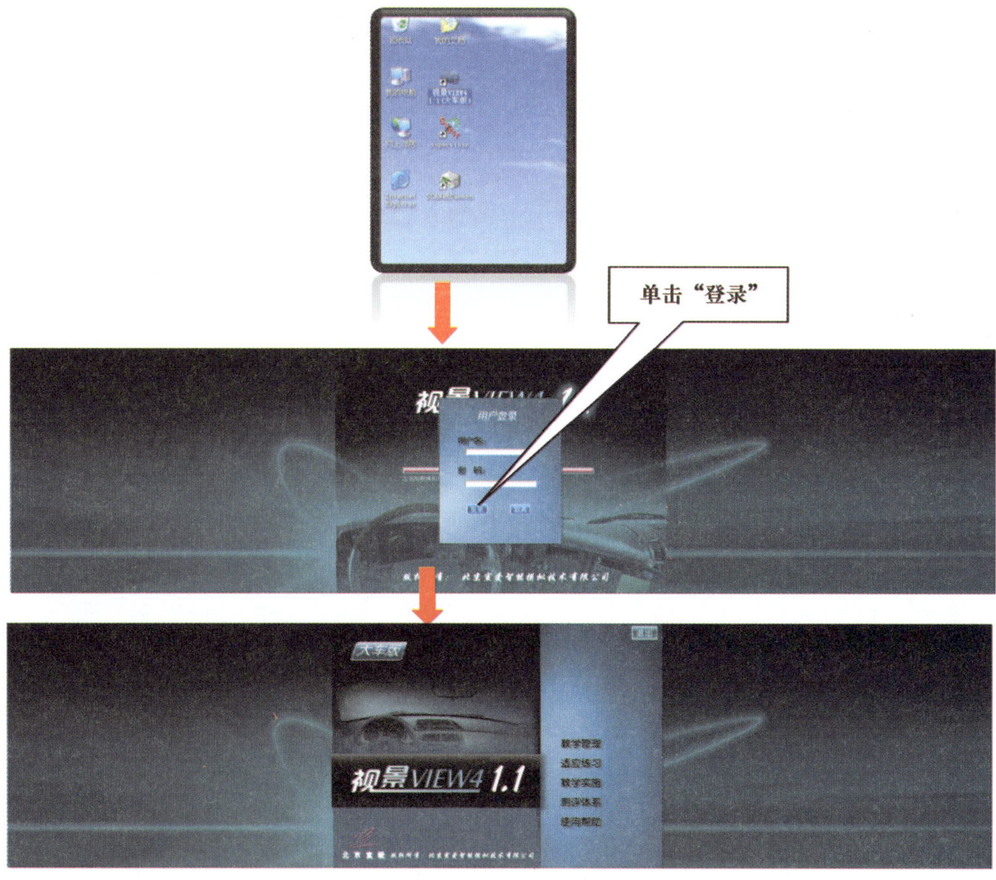

图 1-15　视景 VIEW4 V1.1 软件进入主界面操作示意图

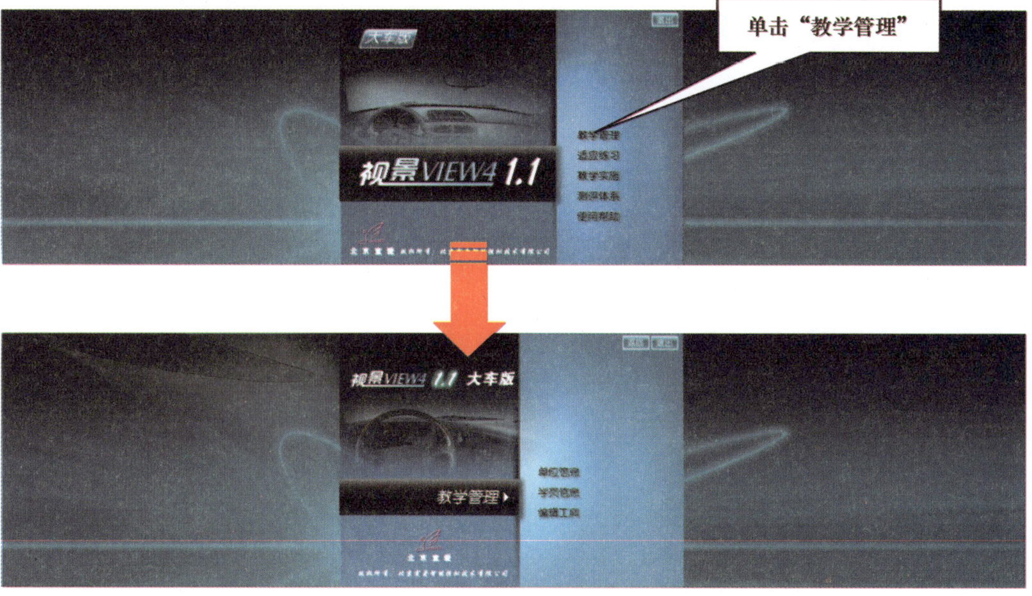

图 1-16　视景 VIEW4 V1.1 软件进入教学管理界面操作示意图

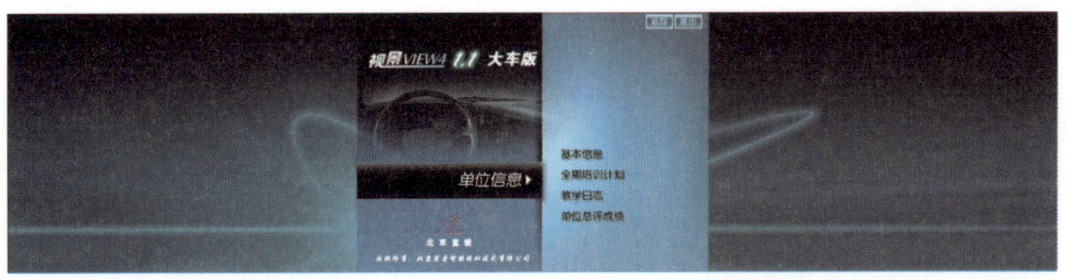

图 1-17　视景 VIEW4 V1.1 单位信息界面示意图

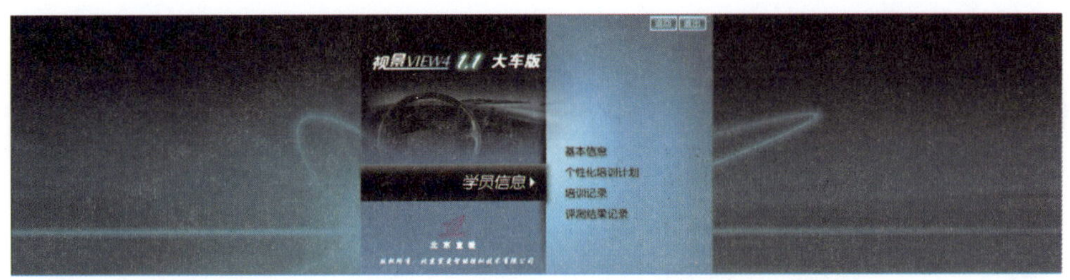

图 1-18　视景 VIEW4　V1.1 学员信息界面示意图

二、编辑工具模块

编辑工具模块主要是提供对相关的模拟教学内容进行编辑的操作工具，以利于教员的课前备课之需，从而更加灵活地组织模拟训练，使模拟训练更加适应教学目标的需要。

编辑工具主要包括路谱编辑工具、音视频编辑工具、案例教学编辑工具和动力学模型等四种编辑工具。单击“编辑工具”，进入编辑工具界面，如图 1-19 所示。

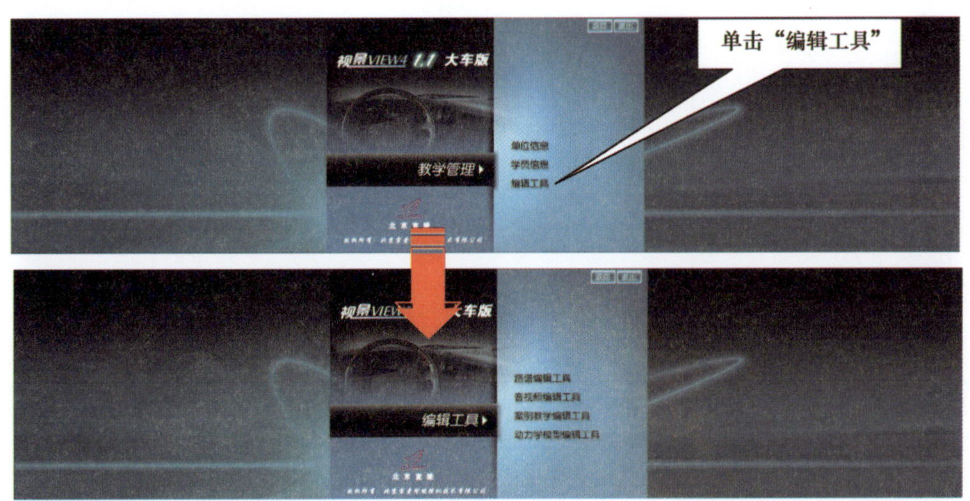

图 1-19　视景 VIEW4 V1.1 编辑工具界面示意图

1. 路谱编辑工具

路谱编辑工具可以将复杂的交通事故案例编制过程简单化。它通过选择预先设计的编程语句，然后设定其间的逻辑关系，最后便可构成一条设有交通事故经典案例的复杂

路谱。它的操作方法非常简单，不需要任何的软件编程工作，适宜于只具备计算机简单操作能力的人员使用。

注：路谱是指在既定的3D路基上设置道路元素，从而构成各种路况的驾驶情境。路基是指没有道路元素的模拟道路场景。路况是指道路交通状况，按元素的多少与密集度可分为简单路况、一般路况、复杂路况三种。路况又可分为常规路况和险情路况两种。常规路况是指道路元素均按交通法规的要求设置与运行的路况；险情路况是指设有事故案例中违法设置与运行的道路元素的路况。

（1）进入路谱编辑工具

1）进入路谱编辑工具。在编辑工具界面上，单击“路谱编辑工具”，进入视景VIEW4 V1.1路谱编辑工具，如图1-20所示。

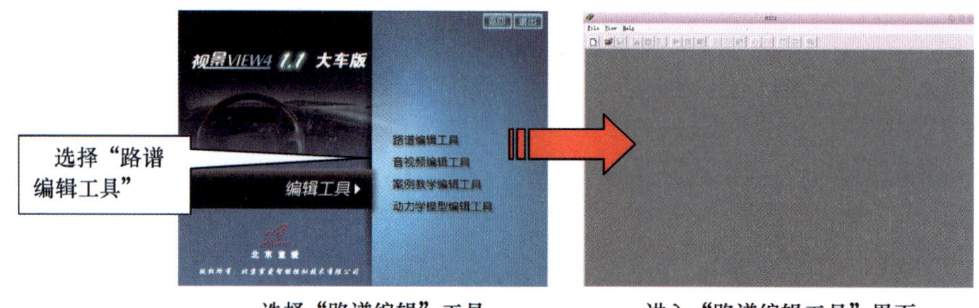

图1-20 进入视景VIEW4 V1.1路谱编辑工具界面示意图

2）退出路谱编辑系统。单击“关闭”按钮，退出路谱编辑界面。

（2）路谱编辑功能内容设计 路谱编辑工具由初始状态设置、主车设置、运动元素设置、固定元素设置、恢复设置、系统环境设置等六种设置功能构成，主要内容见下表。

路谱编辑工具编辑功能内容设计一览表

序 号	设置功能	项目选择	内容选择	类 别	备 注
1	初始状态	路基选择	城市道路		
2			高速道路		
3			乡村道路		
4			冰雪道路		
5			分向道路		
6			山区道路		
7			夜间道路		
8			震区道路		
9			场地道路		
10			混合道路		
11		天候设置	阴	1. 选择量度 2. 选择区间 3. 选择类型：定制，随机	
12			雨		
13			雾		
14			雪		
15			时间		

（续）

序号	设置功能	项目选择	内容选择	类别	备注
16	初始状态	引导设置	引导图片	简洁	
17				制式	
18				卡通	
19				欧式	
20				炫彩	
21				英文	
22			引导语	女青年	
23				男青年	
24				女童	
25				男童	
26				英文男声	
27				英文女声	
28				老人	
29	主车设置	方位设置			
30		故障设置	制动失灵		激活位置 1. 地点激活 （1）不重复或者重复 （2）地点选择（圆形或矩形区域） 2. 距离激活 3. 时间激活
31			转向盘失灵		
32			冷却液温度过高		
33			油压过低		
34			发电机不充电		
35			制动气压过低		
36			燃油不足		
37			车轮打滑	左后轮	
38				右后轮	
39			车轮爆胎	左前轮	
40				左后轮	
41				右前轮	
42				右后轮	

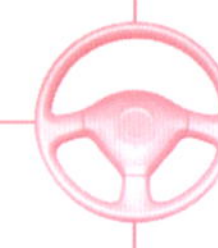

（续）

<table>
<tr><th>序　号</th><th>设置功能</th><th>项目选择</th><th>内容选择</th><th>类　别</th><th>备　注</th></tr>
<tr><td>43</td><td rowspan="29">添加运动元素</td><td rowspan="15">机动车</td><td>大型客车</td><td rowspan="29">1. 方位
2. 初始速度
3. 运动轨迹
4. 初始状态
5. 激活条件
（1）地点激活
（a）不重复或者重复
（b）地点选择（圆形或矩形区域）
（2）距离激活
（3）时间激活
6. 特殊设置
（1）逆向行驶
（2）曲线行驶
（3）突然变道
（4）紧急制动</td><td></td></tr>
<tr><td>44</td><td>牵引车</td><td></td></tr>
<tr><td>45</td><td>城市公交车</td><td></td></tr>
<tr><td>46</td><td>中型客车</td><td></td></tr>
<tr><td>47</td><td>大型货车</td><td></td></tr>
<tr><td>48</td><td>小型汽车</td><td></td></tr>
<tr><td>49</td><td>小型自动挡汽车</td><td></td></tr>
<tr><td>50</td><td>低速载货汽车</td><td></td></tr>
<tr><td>51</td><td>三轮汽车</td><td></td></tr>
<tr><td>52</td><td>普通三轮摩托车</td><td></td></tr>
<tr><td>53</td><td>普通二轮摩托车</td><td></td></tr>
<tr><td>54</td><td>轻便摩托车</td><td></td></tr>
<tr><td>55</td><td>轮式自行机械车</td><td></td></tr>
<tr><td>56</td><td>无轨电车</td><td></td></tr>
<tr><td>57</td><td>有轨电车</td><td></td></tr>
<tr><td>58</td><td rowspan="8">非机动车</td><td>自行车</td><td></td></tr>
<tr><td>59</td><td>电动自行车</td><td></td></tr>
<tr><td>60</td><td>燃油（燃气）助动车</td><td></td></tr>
<tr><td>61</td><td>人力三轮车</td><td></td></tr>
<tr><td>62</td><td>人力车</td><td></td></tr>
<tr><td>63</td><td>残疾人专用车</td><td></td></tr>
<tr><td>64</td><td>畜力车</td><td></td></tr>
<tr><td>65</td><td>独轮车</td><td></td></tr>
<tr><td>66</td><td rowspan="6">行人</td><td>男人</td><td></td></tr>
<tr><td>67</td><td>女人</td><td></td></tr>
<tr><td>68</td><td>警察</td><td></td></tr>
<tr><td>69</td><td>士兵</td><td></td></tr>
<tr><td>70</td><td>罪犯</td><td></td></tr>
<tr><td>71</td><td>其他</td><td></td></tr>
</table>

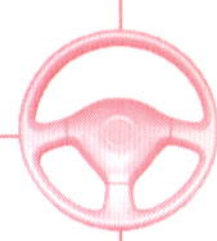

（续）

序 号	设置功能	项目选择	内容选择	类 别	备 注
72			石头（大、小）		
73			土堆（大、小）		
74			木头（大、小）		
75			杂物堆（大、小）		
76			油		
77			水		
78		道路障碍	烟		
79			麦子（堆、摊）		
80			玉米（堆、摊）		
81			树（单枝、整棵）		
82	添加固定元素		干土粒（片、埂）	方位	
83			马、牛粪		
84			交通警察指挥手势		
85			交通信号灯		
86			警告标志		
87			禁令标志		
88		交通标志与信号	指示标志		
89			指路标志		
90			旅游区标志		
91			道路施工安全标志		
92			辅助标志		
93			熄火恢复		
94		恢复条件	定时恢复		
95	恢复设置		停车恢复		
96		恢复位置	初始位置		
97			现场位置		
98		SCANeRDT路径			
99			引导设置	引导图片	
100	系统环境	导入资源文件		引导语	
101			肇事效果	画面效果	
102				声音效果	

第一篇

（续）

序　号	设置功能	项目选择	内容选择	类　别	备　注
103	系统环境	道路元素肇事效果设置	画面效果	轻微（速度）	轻微 1
104					轻微 2
105					轻微 3
106				一般（速度）	一般 1
107					一般 2
108					一般 3
109				剧烈（速度）	剧烈 1
110					剧烈 2
111					剧烈 3
112			声音效果	轻微（速度）	轻微 1
113					轻微 2
114					轻微 3
115				一般（速度）	一般 1
116					一般 2
117					一般 3
118				剧烈（速度）	剧烈 1
119					剧烈 2
120					剧烈 3
121			动感效果	座舱效果	轻微（速度）
122					一般（速度）
123					剧烈（速度）
124				转向盘效果	轻微（速度）
125					一般（速度）
126					剧烈（速度）

（3）路谱编辑工具作业流程　使用路谱编辑工具编辑交通事故经典案例的编辑流程如图 1-21 所示。

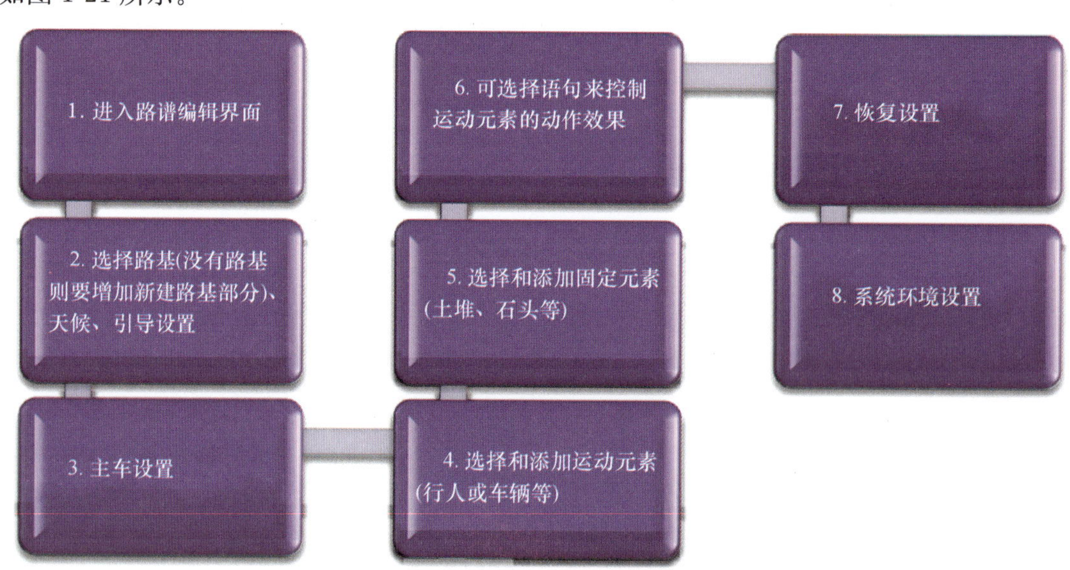

图 1-21　路谱编辑工具编辑流程

2. 音视频编辑工具

音视频编辑模块是用于对软件数据库提供的教学内容，以及根据教学需要而重新编制教学内容，实施音频或视频编辑工作的操作工具。

音视频编辑工具可帮助教学人员根据教学需要编辑完成新的教学视频内容，导入视景 VIEW4 V1.1 系统中，合并组织教学活动，使教学活动更加丰富多彩。主要包括进入与退出音视频编辑工具、视频编辑、转场特效、配音字幕动作、视频生成等五项操作。

（1）进入与退出音视频编辑工具

1）进入音视频编辑工具。在编辑工具界面上，单击“音视频编辑工具”，进入视景 VIEW4 V1.1 音视频编辑工具，如图 1-22 所示。

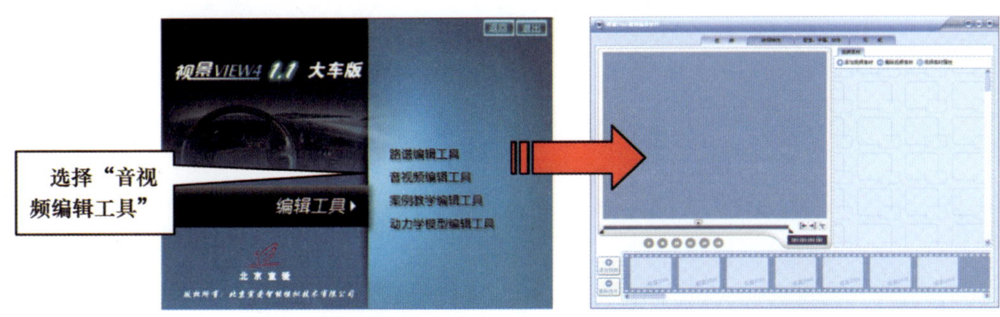

图 1-22 进入视景 VIEW4 V1.1 音视频编辑工具界面示意图

2）退出音视频编辑工具。单击“×”按钮，退出音视频编辑工具界面。

（2）视频编辑 本系统提供视频的编辑、剪切、删除、连接、添加音频及字幕等功能，如图 1-23 所示。具体功能如下：

1）添加视频素材（图 1-24）。添加视频到右侧视频素材区，此时可将素材再拖放至下方的胶片区进行编辑。

2）删除视频素材。删除素材区选定的素材。

3）视频素材属性。查看素材区选定素材的属性。

4）播放（箭头图标）。播放下方胶片区选定的素材（双击素材）。

5）停止（方块图标）。停止当前播放的视频。

6）开始位置（竖线左箭头图标）。选择正在播放的素材开始剪辑的位置。

7）向后退（双左箭头图标）。视频向后退。

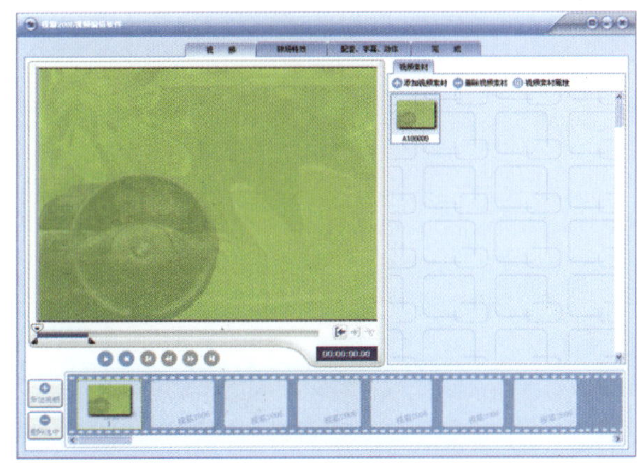

图 1-23 视景 VIEW4 V1.1 音视频编辑工具添加视频素材示意图

注：本系统支持系统自带视频以及其他 MPEG4（Xvid）压缩格式之视频。

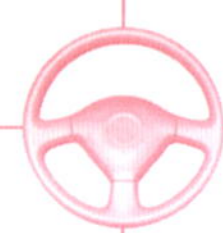

8）向前进（双右箭头图标）。视频向前进。

9）停止位置（竖线右箭头图标）。选择正在播放的素材停止剪辑的位置。

10）剪切（剪子图标）。剪辑选定的素材视频。

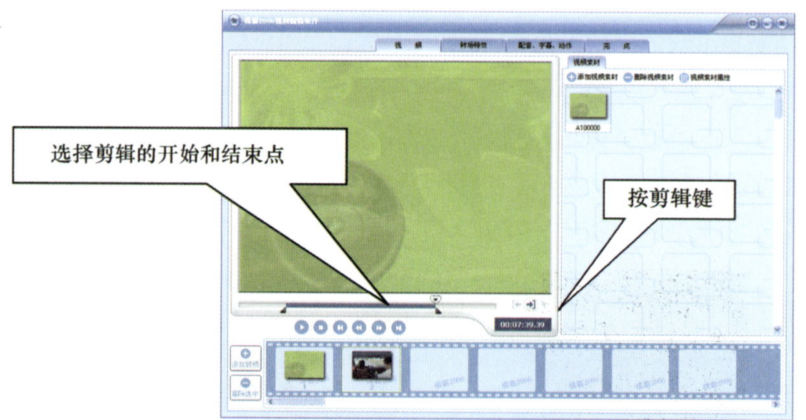

图 1-24　视景 VIEW4 V1.1 音视频编辑工具添加视频素材示意图

（3）转场特效

1）进入转场特效。单击“转场特效”页面进入转场特效界面。

2）编辑转场特效。将右侧特效效果拖动到下方的胶片区，完成转场特效，如图 1-25 所示。

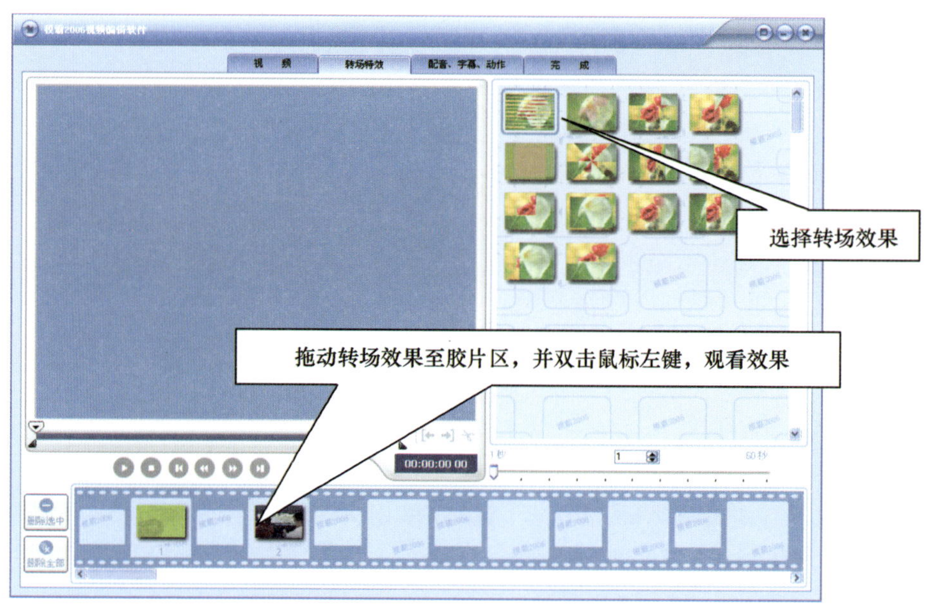

图 1-25　视景 VIEW4 V1.1 编辑转场特效示意图

（4）配音、字幕、动作

1）进入配音、字幕、动作。单击“配音、字幕、动作”页键，进入“配音、字幕、动作”界面，如图 1-26 所示。

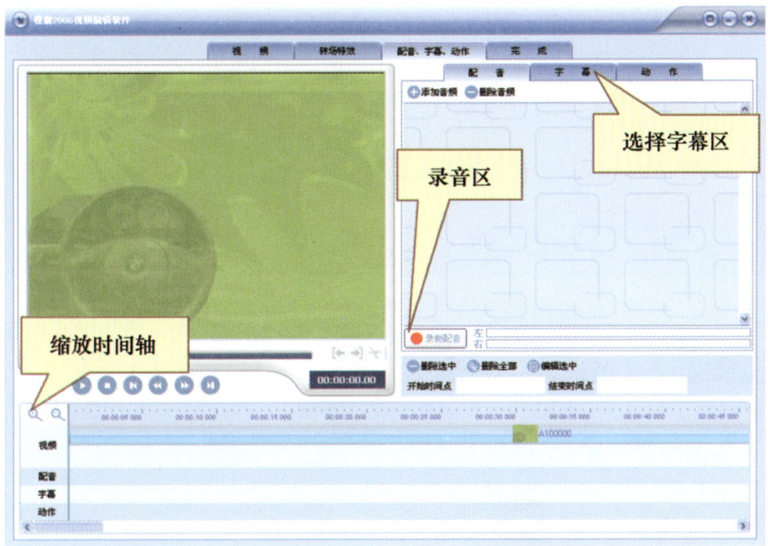

图 1-26 视景 VIEW4 V1.1 配音、字幕、动作编辑示意图

2）配音编辑。在右侧单击“配音”页键，如图 1-27 所示。

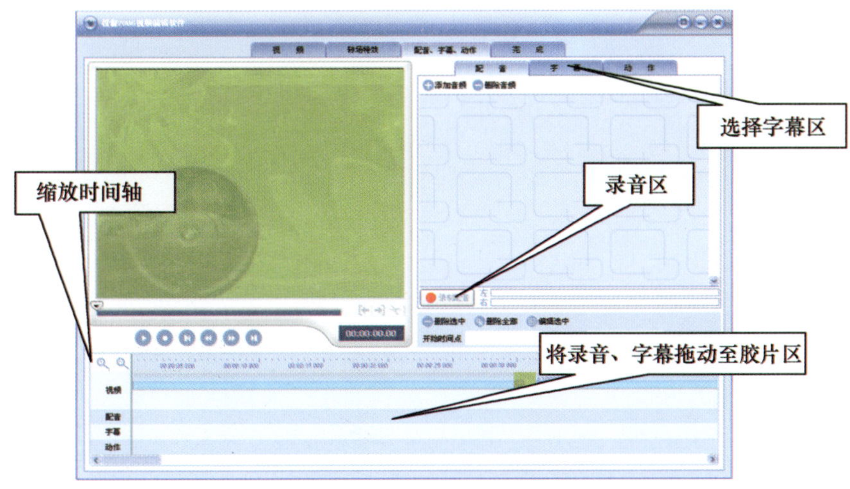

图 1-27 视景 VIEW4 V1.1 配音编辑示意图

界面上操作按钮的具体功能如下：

◆ 添加音频。单击添加音频，添加已存在的音频素材到右侧的素材区，此时可以将素材区的音频拖拽到下方的胶片区，完成添加音频工作。

◆ 删除音频。删除指定的音频素材。

◆ 删除选中。删除下方胶片区选定的音频素材。

◆ 删除全部。删除全部音频素材。

◆ 编辑选中。编辑选中的音频素材。

◆ 开始时间点。显示音频素材在下方胶片区的开始时间。

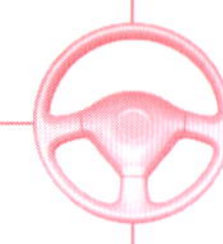

◆ 结束时间点。显示音频素材在下方胶片区的结束时间。

◆ 录制音频。录制音频素材。

3）字幕编辑。在右侧单击“配音”页键，进入字幕模板设置，完成字幕设置，如图1-28所示。

图 1-28　视景 VIEW4 V1.1 字幕编辑示意图

(5) 视频生成

1）进入视频生成界面。视频编辑完成后，选择“完成”页面，如图1-29所示。

2）生成视频文件。录入文件名后，单击“保存”按钮，完成视频编辑。

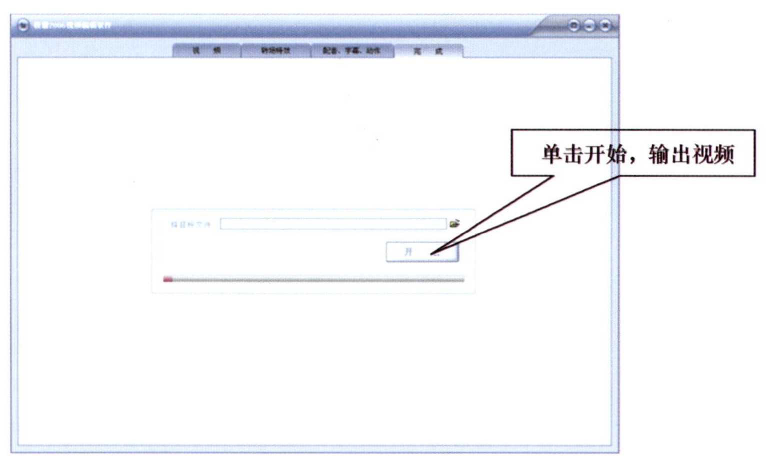

图 1-29　视景 VIEW4 V1.1 视频生成示意图

3. 案例教学编辑工具

案例教学编辑工具主要是对视景 VIEW4 V1.1 软件系统中，预先编制案例教学的素材，按照十步教学法的顺序进行编辑，以便在使用时该内容可自行按顺序播放。

1）按照案例教学十步法编制案例教学的制作脚本。

范例：视景 VIEW4 V1.1 教学案例编制脚本（分向字第 001 案）

文件名称：D-03-01-01-001

◆ 教学要点

序　号	本案例知识点	统一编号	本案适用的培训范围		
			项　目	分　类	评测内容
1	行驶中保持安全车距	1-1-13	一、综合评判标准	（一）考试时出现下列情形之一的，考试不合格	13. 行驶中不能保持安全距离和安全车速
2	行驶中正确选择行驶路线	1-3-10	一、综合评判标准	（三）考试时出现下列情形之一的，扣 10 分	10. 不能根据交通情况合理选择行驶车道或者行驶速度

◆ 制作内容

教学步骤	分项	技术手段	画面与操作	解说词（解）与讨论题备选答案（答）	背景音乐	转场特效	时间/距离	文件名
1	开场语	Flash	字幕“城市道路案例教学”	（解） 同学们好！欢迎进入城市道路交通事故经典案例的教学环节		淡入淡出	10s/	D-03-01-01-000-010
			城市街景	（解） 分向道路是驾驶人常见路型，其交通状况比较简单，但现实中部分驾驶人的违章变更车道、争道抢行等常给行车安全带来极大隐患。下面，让我们一同体验一下分向道路驾驶的感觉				
2	事故体验驾驶	VR	模拟练习道路——×字第×××案（引导提示）	（解） 请同学开始驾驶			/3km	D-03-02-01-001-021
		MP3		（解） 请按屏幕提示操作				D-03-02-01-001-022
3	试驾过程回放	视频	字幕“体验驾驶过程回放”	（解） 让我们一同回顾一下刚才学员的驾驶过程			随机	D-03-01-01-001-031
		VR			无			D-03-01-01-001-032

（续）

教学步骤	分项	技术手段	画面与操作	解说词（解）与讨论题备选答案（答）	背景音乐	转场特效	时间/距离	文件名
			字幕“事故案例经过”	（解） 同学们，下面，我来讲一个真实的故事	无			
			画面要求	（解）				
4	事故案例经过	视频	Flash 动画/VR 视频	（解） 1991年3月的一天，香港汇达运输公司驾驶人何先生驾驶一辆货柜车向东莞方向进发。 路上车很多，一辆挨一辆，远远望去，就像一条蜿蜒没有尽头的长龙游动在大地上。老何看着车流心里发急，要是没有这么多车，放开飙一把那才过瘾。他边想着边紧跟着前面的车，一步不落。突然，前面的车猛然减速了，由于跟得太紧，他有点慌神儿，急向左边打方向边紧急制动，车子向左偏离了中心线，慌乱之中与对面驶来的一辆大客车迎头相撞。由于两车对驶，在运动中高速对撞，速度和力量非常大，大客车一下子撞断桥栏坠入9m多高的桥下，老何的货柜车也面目全非了，更惨重的是，大客车上有满满一辆乘客，造成了重大人员伤亡，现场惨不忍睹		淡入淡出	180s/	D-03-01-01-001-040
			画面要求	（解）事故损失 这次事故造成了重大人员伤亡，两车严重受损				

（续）

<table>
<tr><th>教学步骤</th><th>分项</th><th>技术手段</th><th>画面与操作</th><th>解说词（解）与讨论题备选答案（答）</th><th>背景音乐</th><th>转场特效</th><th>时间/距离</th><th>文件名</th></tr>
<tr><td>5</td><td>成因分析讨论</td><td>Flash</td><td>字幕“成因分析讨论”
Flash 翻牌板字幕
“观察方面”
“判断方面”
“决心方面”
“动作方面”
“心态方面”</td><td>（解）
同学们，让我们一起讨论一下，造成这起交通事故的原因是什么
（答）
1. 心情不好，另开快车
2. 跟车没有准备减速停车
3. 路上车多，心情急躁，情绪不稳
4. 思想麻痹，对交通情况观察不认真
5. 何某对前方车辆速度判断有误
6. 后车跟车过近
7. 车辆遇险，惊慌失策，操作不当
8. 观察不细</td><td></td><td rowspan="8">淡入
淡出</td><td></td><td>D-03-01-01-001-050</td></tr>
<tr><td rowspan="7">6</td><td rowspan="7">成因要点提示</td><td rowspan="7">视频</td><td>字幕“成因要点提示”</td><td>（解）
成因要点提示</td><td></td><td rowspan="7">120s/</td><td rowspan="7">D-03-01-01-001-060</td></tr>
<tr><td>字幕“1. 心情急躁，情绪不稳”</td><td>（解）
1. 心情急躁，情绪不稳</td><td></td></tr>
<tr><td>动画演示</td><td>（解）
驾驶人何某驾驶货柜车发现路上车流量大，看着心里发急，没有保持稳定的心理情绪，导致轻率行事</td><td></td></tr>
<tr><td>字幕“2. 思想麻痹，观察不周”</td><td>（解）
2. 思想麻痹，观察不周</td><td></td></tr>
<tr><td>动画演示</td><td>（解）
路上车流量大，何某思想麻痹，观察不仔细，没有及时发现前面的车突然减速</td><td></td></tr>
<tr><td>字幕“3. 判断失误，跟车过近”</td><td>（解）
3. 判断失误，跟车过近</td><td></td></tr>
<tr><td>动画演示</td><td>（解）
何某驾驶车辆行至桥上，对前方行使车辆的速度判断有误，对路上交通情况观察不仔细，跟车过近，没有留出足够的安全距离，当前车突然紧急停车，他来不及采取有效措施，慌乱之中与对面驶来的一辆大客车迎头相撞</td><td></td></tr>
</table>

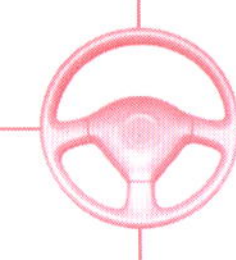

（续）

教学步骤	分项	技术手段	画面与操作	解说词（解）与讨论题备选答案（答）	背景音乐	转场特效	时间/距离	文件名
6	成因要点提示	视频	字幕“4. 车辆遇险，操作不当”	（解） 4. 车辆遇险，操作不当		淡入淡出	120s/	D-03-01-01-001-060
			动画演示	（解） 前车突然减速，由于何某没有思想准备，慌乱中急打方向、紧急制动，使车辆向左偏离了中心线，迎头与大客车相撞				
7	避险措施讨论	Flash	字幕“避险措施讨论”	（解） 同学们，让我们一起讨论一下，如何避免这类交通事故的发生				D-03-01-01-001-070
			Flash 翻牌板字幕 “1. 心态平和，情绪稳定” “2. 注意观察，准确判断” “3. 保持安全车距” “4. 车辆遇险，措施得当”	（答） 1. 心态平和，情绪稳定的行车 2. 注意观察，防止意外。 3. 保持安全车距 4. 注意观察前车动态及时减速 5. 车辆遇险，措施得当 6. 不可盲目向左打方向，占道行驶 7. 防止急躁心态引起的车速过快 8. 越是堵车，越要谨慎驾驶				
8	避险措施要点提示	视频	字幕“避险措施要点提示”	（解） 避险措施要点提示			120s/	D-03-01-01-001-080
			字幕“1. 心态平和，情绪稳定”	（解） 1. 心态平和，情绪稳定				

（续）

教学步骤	分项	技术手段	画面与操作	解说词（解）与讨论题备选答案（答）	背景音乐	转场特效	时间/距离	文件名
8	避险措施要点提示	视频	动画视频要求	（解） 何某长途行车，遇上车流量大的交通情况，要克服急躁情绪，以平和心态面对，认真观察前车及道路情况		淡入淡出	120s/	D-03-01-01-001-080
			字幕“2. 注意观察，准确判断”	（解） 2. 注意观察，准确判断				
			动画视频要求	（解） 路上车流量大，交通情况变化快，要集中思想，认真观察周围车辆及道路情况，准确判断车辆运动速度与空间位置，及时采取相应的驾驶措施				
			字幕“3. 保持安全车距”	（解） 3. 保持安全车距				
			动画视频要求	（解） 跟车行驶时，应当注意保持安全的车间距离，以便在发现情况时有足够的处理时间，即便在路况良好的等级公路上行驶时，车速与车距也应当把握好。在桥梁、隧道等受限制路段，更应该降低车速，增大车距，保证行车安全				
			字幕“4. 车辆遇险，措施得当”	（解） 4. 车辆遇险，措施得当				
			动画视频要求	（解） 车辆遇险时。驾驶人切莫惊慌失措，要沉着冷静。当无法避免与对面车辆迎面相撞时，要控制好方向，争取与来车改正面相撞为侧面相撞				

（续）

教学步骤	分项	技术手段	画面与操作	解说词（解）与讨论题备选答案（答）	背景音乐	转场特效	时间/距离	文件名
9	模拟驾驶练习	VR	模拟练习道路——×字第××案	（解） 下面，由我来示范驾驶，请同学们注意看			/30km	D-03-02-01-001-091
				（解） 请同学开始模拟驾驶练习				D-03-02-01-001-092
		MP3		（解） 请大声读出左侧后视镜上的文字				D-03-02-01-001-093
		VR		（解） 让我们一同看一下，刚才学员在驾驶过程中有哪些问题				D-03-02-01-001-032
10	单元小结	视频	字幕“单元小结”	（解） 单元小结		淡入淡出	120s/	D-03-02-01-001-100
			字幕 “1. 心态平和，情绪稳定” “2. 集中思想，认真观察” “3. 跟车不要太近，保持安全车距” “4. 车辆遇险，措施得当”	（解） 本单元案例教学的知识点是分向道路安全驾驶问题。通过此次案例的教学，我们应该重点掌握： 1. 心态平和，情绪稳定。长途行车，车流量大的交通情况会经常遇到，对此，驾驶人要克服急躁情绪，以平和心态面对，耐心观察前车及道路情况，安全、稳妥驾驶车辆 2. 集中思想，认真观察。在行车中，针对路上车流量大，交通情况变化快的特点，要不急不躁，小心跟车，集中注意力，认真观察周围车辆及道路交通情况，及时以加速、缓行、停车、转向等措施应对				

（续）

教学步骤	分项	技术手段	画面与操作	解说词（解）与讨论题备选答案（答）	背景音乐	转场特效	时间/距离	文件名
10	单元小结	视频	字幕 “1. 心态平和，情绪稳定” “2. 集中思想，认真观察” “3. 跟车不要太近，保持安全车距” “4. 车辆遇险，措施得当”	3. 跟车不要太近，保持安全车距。在跟车行驶时，不要跟车太近，应当保持安全车距，以便在发现情况时有足够的处理时间，即便在路况良好的等级公路上行驶时，车速与车距也应当把握好。在桥梁、隧道等受限制路段和复杂天候下驾驶，更应降低车速，增大车距，安全行车 4. 车辆遇险，措施得当。如果发现前车突然减速，眼看车辆就要遇险时，不要惊慌失措，要沉着冷静，首先要控制好方向，立即制动，以免发生相撞的事故。当无法避免与对面来车相撞时，应准确判断可能撞击的部位，迅速调转方向，争取与来车相擦，以减少损失		淡入淡出	120s/	D-03-01-01-001-100
			字幕“单元结束”	（解） 同学们，本案例的教学活动到此结束，请同学下车休息				

注：1. 解说词简称：解，用（解）表示。配音且配字幕。

2. 讨论题备选答案简称：答，用（答）表示。不配音，也不配字幕。

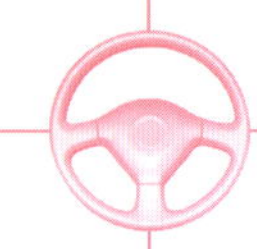

2）按照案例教学十步法的相关内容格式，制作相应的内容。

教学步骤	分　项	文件技术手段
1	开场语	Flash
2	事故体验驾驶	VR
		MP3
3	试驾过程回放	视频
		VR
4	事故案例经过	视频
5	成因分析讨论	Flash
6	成因要点提示	视频
7	避险措施讨论	Flash
8	避险措施要点提示	视频
9	模拟驾驶练习	VR
		MP3
		VR
10	单元小结	视频

3）进入案例教学编辑工具。

① 进入案例教学编辑工具。在编辑工具界面上，单击“案例教学编辑工具”，进入视景 VIEW4 V1.1 案例教学编辑工具，如图 1-30 所示。

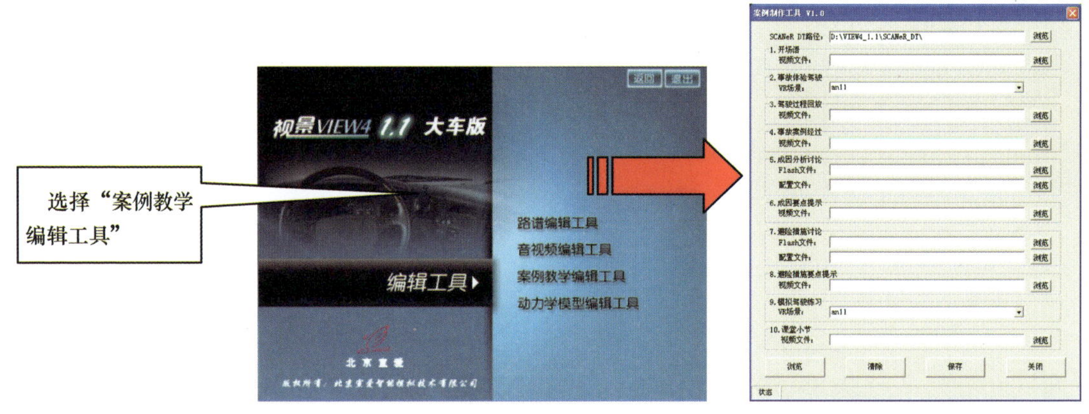

选择“案例教学编辑工具”　　进入案例教学编辑工具界面

图 1-30　进入视景 VIEW4 V1.1 案例教学编辑工具界面示意图

② 退出案例教学编辑工具。单击“关闭”按钮，退出案例教学编辑工具界面。

4）编辑案例教学内容。按照案例教学的内容，利用案例教学编辑工具将所制作的相应内容添加组合形成教学案例，具体的编辑内容如图 1-31 所示。

4. 动力学模型编辑工具

动力学模型编辑工具主要是针对所模拟训练车辆的各种参数进行编辑，可以自定义车辆的相关参数，从而适应不同车辆的模拟训练，操作简单，界面如图 1-32 所示。

（1）进入动力学模型编辑工具

1）进入动力学模型编辑工具。在编辑工具界面上，单击“动力学模型编辑工具”，进入视景 VIEW4 V1.1 动力学模型编辑工具，如图 1-32 所示。

2）退出动力学模型编辑系统。单击“关闭”按钮，退出动力学模型编辑界面。

（2）选择所模拟的车型　如图 1-33 所示。

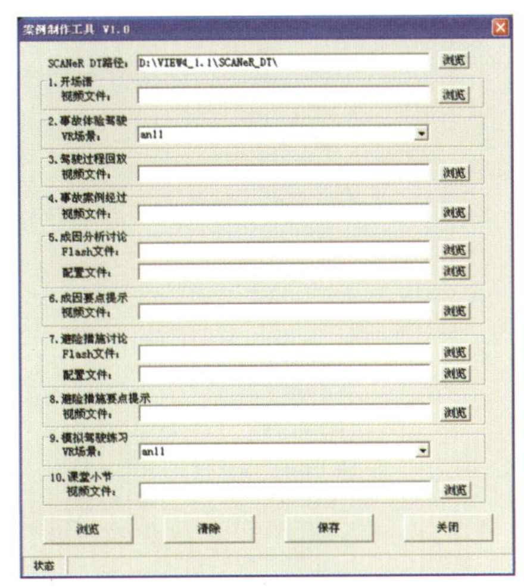

图 1-31　视景 VIEW4 V1.1 案例教学编辑工具编辑过程示意图

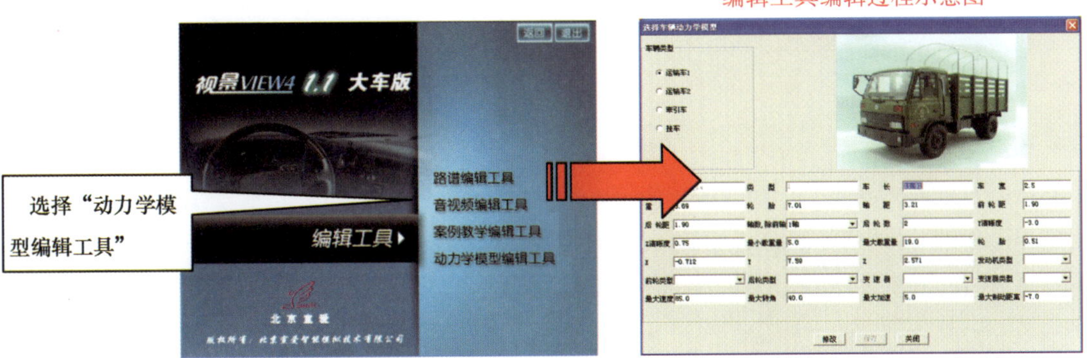

选择“动力学模型编辑工具”　　进入动力学模型编辑工具界面

图 1-32　进入视景 VIEW4 V1.1 动力学模型编辑工具界面示意图（1）

图 1-33　视景 VIEW4 V1.1 动力学模型编辑工具界面示意图（2）

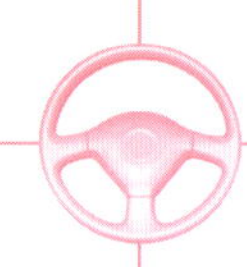

（3）依据所模拟车型的技术参数，修改相应数据并保存　如图 1-34 所示。

图 1-34　视景 VIEW4 V1.1 动力学模型编辑工具编辑过程示意图

三、适应练习模块

适应练习主要是对初次在模拟器上驾驶的学员熟悉模拟器驾驶环境，包括操作机件适应练习和道路驾驶适应练习两大部分。单击“适应练习”，进入适应练习界面，如图 1-35 所示。

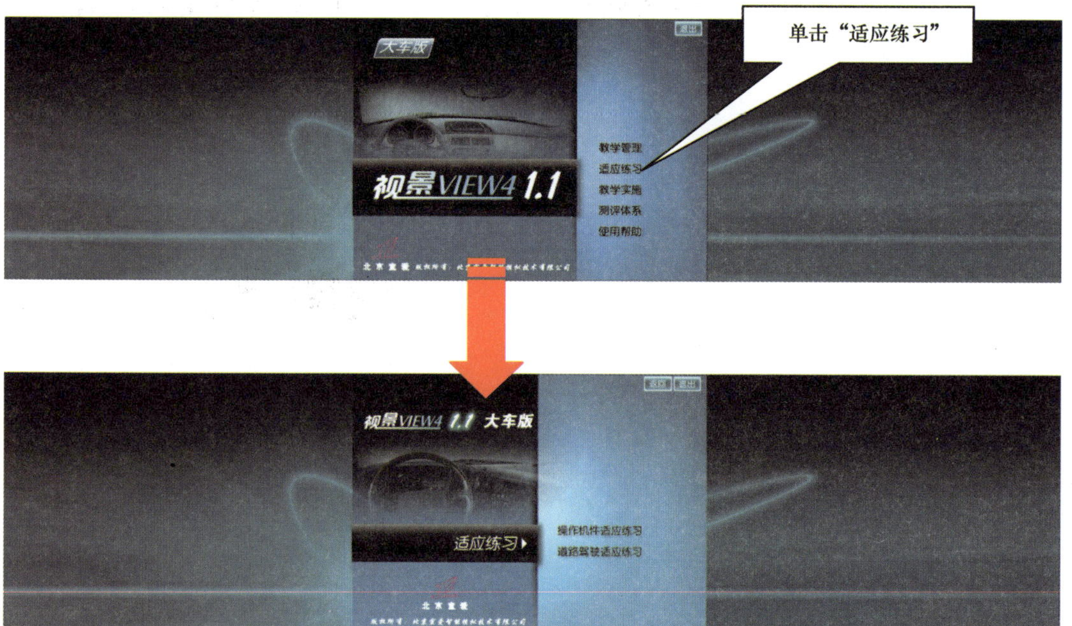

图 1-35　视景 VIEW4 V1.1 软件进入适应练习界面操作示意图

1. 适应练习的教学内容设计

视景 VIEW4 V1.1 适应练习教学内容编制计划表

序号	内容			
	分项	一级菜单	二级菜单	三级菜单
1	适应练习	操作机件适应练习	模拟座舱的使用常识	1. 上下模拟器座舱
2				2. 转向盘的检测
3				3. 倒车镜的使用
4				4. 操作机件的使用常识
5				5. 驾驶人避免眩晕的方法
6			主要操作机件的识别	1. 仪表板的识别
7				2. 仪表台开关的识别
8				3. 组合开关的识别
9			单独技法模拟练习	1. 转向盘双臂交叉转
10				2. 变速杆直移换挡
11				3. 变速杆斜移换挡
12			组合技法模拟练习	1. 发动机的起动与停熄
13				2. 起步停车
14				3. 加减挡
15		道路驾驶适应练习	简单路况	
16			一般路况	
17			复杂路况	

2. 操作机件适应练习

操作机件适应练习主要是对初次在模拟器上驾驶的学员熟悉模拟座舱的操作部件教学，它主要包括模拟座舱的使用常识、主机操作机件的识别、单独技法模拟练习、组合技法模拟练习等四大部分。在适应练习界面上，单击“操作机件适应练习”，进入视景 VIEW4 V1.1 操作机件适应练习界面，如图 1-36 所示。

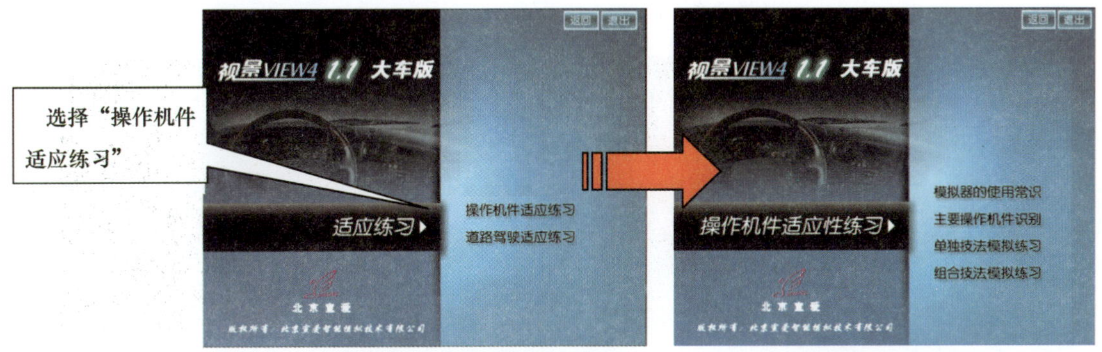

选择“操作机件适应练习”　　**进入操作机件适应练习界面**

图 1-36　进入视景 VIEW4 V1.1 操作机件适应练习界面示意图

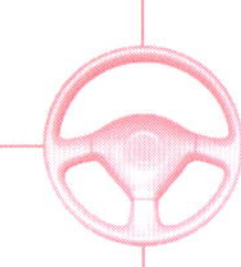

分别单击模拟器的使用常识、主要操作机件识别、单独技法模拟练习、组合技法模拟练习，便可进入相应的教学内容，如图 1-37 所示。

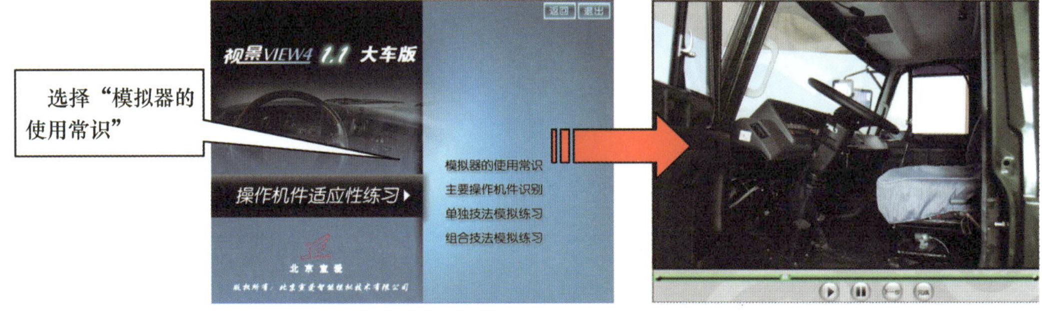

选择“模拟器的使用常识”

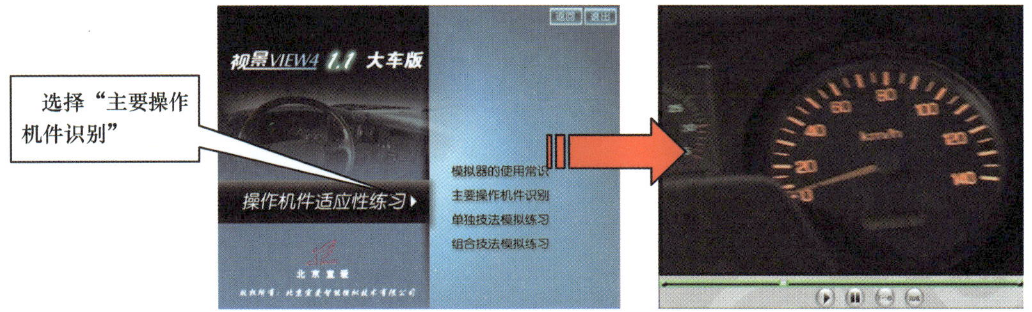

选择“主要操作机件识别”

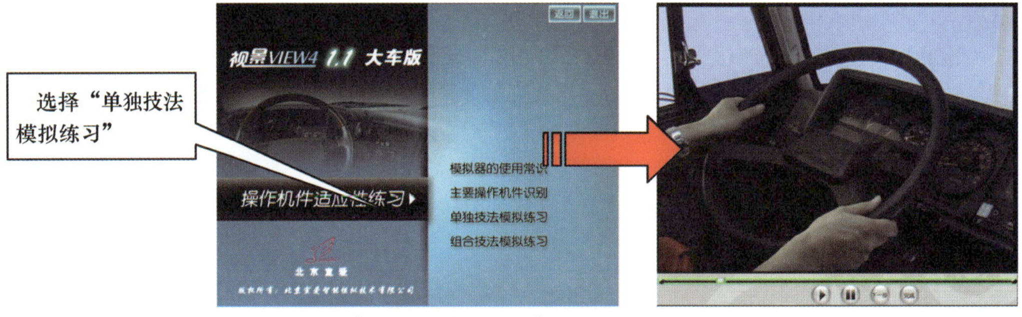

选择“单独技法模拟练习”

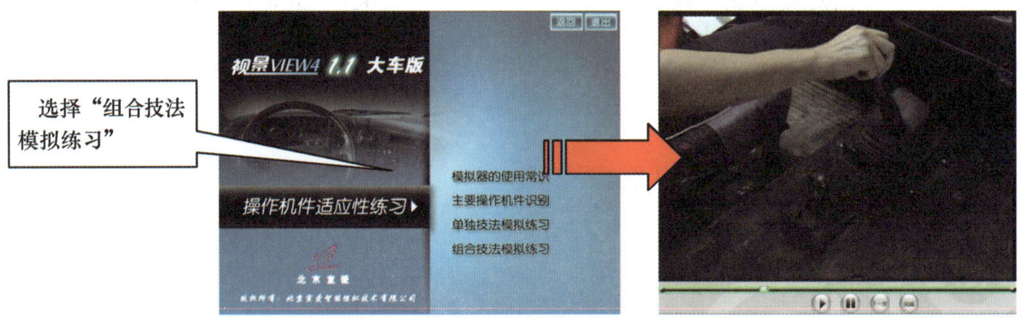

选择“组合技法模拟练习”

图 1-37　进入视景 VIEW4 V1.1 适应练习教学内容示意图

3. 道路驾驶适应练习

道路驾驶适应练习主要是对初次在模拟器上驾驶的学员熟悉模拟场景的驾驶练习，包括简单路况、一般路况和复杂路况等三部分。在适应练习界面上，单击“道路驾驶适应练习”，进入视景 VIEW4 V1.1 道路驾驶适应练习界面，如图 1-38 所示。

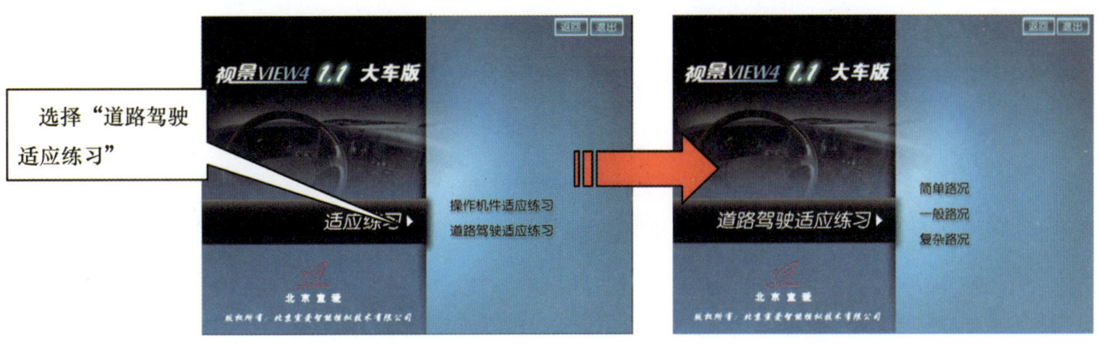

选择“道路驾驶适应练习”　　　　进入道路驾驶适应练习界面

图 1-38　进入视景 VIEW4 V1.1 道路驾驶适应练习界面示意图

分别单击简单路况、一般路况、复杂路况，便可进入相应的教学内容，如图 1-39 所示。

选择“简单路况”

选择“一般路况”

选择“复杂路况”

图 1-39　进入视景 VIEW4 V1.1 道路驾驶适应练习教学内容示意图

选择切换界面上方的选择键。便可实现主观 90°、120°、180°三种视角效果，如图 1-40、图 1-41 所示。

四、模块化教学模块

模块化教学是将教学内容以模块的方式预先编制形成视频教学单元，以便教学中自由选择使用。视景 VIEW4 V1.1 软件的“教学实施”由模块化教学、案例式教学、个性化教学三种教学模式组成。单击“教学实施”，进入教学实施界面。如图 1-42 所示。

模块化教学模块主要由科目一、科目二、科目三和使用帮助四个部分组成。在教学实施界面上，选择“模块化教学”，进入模块化教学的界面，如图 1-43 所示。

图 1-40 进入视景 VIEW4 V1.1 主观视角切换方法示意图

选择“90°”

选择“120°”

选择“180°”

图 1-41 进入视景 VIEW4 V1.1 主观视角切换效果示意图

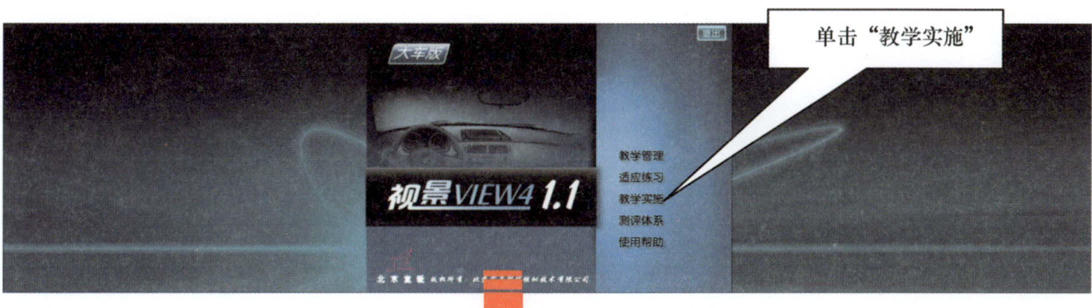

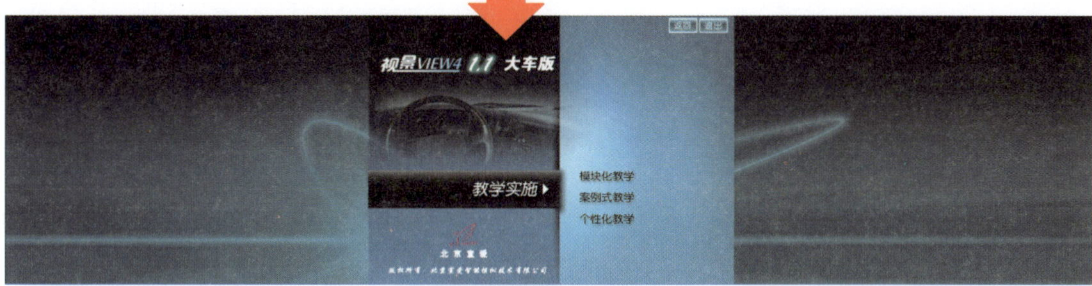

图 1-42 进入视景 VIEW4 V1.1 教学实施界面操作示意图

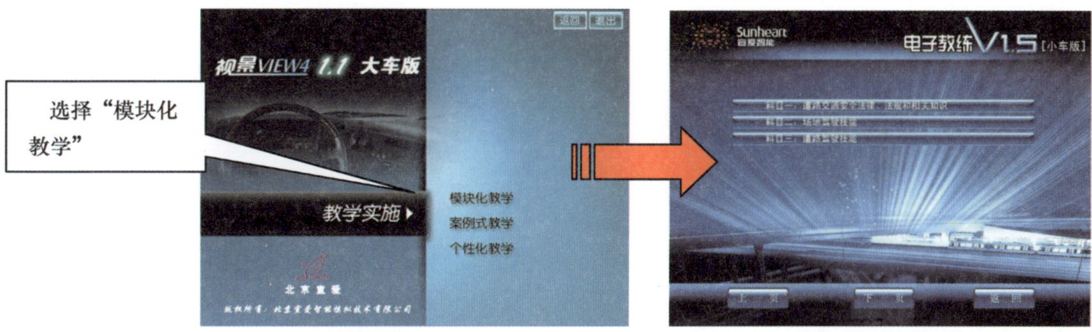

图 1-43 进入视景 VIEW4 V1.1 模块化教学界面示意图

1. 模块化教学模块的内容设计

视景 VIEW4 V1.1 模块化教学内容编制计划表

序号	内容			
	分项	一级菜单	二级菜单	三级菜单
1	教学实施	模块化教学	1. 道路交通安全法律、法规和相关知识	第 1 单元 中华人民共和国道路交通安全法（一）
2				第 1 单元 中华人民共和国道路交通安全法（二）
3				第 2 单元 车辆和驾驶人
4				第 3 单元 道路交通信号（一）

（续）

序号	内　　容			
	分　项	一级菜单	二级菜单	三级菜单
5	教学实施	模块化教学	1. 道路交通安全法律、法规和相关知识	第 3 单元　道路交通信号（二）
6				第 3 单元　道路交通信号（三）
7				第 3 单元　道路交通信号（四）
8				第 4 单元　道路通行规定
9				第 5 单元　道路交通安全违章行为的处理
10				第 6 单元　道路交通事故及其处理
11				第 7 单元　道路交通事故的预防
12				第 8 单元　机动车驾驶证申办与管理
13				第 9 单元　机动车的登记
14				第 10 单元　其他相关法律法规
15				第 11 单元　机动车保险
16				第 12 单元　驾驶道德
17				第 13 单元　驾驶人安全心理和安全行车知识
18				第 14 单元　驾驶人生理状况、驾驶工作环境与安全行车
19				第 15 单元　危险品、化学品运输常识与车辆消防知识
20				第 16 单元　伤员急救知识
21				第 17 单元　车辆结构常识
22				第 18 单元　车辆性能
23				第 19 单元　车辆日常检查和维护
24				第 20 单元　运行材料使用常识
25				第 21 单元　安全驾驶常识
26				第 22 单元　典型道路安全驾驶知识（一）
27				第 22 单元　典型道路安全驾驶知识（二）
28				第 23 单元　恶劣气候与不良路段的安全驾驶知识
29				第 24 单元　行驶路线的设计
30				第 25 单元　紧急情况的应急处置常识（一）
31				第 25 单元　紧急情况的应急处置常识（二）
32			2. 场地驾驶技能	第 26 单元　上下车及驾驶姿势
33				第 27 单元　操纵装置的规范操作方法（一）
34				第 27 单元　操纵装置的规范操作方法（二）
35				第 28 单元　行车前检查
36				第 29 单元　起步前的准备
37				第 30 单元　起步与停车
38				第 31 单元　变速与倒车
39				第 32 单元　行驶位置与路线
40				第 33 单元　停车入位
41				第 34 单元　场地驾驶（一）
42				第 34 单元　场地驾驶（二）
43				第 34 单元　场地驾驶（三）
44			3. 道路驾驶技能	第 35 单元　跟车行驶、安全距离和变更车道
45				第 36 单元　会车、超车、让超车
46				第 37 单元　通过路口
47				第 38 单元　城市驾驶
48				第 39 单元　夜间驾驶
49				第 40 单元　恶劣条件下的引导驾驶（一）
50				第 40 单元　恶劣条件下的引导驾驶（二）
51				第 40 单元　恶劣条件下的引导驾驶（三）

2. 教学模块选择界面的进入

在模块化教学界面上，单击各“科目”按钮，可进入教学模块界面，如图 1-44 所示。

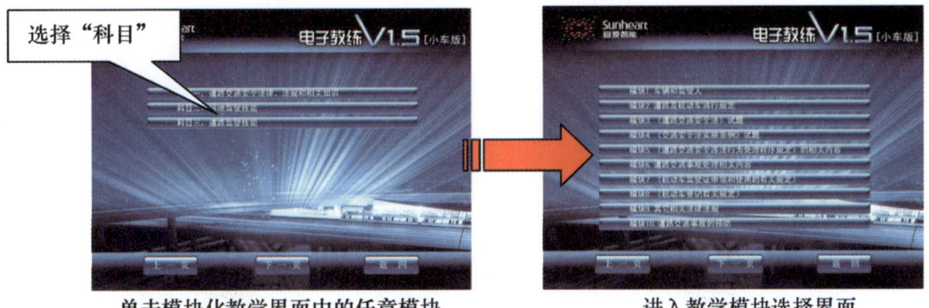

图 1-44 进入视景 VIEW4 V1.1 教学模块的播放界面示意图

教学模块的选择。单击“上一页”或“下一页”按钮，可进行教学模块各页面的选择，如图 1-45 所示。

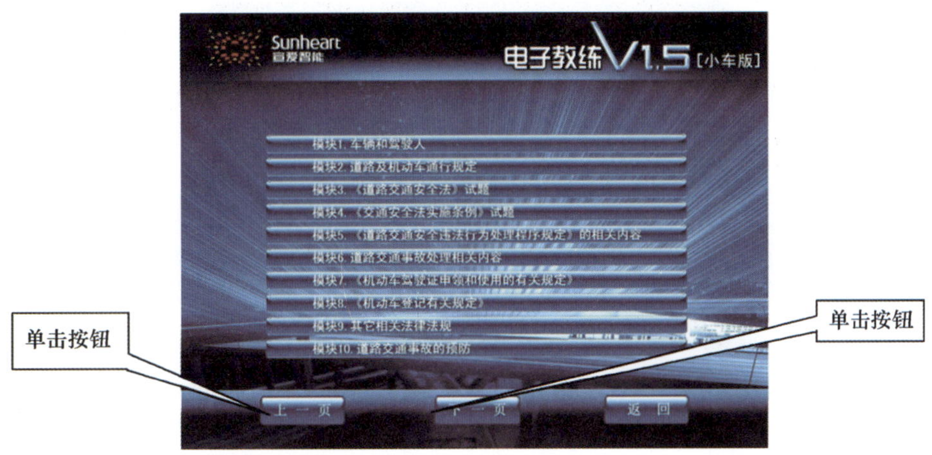

图 1-45 视景 VIEW4 V1.1 教学模块的选择示意图

3. 教学模块的进入

单击教学模块界面中的任意模块，即可进入教学模块播放界面，如图 1-46 所示。

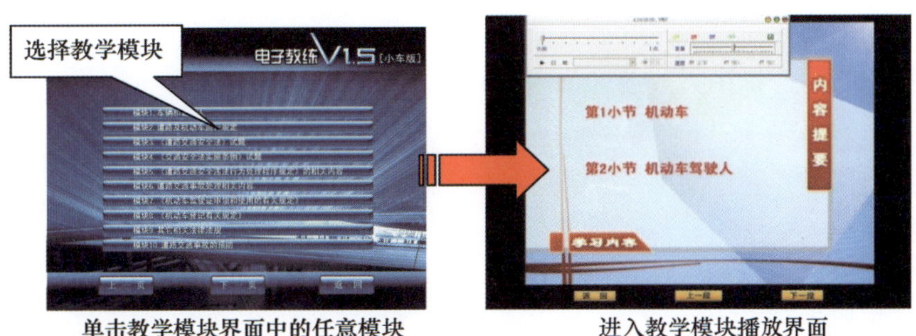

图 1-46 进入视景 VIEW4 V1.1 教学模块的播放界面示意图

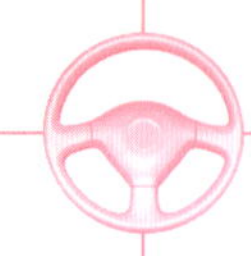

4. 播放教学内容

将鼠标移到屏幕上方，系统自动出现如图 1-47 所示的播放控制窗口，单击相应的按钮即可播放。

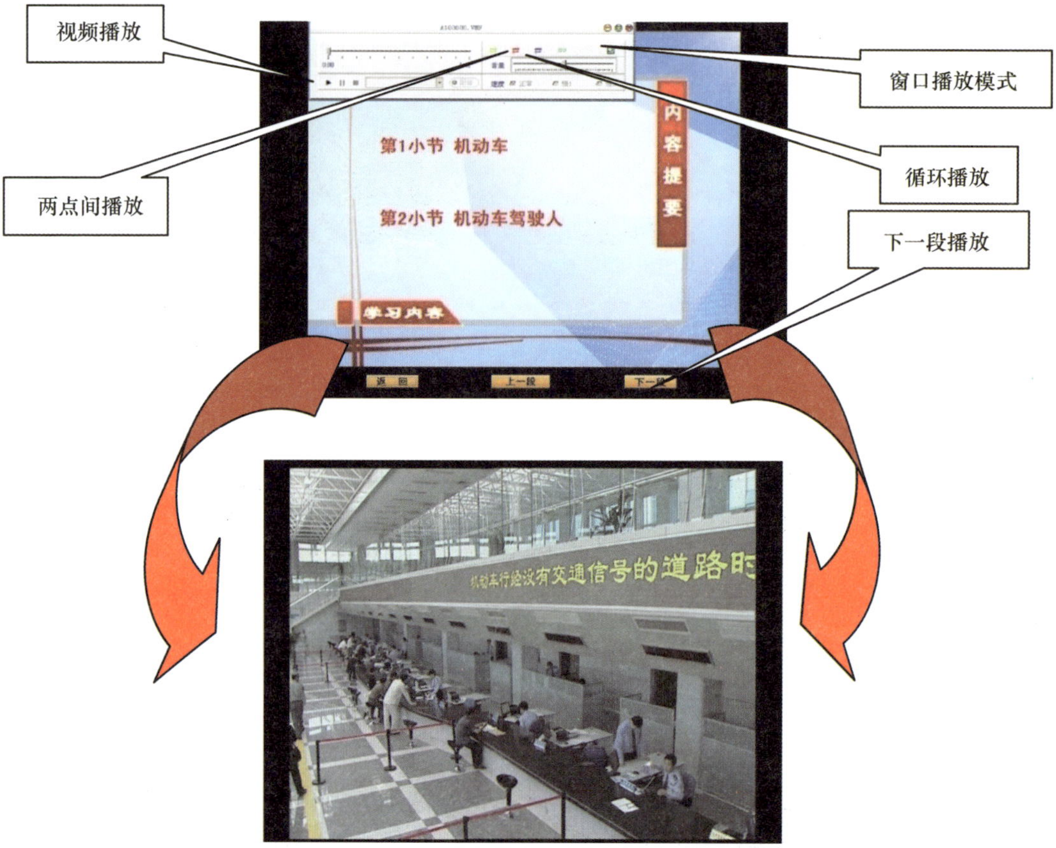

图 1-47　播放视景 VIEW4 V1.1 教学内容示意图

其中，各按钮的功能为：

◆ 播放（三角箭头）：开始播放视频。

◆ 暂停（双竖线）：暂停当前播放。

◆ 停止（方块图标）：停止当前播放。

◆ 教练：播放当前课程教练语（此课需要存在教练语）。

◆ 配音：根据选择的播放速度，播放配音。

◆ 黄色双箭头：两点间播放。

◆ 红色双箭头：循环播放。

◆ 蓝色双箭头：段播放。

◆ “GO”：跳转到指定的播放帧，单击后出现输入指定帧窗口。

◆ 音量：调整音量。

◆ 时间滚动条：调整当前播放位置。

◆ 速度选择（正常、慢 1、慢 2）：选择当前视频的播放速度，可和配音按钮联合

使用。

◆ 上一段：重新播放上一个视频。

◆ 下一段：播放下一段视频。

◆ 返回：返回到上一级菜单，如图 1-48 所示。

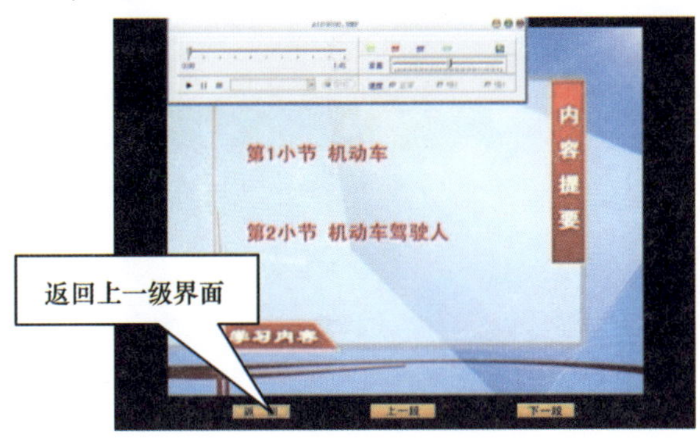

单击“返回”按钮

返回到上一级菜单

图 1-48 返回到上一级界面操作示意图

五、案例式教学模块

案例教学法就是运用案例进行教学的一种方法。在教学实施界面上，选择“案例式教学”，进入案例式教学的界面，如图 1-49 所示。

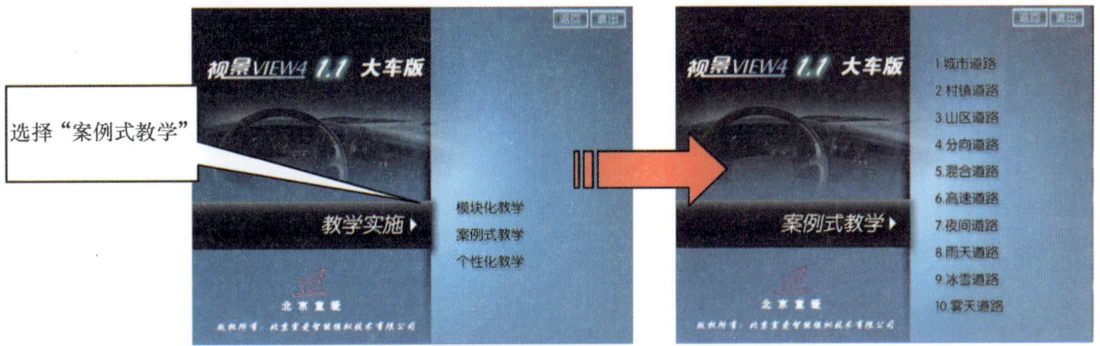

选择“案例式教学” 进入案例式教学界面

图 1-49 进入视景 VIEW4 V1.1 案例式教学界面示意图

案例式教学模块的内容设计详见下表：

视景 VIEW4 V1.1 案例式教学内容编制计划表

序　号	内　容			教学案例	
	分项	一级菜单	二级菜单	统一编号	案例名称
1	教学实施	案例式教学	1. 城市道路	城字第 001 案	制动不当
2				城字第 002 案	侧面相撞
3				城字第 004 案	酒后驾驶

（续）

<table>
<tr><th rowspan="2">序　号</th><th colspan="3">内　容</th><th colspan="2">教学案例</th></tr>
<tr><th>分项</th><th>一级菜单</th><th>二级菜单</th><th>统一编号</th><th>案例名称</th></tr>
<tr><td>4</td><td rowspan="37">教学实施</td><td rowspan="37">案例式教学</td><td rowspan="24">1. 城市道路</td><td>城字第 005 案</td><td>刮撞行人</td></tr>
<tr><td>5</td><td>城字第 006 案</td><td>路口抢行</td></tr>
<tr><td>6</td><td>城字第 007 案</td><td>行人占道</td></tr>
<tr><td>7</td><td>城字第 008 案</td><td>无证驾驶</td></tr>
<tr><td>8</td><td>城字第 009 案</td><td>同向刮擦</td></tr>
<tr><td>9</td><td>城字第 010 案</td><td>路口超车</td></tr>
<tr><td>10</td><td>城字第 012 案</td><td>制动失灵</td></tr>
<tr><td>11</td><td>城字第 013 案</td><td>违法超车</td></tr>
<tr><td>12</td><td>城字第 014 案</td><td>正面相撞</td></tr>
<tr><td>13</td><td>城字第 015 案</td><td>占道行驶</td></tr>
<tr><td>14</td><td>城字第 016 案</td><td>侧向碰撞</td></tr>
<tr><td>15</td><td>城字第 018 案</td><td>交叉相撞</td></tr>
<tr><td>16</td><td>城字第 019 案</td><td>逆向行驶</td></tr>
<tr><td>17</td><td>城字第 021 案</td><td>制动不当</td></tr>
<tr><td>18</td><td>城字第 102 案</td><td>超载</td></tr>
<tr><td>19</td><td>城字第 103 案</td><td>刮撞行人</td></tr>
<tr><td>20</td><td>城字第 104 案</td><td>无证驾驶</td></tr>
<tr><td>21</td><td>城字第 105 案</td><td>正面相撞</td></tr>
<tr><td>22</td><td>城字第 108 案</td><td>行人占道</td></tr>
<tr><td>23</td><td>城字第 109 案</td><td>侧面相撞</td></tr>
<tr><td>24</td><td>城字第 110 案</td><td>刮擦行人</td></tr>
<tr><td>25</td><td>城字第 111 案</td><td>刮撞行人</td></tr>
<tr><td>26</td><td>城字第 113 案</td><td>转向盘失灵</td></tr>
<tr><td>27</td><td>城字第 115 案</td><td>刮擦行人</td></tr>
<tr><td>28</td><td rowspan="13">2. 村镇道路</td><td>村字第 001 案</td><td>速度过快</td></tr>
<tr><td>29</td><td>村字第 002 案</td><td>盲目抢行</td></tr>
<tr><td>30</td><td>村字第 003 案</td><td>路口行驶过快</td></tr>
<tr><td>31</td><td>村字第 004 案</td><td>弯道车速过快</td></tr>
<tr><td>32</td><td>村字第 005 案</td><td>强行超车</td></tr>
<tr><td>33</td><td>村字第 006 案</td><td>速度过快</td></tr>
<tr><td>34</td><td>村字第 007 案</td><td>车速过快</td></tr>
<tr><td>35</td><td>村字第 008 案</td><td>疲劳占道驾驶</td></tr>
<tr><td>36</td><td>村字第 009 案</td><td>逆向违章驾驶</td></tr>
<tr><td>37</td><td>村字第 010 案</td><td>盲目超车</td></tr>
<tr><td>38</td><td>村字第 011 案</td><td>抢行超车</td></tr>
<tr><td>39</td><td>村字第 012 案</td><td>盲目占道</td></tr>
<tr><td>40</td><td>村字第 013 案</td><td>路口开快车</td></tr>
</table>

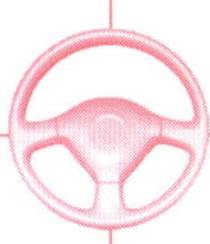

（续）

序　号	内　容			教学案例	
	分项	一级菜单	二级菜单	统一编号	案例名称
41	教学实施	案例式教学	3. 山区道路	山字第 001 案	弯路占道
42				山字第 002 案	盘山公路
43				山字第 003 案	路窄会车
44				山字第 004 案	让车不让速
45				山字第 005 案	制动失效
46				山字第 006 案	车速快
47				山字第 007 案	侵占对方路
48				山字第 008 案	带故障行车
49				山字第 009 案	超载行车
50				山字第 010 案	超载行驶
51				山字第 011 案	盲目超车
52				山字第 012 案	违章载人
53			4. 分向道路	分字第 001 案	逆向行驶
54				分字第 002 案	自行车突然横穿
55				分字第 003 案	雨天侧滑
56				分字第 004 案	超速行驶
57				分字第 005 案	机械失灵
58				分字第 006 案	突然变道
59				分字第 007 案	逆向占道
60				分字第 008 案	强行超车
61				分字第 009 案	抢道超车
62				分字第 010 案	雨天逆行
63				分字第 011 案	飞来快车
64				分字第 012 案	观察不到
65			5. 混合道路	混字第 001 案	车速过快
66				混字第 002 案	车速过快
67				混字第 003 案	路口行驶过快
68				混字第 004 案	超速强行超车
69				混字第 005 案	占道超车
70				混字第 006 案	会车
71				混字第 007 案	弯道高速占道行驶
72				混字第 008 案	坑洼湿滑
73				混字第 009 案	盲目占道转弯
74				混字第 010 案	高速行驶
75				混字第 011 案	弯道高速超车
76				混字第 012 案	弯道高速超车

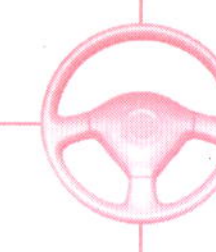

（续）

序号	内容			教学案例	
	分项	一级菜单	二级菜单	统一编号	案例名称
77	教学实施	案例式教学	6. 高速道路	高字第 001 案	酒后高速驾驶
78				高字第 002 案	疲劳驾驶
79				高字第 003 案	强行高速超车
80				高字第 004 案	疲劳驾驶
81				高字第 005 案	爆胎
82				高字第 006 案	高速行驶爆胎
83				高字第 007 案	制动失灵
84				高字第 008 案	高速行驶爆胎
85				高字第 009 案	高速行驶爆胎
86				高字第 010 案	盲目超车
87				高字第 011 案	跟车距离太近
88				高字第 012 案	车速过快
89			7. 夜间道路	夜字第 001 案	侧滑
90				夜字第 002 案	车速快
91				夜字第 003 案	车速快
92				夜字第 004 案	高速行车
93				夜字第 005 案	重载超车
94				夜字第 008 案	制动失灵
95				夜字第 009 案	大雨会车
96				夜字第 010 案	违章超车
97				夜字第 011 案	路口车速快
98				夜字第 012 案	占道行驶
99				夜字第 013 案	占道行驶
100				夜字第 014 案	未开警示灯
101				夜字第 015 案	高速超车
102				夜字第 016 案	视线不好
103				夜字第 017 案	高速超车
104				夜字第 018 案	制动侧滑
105				夜字第 019 案	急速掉头
106				夜字第 020 案	强行超车
107				夜字第 021 案	盲目超车
108				夜字第 022 案	路口超车
109				夜字第 023 案	地下道追尾
110				夜字第 024 案	占道行驶
111				夜字第 025 案	道路不清
112				夜字第 026 案	车速过快
113				夜字第 027 案	高速超车
114				夜字第 028 案	视线差车速快
115				夜字第 029 案	弯道会车
116				夜字第 030 案	会车

（续）

序号	内容			教学案例	
	分项	一级菜单	二级菜单	统一编号	案例名称
117	教学实施	案例式教学	8. 雨天道路	雨字第 001 案	盲目与火车争道
118				雨字第 002 案	开赌气车
119				雨字第 003 案	夜间车速过快
120				雨字第 004 案	强行超车
121				雨字第 005 案	山区超车车速过快
122				雨字第 006 案	高速公路违章逆行
123				雨字第 007 案	会车措施不当
124				雨字第 008 案	强行超车
125				雨字第 009 案	车速快
126				雨字第 010 案	方向失灵
127				雨字第 011 案	强行超车
128			9. 冰雪道路	冰字第 001 案	强行超车
129				冰字第 002 案	故障车快速行驶
130				冰字第 003 案	无证驾驶违规车辆
131				冰字第 006 案	制动打滑
132				冰字第 007 案	车距近
133				冰字第 008 案	严重疲劳驾驶
134				冰字第 009 案	人货混装无证驾驶
135				冰字第 010 案	弯道车速快
136				冰字第 046 案	下坡空挡滑行
137				冰字第 049 案	制动打滑
138			10. 雾天道路	雾字第 001 案	未按规定使用灯光
139				雾字第 002 案	山路制动失灵
140				雾字第 003 案	违章占道行驶
141				雾字第 004 案	制动打滑
142				雾字第 005 案	浓雾强行驾驶
143				雾字第 006 案	强行超车
144				雾字第 007 案	占道行驶
145				雾字第 008 案	违章占道行驶
146				雾字第 009 案	强行超车
147				雾字第 010 案	浓雾高速行驶

六、个性化教学模块

个性化教学（一对一教学）是一种因人施教的教学方法，在技能训练中显得尤为重要。如果需要因人施教的个性化教学，在教学实施界面上，选择“个性化教学”，然后会

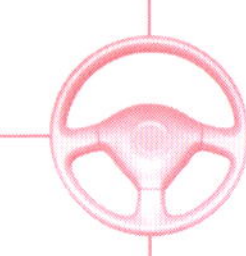

进入个性化教学选择的界面，如图 1-50 所示。

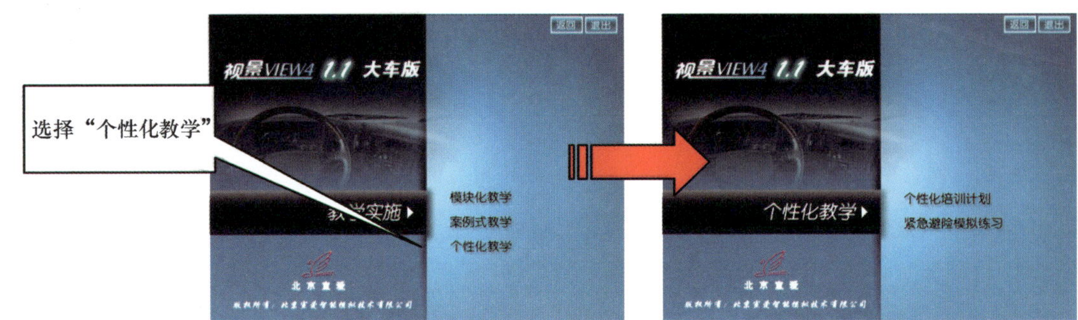

选择"个性化教学"　　进入个性化教学界面

图 1-50　进入视景 VIEW4 V1.1 个性化教学界面示意图

个性化教学模块主要由个性化培训计划和紧急避险模拟练习二部分组成，详见下表。

视景 VIEW4 V1.1 个性化教学内容编制计划表

序　号	内　容				
	分项	一级菜单	二级菜单	三级菜单	四级菜单
1	教学实施	个性化教学	个性化培训计划	交通事故经典案例教学	
2				紧急避险模拟练习	
3			紧急避险模拟练习	1. 城市道路	城字第 001 案
4					城字第×××案
5				2. 村镇道路	村字第 001 案
6					村字第×××案
7				3. 山区道路	山字第 001 案
8					山字第×××案
9				4. 分向道路	分字第 001 案
10					分字第×××案
11				5. 混合道路	混字第 001 案
12					混字第×××案
13				6. 高速道路	高字第 001 案
14					高字第×××案
15				7. 夜间道路	夜字第 001 案
16					夜字第×××案
17				8. 雨天道路	雨字第 001 案
18					雨字第×××案
19				9. 冰雪道路	冰字第 001 案
20					冰字第×××案
21				10. 雾天道路	雾字第 001 案
22					雾字第×××案
23				11. 组合道路	组字第 001 案
24					组字第×××案

七、测评体系模块

汽车驾驶技能动态测评系统的测评，是通过对驾驶人在模拟器上完成相应的测试道路驾驶操作后，针对其驾驶操作的结果指标与标准指标之间的差异进行比对测评。单击“测评体系”，进入测评体系选择界面，如图 1-51 所示。

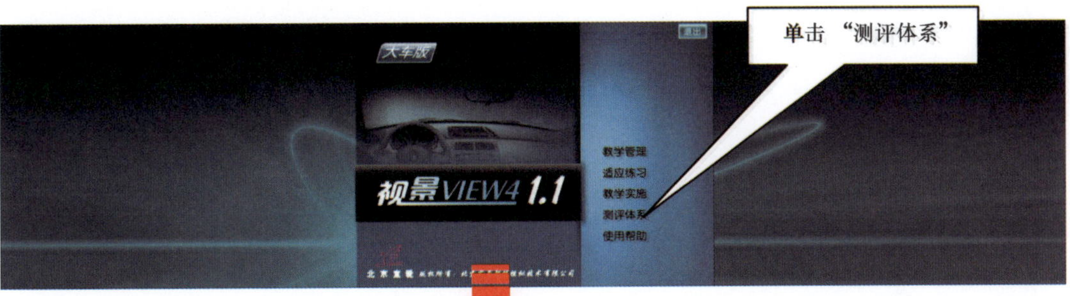

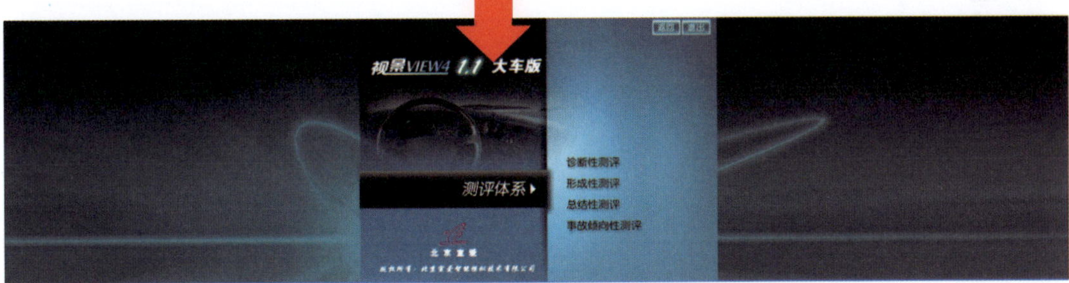

图 1-51 进入视景 VIEW4 V1.1 测评体系界面操作示意图

测评体系根据测评工作的任务和发生的时间，分为诊断性测评、形成性测评、总结性测评和事故倾向性测评四种测评方式，详见下表。

视景 VIEW4 V1.1 测评体系内容编制计划表

序号	内容			
	分项	一级菜单	二级菜单	三级菜单
1	测评体系	诊断性测评	1. 城市测试路	
2			2. 村镇测试路	
3			3. 山区测试路	
4			4. 分向测试路	
5			5. 混合测试路	
6			6. 高速测试路	
7			7. 夜间测试路	
8			8. 雨天测试路	
9			9. 冰雪测试路	
10			10. 雾天测试路	

（续）

序号	内容			
	分项	一级菜单	二级菜单	三级菜单
11	测评体系	形成性测评	1. 城市测试路	
12			2. 村镇测试路	
13			3. 山区测试路	
14			4. 分向测试路	
15			5. 混合测试路	
16			6. 高速测试路	
17			7. 夜间测试路	
18			8. 雨天测试路	
19			9. 冰雪测试路	
20			10. 雾天测试路	
21		总结性测评	初级技能测试	初级技能组合测试路 1
22				初级技能组合测试路 2
23				初级技能组合测试路 3
24			中级技能测试	中级技能组合测试路 1
25				中级技能组合测试路 2
26				中级技能组合测试路 3
27			高级技能测试	高级技能组合测试路 1
28				高级技能组合测试路 2
29				高级技能组合测试路 3
30				高级技能组合测试路 4
31		事故倾向性测评	录入基本信息	
32			驾驶认知能力	
33			驾驶态度	
34			道路驾驶技能	道路 1
35				道路 2
36				道路 3

八、使用帮助模块

使用帮助主要是通过视频的形式展现给教员，教员可以通过视频学习软件的使用、系统的维护以及一些教学组织方面的内容。单击“使用帮助”，进入使用帮助选择界面。如图 1-52 所示。

使用帮助模块主要由系统概述、教学系统设计、教学示范课、使用与维护等四部分组成。详见下表。

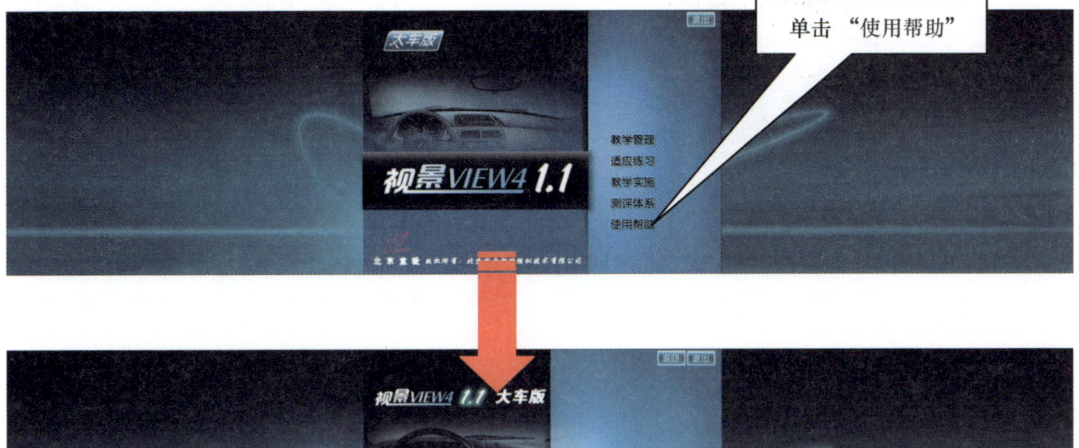

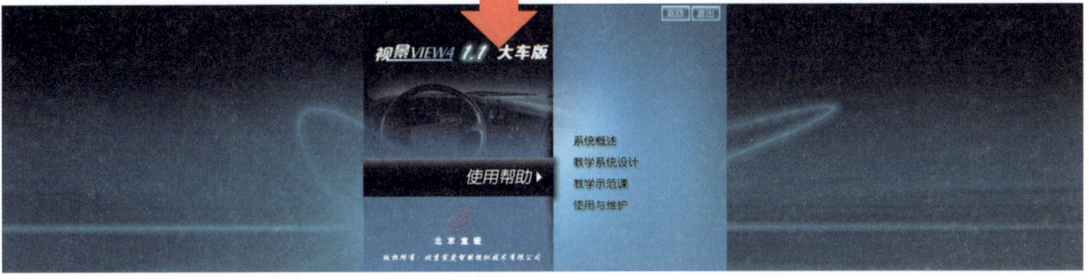

图 1-52 进入视景 VIEW4 V1.1 使用帮助界面操作示意图

视景 VIEW4 V1.1 使用帮助教学内容编制计划表

序号	内容		
	分项	一级菜单	二级菜单
1	使用帮助	系统概述	
2		教学系统设计	模块化教学模式
3			案例式教学模式
4			个性化教学模式
5		教学示范课	适应性练习
6			模块化教学
7			案例式教学
8			个性化教学
9		使用与维护	视景 VIEW4 V1.1
10			动感座舱
11			视景系统

1. 系统概述

系统概述主要是对使用帮助的一个简单介绍，怎么样使用帮助视频中的内容，对帮助视频的主要内容做一个概括性介绍。在使用帮助界面上，单击“系统概述”，可进入系统概述讲解界面，如图 1-53 所示。

2. 教学系统设计

教学系统设计主要是讲解模块化教学、案例式教学、个性化教学三种教学模式是如

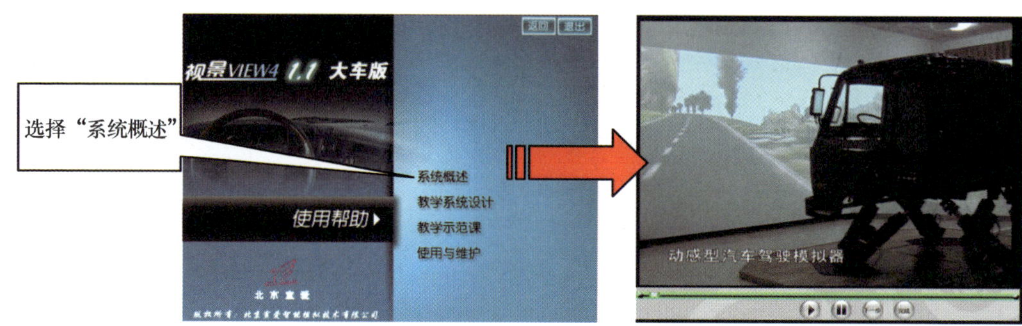

选择“系统概述”　　进入系统概述讲解界面

图 1-53　进入视景 VIEW4 V1.1 系统概述示意图

何进行教学设计的。在使用帮助界面上，单击“教学系统设计”，可进入“教学系统设计”选择界面，分别单击“模块化教学模式”、“案例式教学模式”、“个性化教学模式”，即可进入相应的讲解界面，如图 1-54 所示。

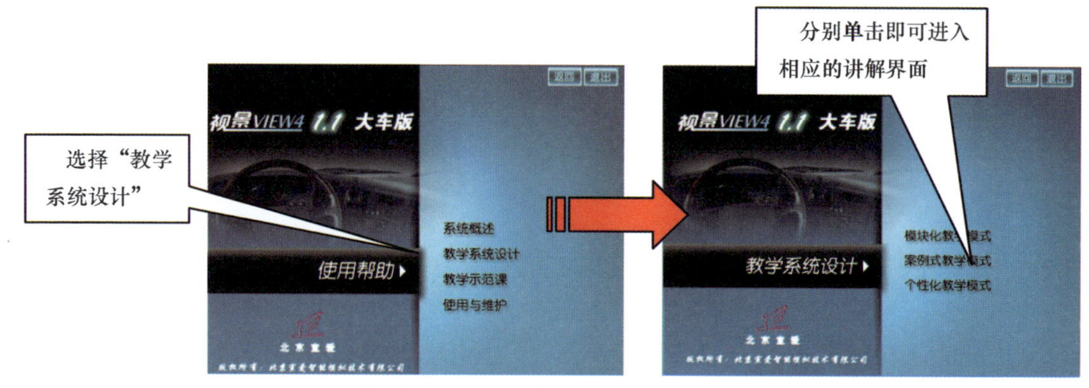

选择“教学系统设计”　　进入教学系统设计选择界面

图 1-54　进入视景 VIEW4 V1.1 教学系统设计界面示意图

3. 教学示范课

教学示范课主要是按照适应性练习、模块化教学、案例式教学、个性化教学等四种教学模式，而分别拍摄的一堂完整的教学示范课，以示范展现运用不同的教学模式是如何进行教学的。在使用帮助界面上，单击“教学示范课”，可进入“教学示范课”选择界面，分别单击“适应性练习”、“模块化教学”、“案例式教学”、“个性化教学”，即可进入相应的讲解界面，如图 1-55 所示。

4. 使用与维护

使用与维护主要是指软件和硬件的使用与维护，其内容分别是视景 VIEW4 V1.1 软件的使用与维护、模拟座舱的使用与维护、视景系统的使用与维护等三部分。在使用帮助界面上，单击“使用与维护”，可进入“使用与维护”选择界面，分别单击“视景 VIEW4 V1.1 教学软件”、“动感座舱”、“视景系统”，即可进入相应的讲解界面，如图1-56 所示。

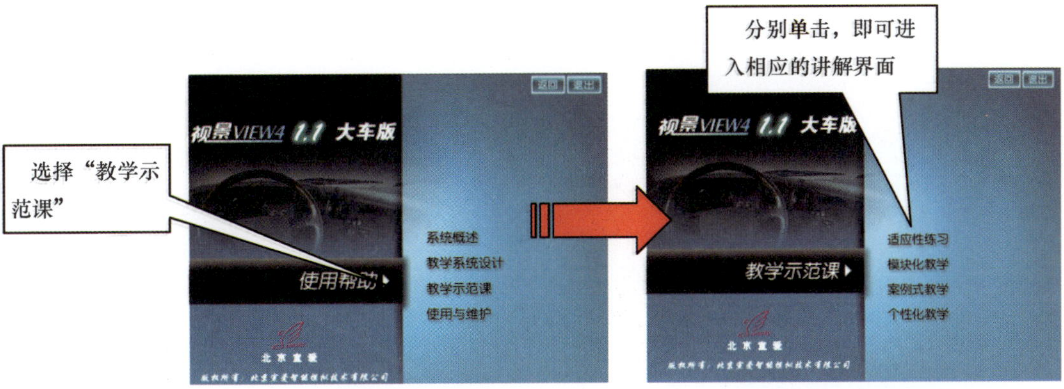

选择“教学示范课”

分别单击，即可进入相应的讲解界面

选择“教学示范课”　　　　进入教学示范课选择界面

图 1-55 进入视景 VIEW4 V1.1 教学示范课界面示意图

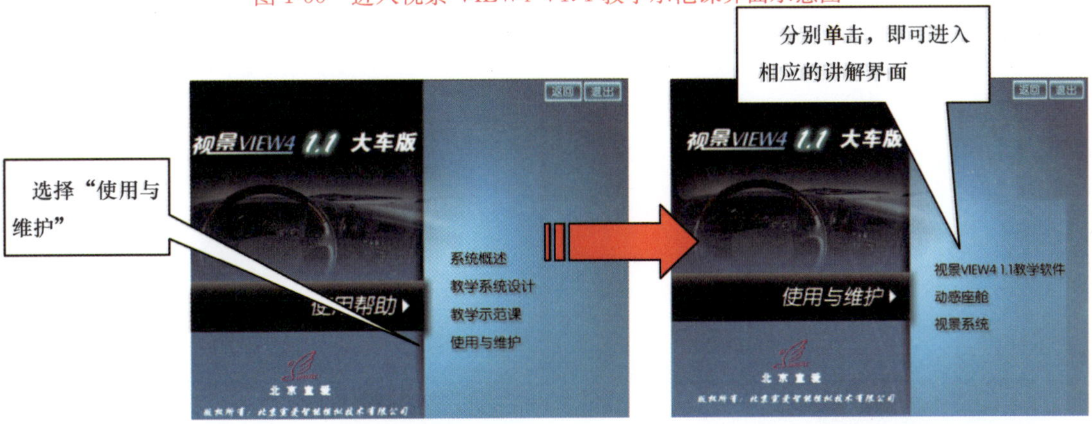

选择“使用与维护”

分别单击，即可进入相应的讲解界面

选择“使用与维护”　　　　进入“使用与维护”选择界面

图 1-56 进入视景 VIEW4 V1.1 使用与维护界面示意图

第三节 电动伺服运动平台

电子学习室选用的是宣爱 6D101 型六自由度电动伺服运动平台，简称：运动平台，如图 1-57 所示。六自由度电动伺服运动平台是通过六个驱动缸的协调伸缩来实现平台沿 X、Y、Z 向的平移和绕 X、Y、Z 轴的旋转运动（共 6 个自由度），以及这些自由度的复合运动。运动平台在汽车驾驶模拟器中的主要作用是，给仿真对象中的人提供一个仿真的空间实时加速度信号，以模拟仿真对象的运动感觉。在很多的运动对象仿真模拟中，六自由度运动系统已经成为了不可缺少的重要的分系统。

与传统的液压伺服运动平台相比，电动伺服运动平台具有无可比拟的优越性，体现在：

1. 对房屋等技术设施的要求降低

电动平台不需要像液压系统一样复杂的基础建设，例如需要设立专门的泵房来安放液压泵站，不需要蓄水池（冷却水池）、冷却塔、蓄压器、阀和各种液压管路，因此房屋和地面的投资小，地面更简洁。

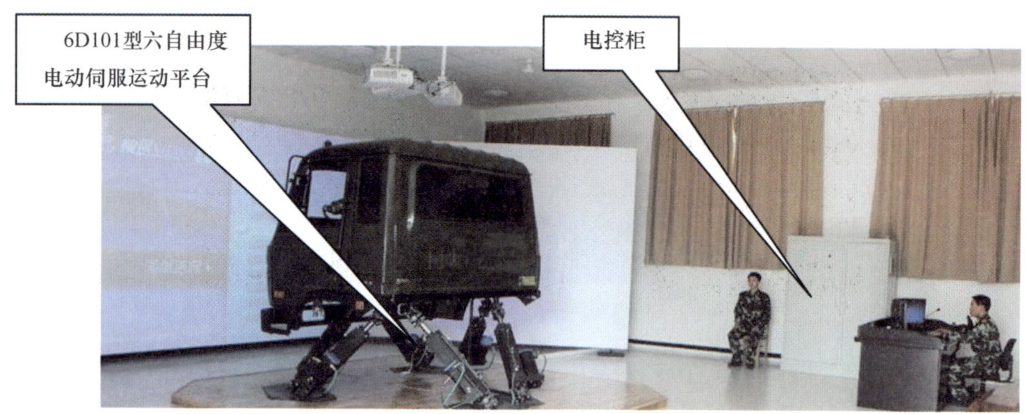

图 1-57　宣爱 6D101 型六自由度电动伺服运动平台组成示意图

2. 安装和维护成本降低

电动运动系统由于结构简单，安装可以在 2～3 天内完成。电动伺服运动平台的电动机通常是在密封状态下的，在模拟器的整个使用过程中，都不需要过多的维护。相比而言，液压运动平台则需要大量的人工支持和维护开支。

3. 安全性提高

现代工作场所对健康与安全的要求越来越高。有毒液压油的泄露，泵站的高频噪声，以及潜在的液压管路的破裂，都意味着液压运动平台安装和操作过程中，有比电动平台更大的安全隐患。

4. 可靠性提高

液压系统有伺服阀、油滤等易损坏部件，客户经常要被迫停止训练，进行排故。电动运动系统的平均故障时间大大延长，可以满足客户长时间的训练要求。

5. 模拟器性能提高

电动运动系统具有更快的反应时间，更大的加速度变化率，更短的系统延时，更好的频率响应特性，能够模拟更好的动态效果。

6. 功率消耗少

训练时消耗的电能一般是同样载荷液压系统的 25%～30%。

一、设计指标

1. 极限位置、速度和加速度指标

以下技术指标均以运动平台的几何中心（MPC）为计算基准点，系统安装有对应的载荷。几何中心的定义为上平台三角的几何中心。

序　号	自由度		极限行程		速度	加速度
	轴向	方位	单自由度	最大		
1	*X* 轴平移	前后	±0.23m	±0.25m	±0.7m/s	±7m/s^2
2	*Y* 轴平移	左右	±0.20m	±0.22m	±0.7m/s	±7m/s^2
3	*Z* 轴平移	垂直	±0.19m	±0.21m	±0.5m/s	±10m/s^2

（续）

序 号	自由度		极限行程		速度	加速度
	轴向	方位	单自由度	最大		
4	X 轴旋转	横滚	±14°	±14°	±34°/s	>225°/s²
5	Y 轴旋转	俯仰	16°/−14°	22°/−18°	±35°/s	>225°/s²
6	Z 轴旋转	航向	±15°	±18°	±35°/s	>225°/s²

2. 载荷

宣爱 6D101 电动伺服运动平台的最大运动载荷（GML）为 1 000kg。

项 目	数 值
最大运动载荷（GML）	1500kg
有效载荷（扣除上铰链支座重量）	1000kg
X 轴最大转动惯量	1500kg · m²
Y 轴最大转动惯量	1500kg · m²
Z 轴最大转动惯量	1500kg · m²
载荷中心距离平台几何中心允许的最大高度	1. 0m

3. 几何尺寸

项 目	数 值
平台最低位置距离地面高度	1. 23m
平台地面直径	大约 3m
作动筒行程	300mm

4. 能量消耗

项 目	数 值
电源要求	AC380V
平均功率消耗	20kV · A
峰值功率消耗	25kV · A

图 1-58 为六自由度运动平台的控制框图。从图中可看出，主控计算机通过六自由度数学模型对空间状态进行时时解算，将需要的空间状态和运动轨迹输入到主控计算机，通过空间状态解算程序完成对六个缸的运动位移和速度的计算，然后将解算结果送到多轴控制卡，经伺服驱动器送给伺服电动机，伺服电动机带动电动缸推动平台运动，实现上平台的空间运动状态。

图 1-58 伺服运动平台控制框图

二、运动平台的组成

宣爱6D101电动伺服运动平台由上支架、下支架、伺服电动机、驱动器、控制器、电气电控柜及线束、伺服缸、万向联轴器等组成。如图1-59所示。

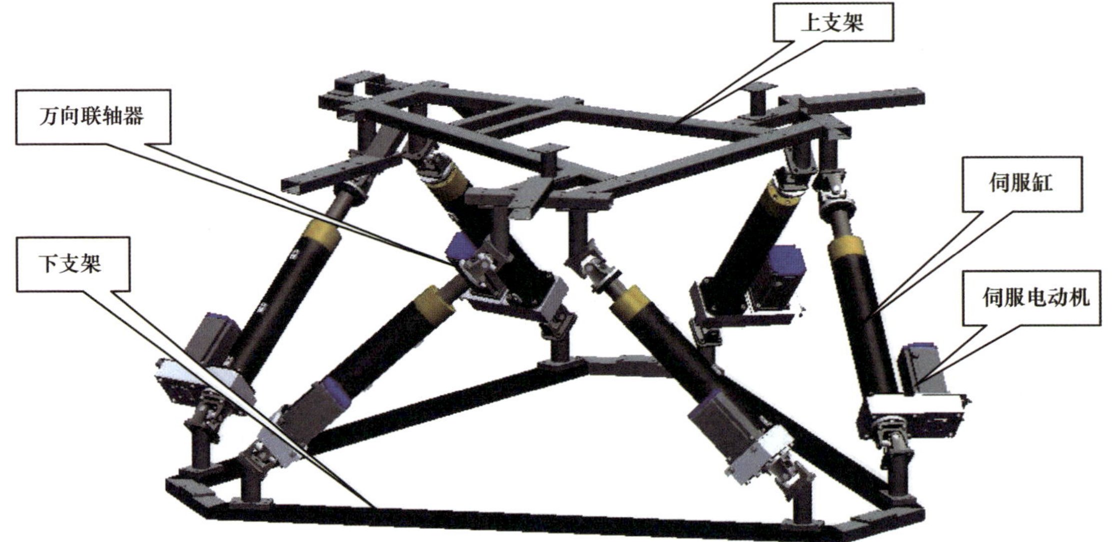

图1-59　宣爱6D101电动伺服运动平台组成示意图

电动伺服缸由伺服电动机、伺服缸、滚珠丝杠、同步带及轮、限位器等组成。其中交流伺服电动机采用松下三相交流异步电动机，单台功率3kW。如图1-60所示。

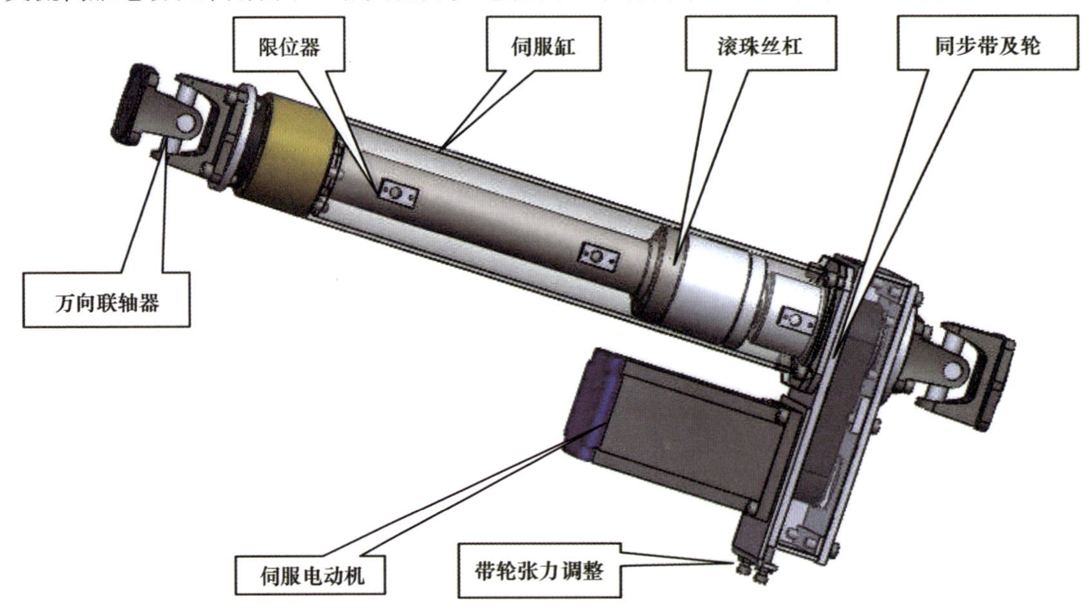

图1-60　电动运动系统电动伺服缸示意图

电气电控柜是由电气柜与电控柜两部分组成，左侧为电气柜，主要安装驱动器、控

制器；右侧为电控柜，主要安装工程计算机、融合器、功放等电气设备。如图 1-61 所示，控制按钮如图 1-62 所示。

电气柜（左侧）

电控柜（右侧）

图 1-61 电气电控柜组成示意图

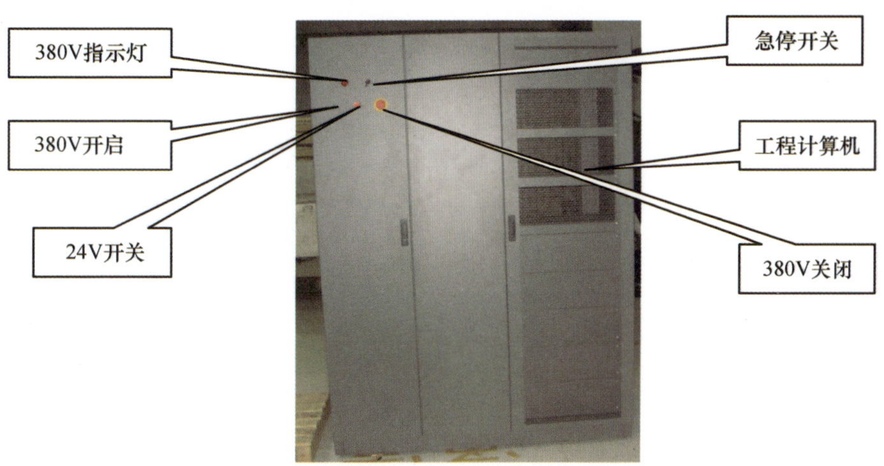

图 1-62 电气电控柜面板控制按钮示意图

三、操作方法与使用注意事项

1. 打开系统

1）开启总电源开关。合上电源箱内的 380V 电源开关，显示“ON”状态，如图 1-63 所示。

2）机柜开关开启。左侧的红色旋钮开关顺时针旋转到“ON”上，如图 1-64 所示。

图 1-63　总开关示意图

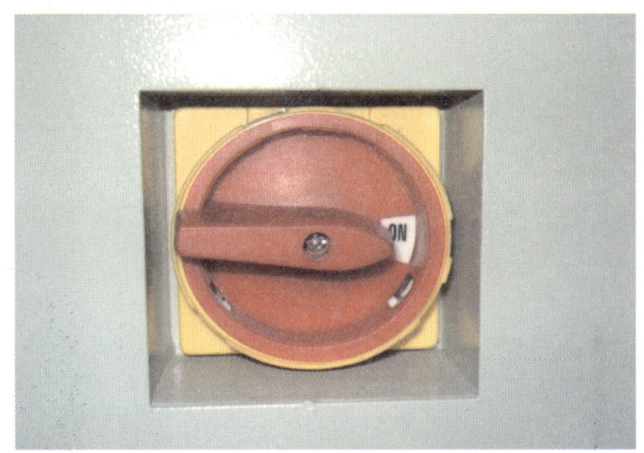

图 1-64　机柜总开关示意图

3）接入动力电。机柜内部左侧立板上的 380V 空开打到“ON”上，如图 1-65 所示。如电路异常，断路器会自动跳闸，如发生此情况请查看线路。

4）急停开关状态。确认控制柜面板上急停开关是闭合的（顺时针方向旋转，它自己就会弹上吸合），如图 1-66 所示。

图 1-65　总断路器示意图

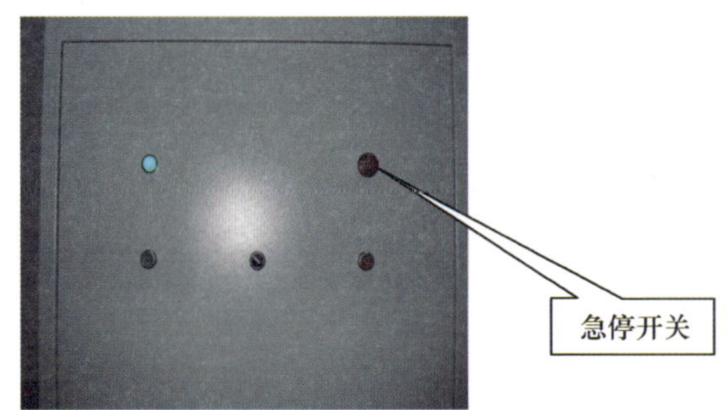

图 1-66　急停开关示意图

5）送电。按下控制柜正面板上的绿色按钮，正上方的绿色指示灯亮就表示通电正常，如图 1-67 所示。

6）送弱电。顺时针旋转 24V 黑色旋钮，车身下方六个伺服缸上的传感器灯亮（图 1-69）表示通电正常，如图 1-68 所示。此时控制柜内 6 个驱动器启动，显示“rdy”是正常，如显示其他字母为异常，请断开 24V 开关，重新启动。

7）确认控制柜内右侧立板上的 220V 空气开关打到“ON”上，如图 1-70 所示。

8）打开控制柜中的所有电脑主机。如图 1-71 所示。

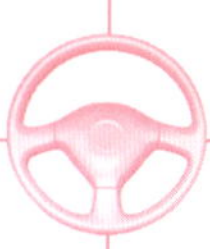

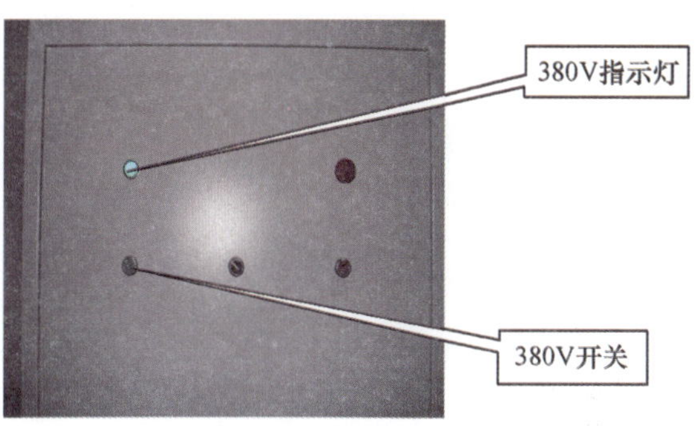

图 1-67　控制电路开关示意图

24V开关

图 1-68　控制电路开关

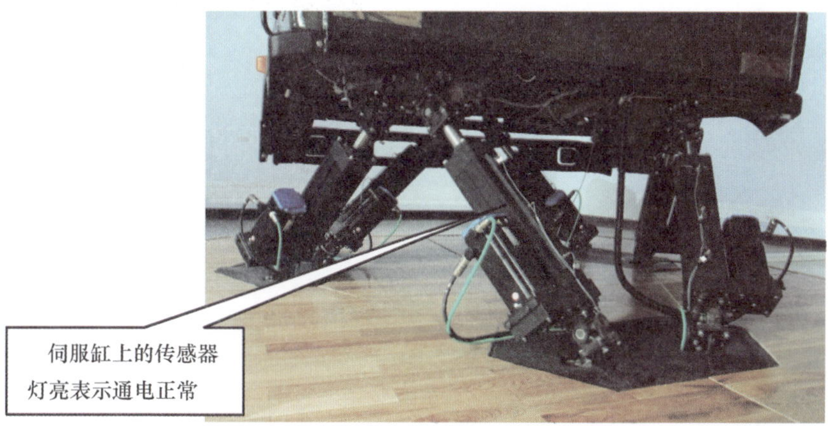

图 1-69　伺服缸传感器灯亮示意图

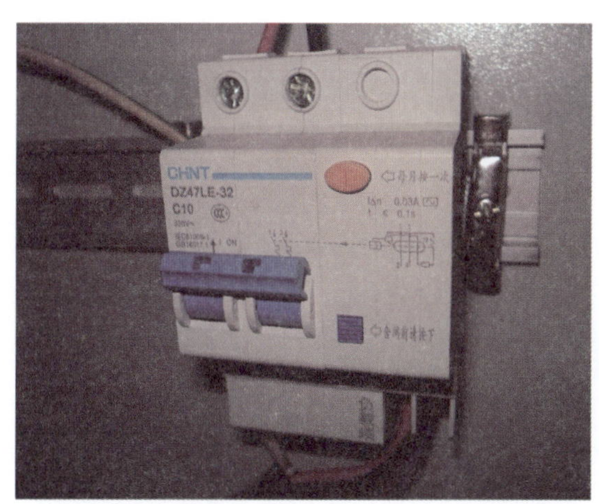

图 1-70　220V 空气开关

图 1-71　控制柜内电脑主机

9）先打开 UPS 电源，给投影机供电，然后再打开座舱上方的三台投影机，如图 1-72 所示。

2. 关闭系统

1）关闭座舱上方的三台投影机，再关闭 UPS 电源。

2）关闭控制柜中的所有电脑主机。

3）确认控制柜内右侧立板上的 220V 空气开关打到“OFF”位置。

4）按下控制柜面板上的急停开关，确认伺服系统已关闭。

5）将机柜内部左侧立板上的 380V 空气开关置于“OFF”位置。

6）将控制柜左侧红色旋钮开关顺时针旋转到“OFF”位置。

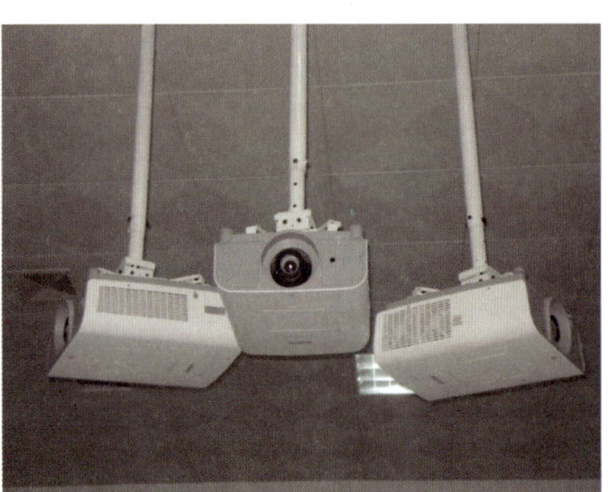

图 1-72　座舱上方投影机

7）将主教室 380V 电源开关置于“OFF”位置。

3. 使用注意事项

1）正确使用设备，严格遵守操作规程，启动前认真准备，启动中反复检查，停车后妥善处理，运行中搞好调整，认真执行操作指标，不准超温、超压、超速、超负荷运行。

2）精心维护、严格执行巡回检查制，定时按巡回检查路线，对设备进行仔细检查，发现问题，及时解决，排除隐患；搞好设备清洁、润滑、紧固、调整和防腐；保持零件、附件及工具完整无缺。

3）掌握设备故障的预防、判断和紧急处理措施，保持安全防护装置完整好用。

4）设备计划运行，定期切换，配合检修人员搞好设备的检修工作，使其经常保持完好状态，保证随时可以启动运行，对备用设备要定时盘点，搞好防冻、防凝等工作。

5）认真填写设备运行记录、缺陷记录，以及操作日记。

6）经常保持设备和环境清洁卫生，做到轴见光、设备见本色、车体门窗玻璃净。

第四节　电 控 系 统

电控系统 V1.1 是互动型汽车驾驶模拟器中的传感控制系统。在汽车驾驶模拟器中，传感控制系统的性能直接影响到整个汽车驾驶模拟系统的交互性和实时性，是衡量汽车驾驶模拟器实用性能的重要指标。电控系统主要由各种传感器、数据采集和处理系统，以及接口电路等组成。其中，数据采集和处理系统是整个传感控制系统的核心。电控系统功能如下：

1）采集外部模拟信号经 A/D 转换后变为数字信号发给 PC 机。

2）采集外部开关信号发给 PC 机。

3）将 PC 机的命令转换成声光、动能的形式体现给人体感受。

4）采集角度信号上传 PC 并依据角度给出力反馈大小。

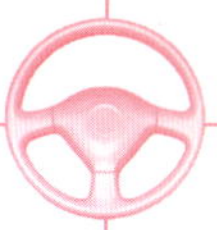

电控系统 V1.1 由主控制电路板、力反馈电路板、电控箱、电动力反馈转向机总成、传感器组、线束总成等六个部分组成，如图 1-73、图 1-74 所示。

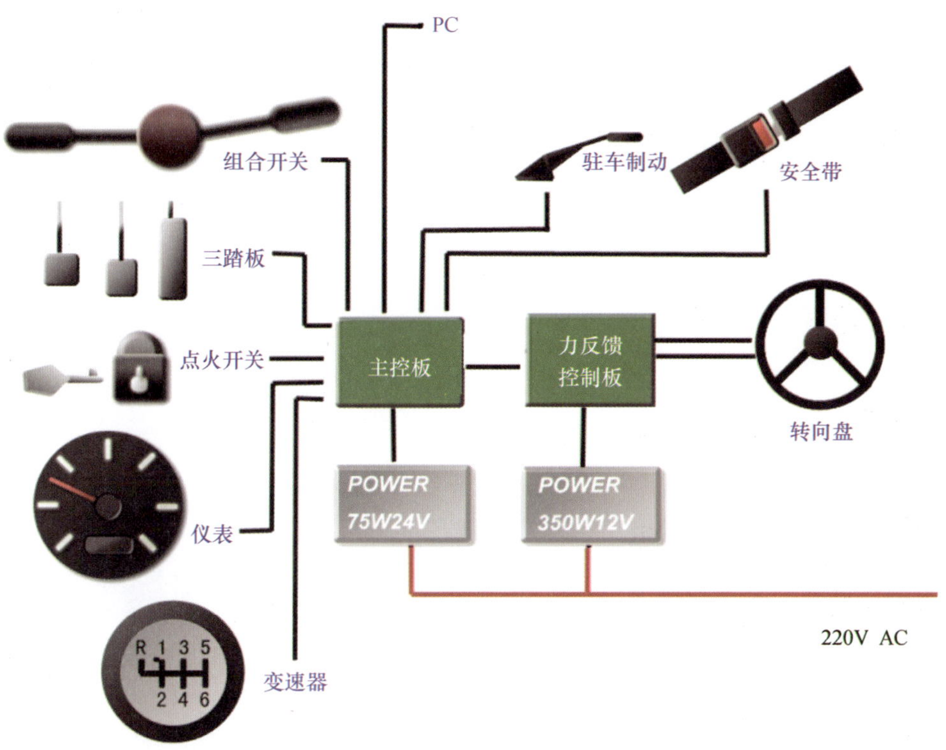

图 1-73　电控系统 V1.1 整体结构示意图

一、主控制电路板

主控制电路板主要包括主控制电路板模块、三踏板采集模块、变速器采集模块、仪表板显示模块、组合开关及点火开关模块、驻车制动采集模块、转向盘采集及电动力反馈模块、开关电源模块、安全带采集模块、车门信号采集模块、预留信号采集及处理模块、EMC/EMI 外壳等，如图 1-75 所示。

1）主芯片选用美国 ST 公司生产的最新 32 位处理器，工作速度可达到 72MHz。并配有 ALTERA CPLD MAXⅡ，以扩展 I/O 接口。

2）主控制电路板模块是整个电控系统的核心。由单片机及外围驱动和采集电路构成，集成焊接在一块印制电路板上。

① 采集接口包括：A/D 采集，负责三踏板传感器的采集，转向盘旋转的角度、方向的采集；I/O 采集，负责组合开关、点火开关、挡位及驻车制动模块。

② 电动力反馈接口：负责电动力反馈的驱动接口。

③ 电源接口：12P 5557。

④ 通信接口：与上位机通信接口，实现主控板电路采集信息与上位机通信，上位机经过对通信数据处理，响应到实时的视景系统上；并响应经过上位机计算后的操作指令

驱动仪表板及电动力反馈动作。

⑤ 仪表板驱动接口：负责驱动仪表板上各显示仪表的实时转动及各指示灯工作。

3）主控制电路板与力反馈驱动板分开放置，之间通过 RS232 进行通信。

4）外观尺寸：164mm×166mm。

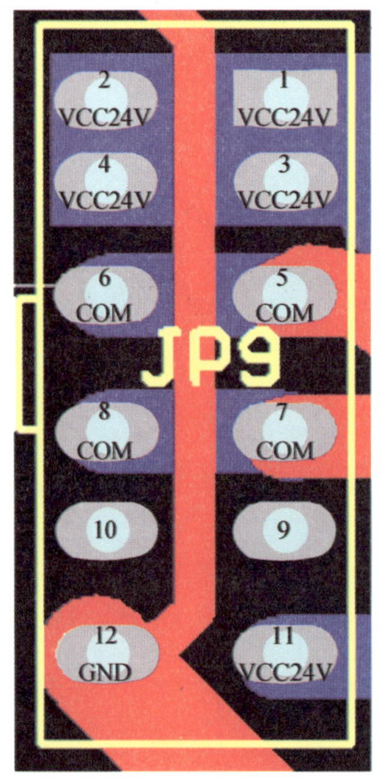

图 1-74　电控系统 V1.1 整体结构示意图

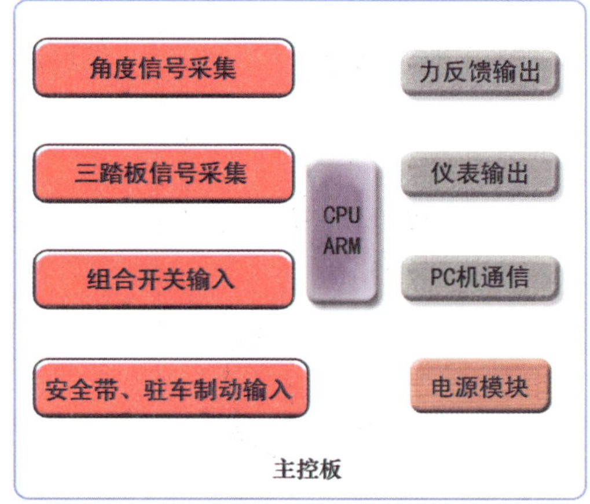

图 1-75　电控系统 V1.1 主控板功能示意图

二、力反馈电路板

力反馈电路板主要由转向盘采集及电动力反馈模块组成。

转向盘采集及电动力反馈模块选用株洲时代卓越汽车电子技术有限公司生产电动助力转向机中的磁角传感器，角度与力矩传感器采集在主控板上实现，力反馈电动机驱动在电动机驱动板上实现，主控制电路板与电动机驱动板用导线直连进行通信。

力反馈电路板根据角度传感器反馈电压值的大小，对角度传感器与电动机输出功率进行调整，从而对转向盘产生不同大小的反向阻力。

1. 对于阻力大小与角度的关系设定技术要求

1）对角度传感器进行 A/D 采样，精度为 10 位，并对模拟量进行数字滤波。

2）2.5V 为中心零点，根据角度传感器反馈电压值来确定零点。

3）过流保护值为 8A。电动机电流大于 8A 并持续大于 1s 进行保护。自锁，断电后自恢复。

4）过温度保护值为 80℃，MOSFET 处。

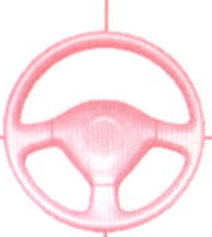

2. 角度传感器的技术参数

1）两路模拟信号平行输出（或总线数字输出）。

2）两路模拟信号基于 2.5V 对称。

3）可跟踪范围为±2 圈，即−720°～+720°。

4）电源：5V。

3. 电动机技术参数

1）工作电压范围：DC10～16V。

2）电动机最大输出电流：30A。

3）额定功率：200W。

4. 接口方式

1）电动机接口使用样品原有接线方式。

2）角度传感器为 7 芯 2.54 接头。

3）电源接口使用样品原有接线方式。

5. 外观尺寸

95mm×120mm。

6. 程序平台

程序平台使用 μC/OS—Ⅱ操作系统。

三、电控箱

电控箱用于安装主控制电路板和力反馈电路板，配有 120W 12V、120W 24V 两组电源，如图 1-76、图 1-77 所示。

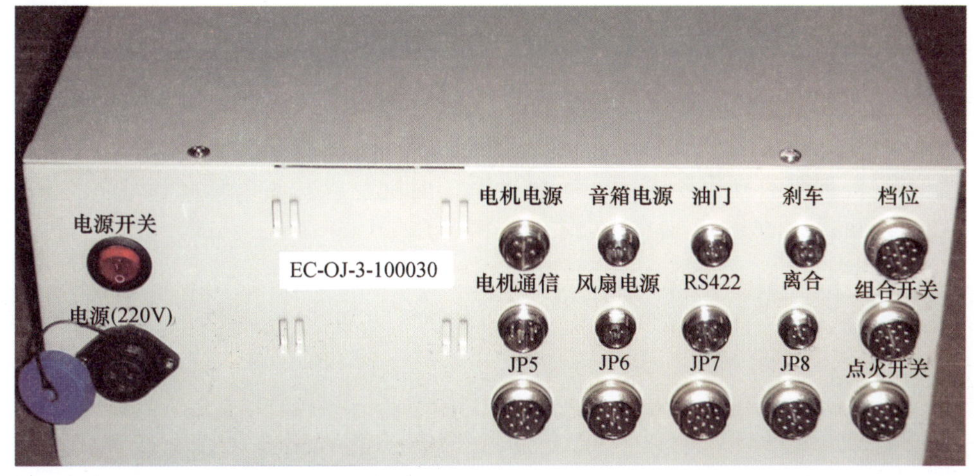

图 1-76 电控系统 V1.1 电控箱接口面板示意图

1. 接口说明

1）电源开关——AC220V 电源开关及指示。

2）电源（220V）——AC220V 电源。

3）电机电源——力反馈转向机电动机电源。

4）电机通信——角度传感器输出。

5）油门——加速踏板位移传感器。

6）离合——离合器踏板位移传感器。

7）刹车——制动踏板位移传感器。

8）RS422——422 通信接口，与 PC 机进行通信。

9）档位——接变速器，接收挡位信号。

10）组合开关——组合开关输入。

11）点火开关——点火开关、驻车制动、安全带。

12）音箱电源——24V 电源输出。

13）风扇电源——12V 电源输出。

14）JP5——给仪表信号Ⅰ。

15）JP7——给仪表信号Ⅱ。

16）JP8——给仪表信号Ⅲ。

图 1-77　电控系统 V1.1 电控箱内部布局示意图

2. 使用环境

1）湿度：25%～95%。

2）温度：－10～45℃。

3）电压：185～264V，50～60Hz。

4）功率：＜300W。

四、电动力反馈转向机总成

电动力反馈转向机总成是用于汽车驾驶模拟器方向实时控制，并自动回正至零点位置的装置。它通过连接在总成上的电动力反馈转向机角度传感器系统，实时采集学习者的操作动作，并发送至上位机系统，满足上位机软件处理需求；同时，通过与上位机通信，响应上位机相应的操作要求。电动力反馈转向机总成安装于转向管柱下方，通过万向节传动机构与转向轴相连，如图 1-78、图 1-79 所示。

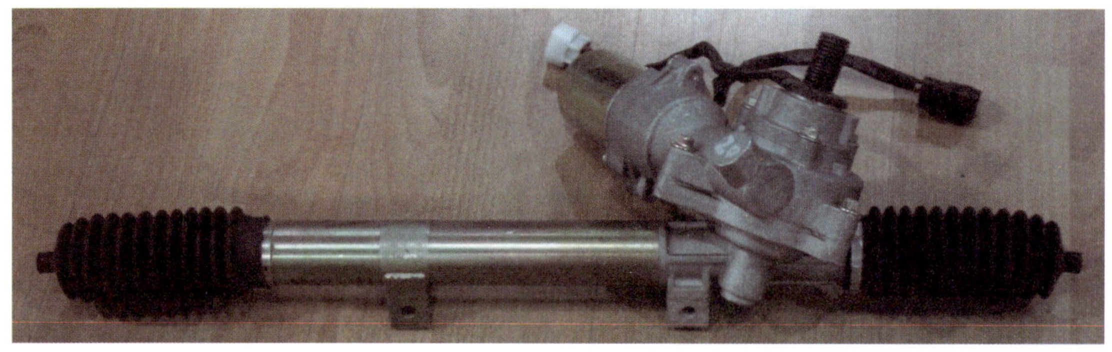

图 1-78　电控系统 V1.1 电动力反馈转向机示意图

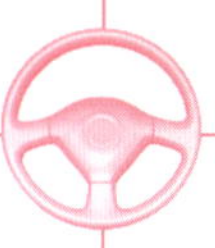

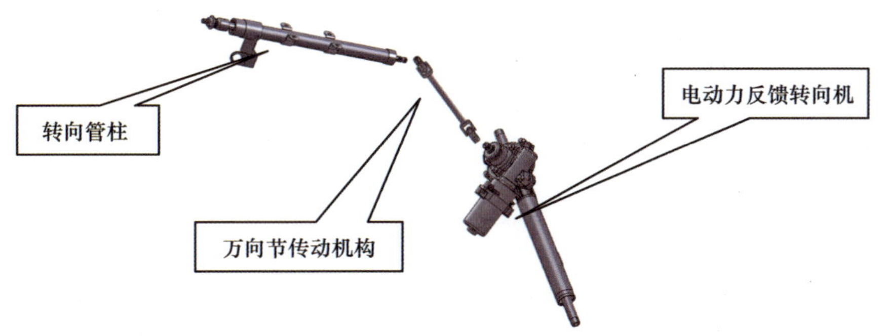

图 1-79　电控系统 V1.1 电动力反馈转向机安装位置示意图

五、传感器组

传感器组由 3 个三踏板（离合器踏板、制动踏板和加速踏板）非接触式线性位移传感器、1 组 2 块的挡位传感器电路板、若干个开关传感器（安全带、驻车制动、车门、组合开关与点火开关、喇叭按钮）等组成。

1. 三踏板位移传感器

三踏板位移传感器主要用于离合器踏板、制动踏板和加速踏板的行程测量，分别安装于踏板总成的前部，与踏板上端连接，如图 1-80 所示。

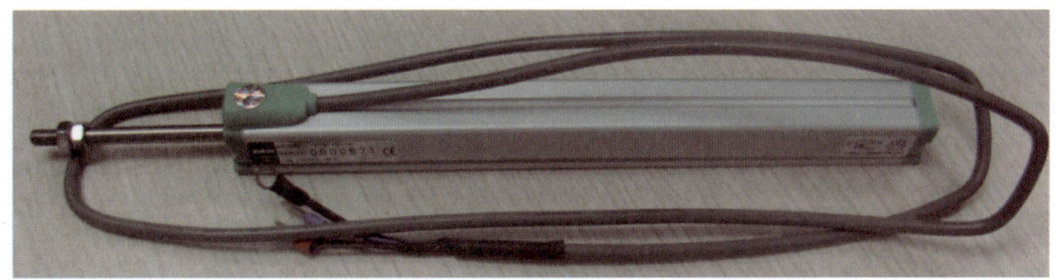

图 1-80　电控系统 V1.1 三踏板位移传感器示意图

2. 挡位传感器电路板

大车使用 7 挡位板，小车使用 6 挡位板。外部机构变挡到位后，会将红外线挡住，接收管收不到红外线后认为是挂上挡位，然后将这些信号通过高低电平发给主控制电路板。挡位传感器安装于变速器内，通过线束与挡位相连，如图 1-81 所示。

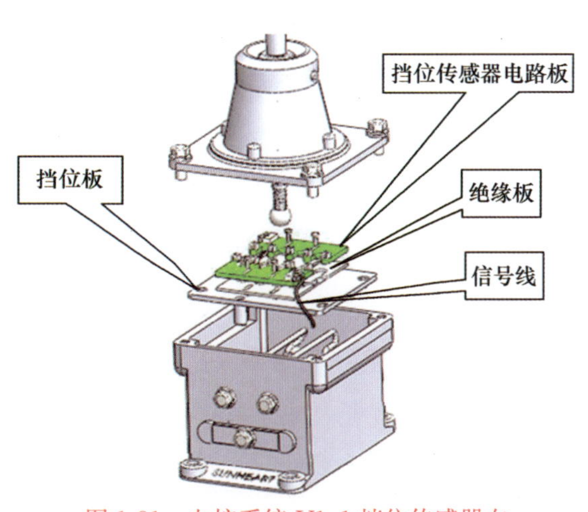

图 1-81　电控系统 V1.1 挡位传感器在变速器的安装位置示意图

3. 开关传感器

开关传感器可根据需要增加或减少，但通常有图 1-82 所示几种：

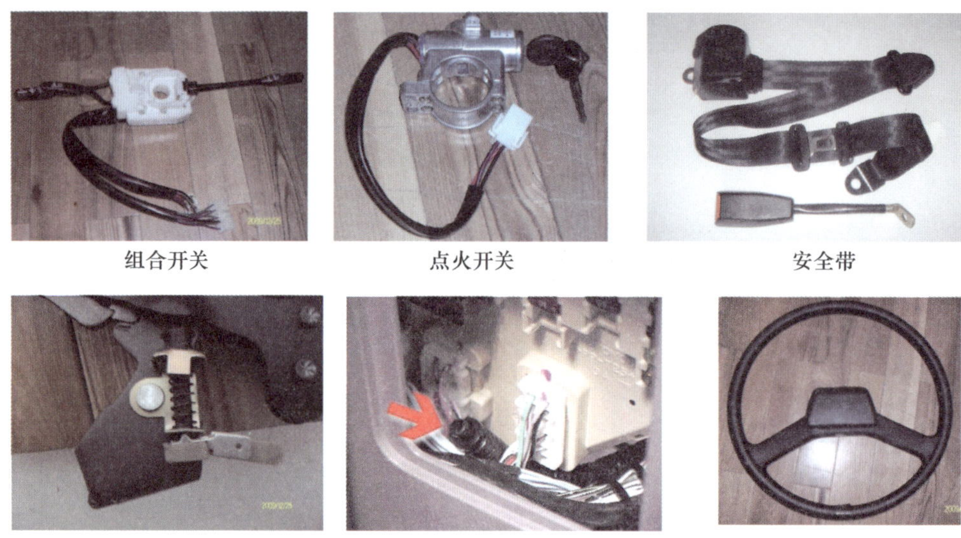

图 1-82　电控系统 V1.1 开关传感器示意图

六、线束总成

线束的功能是完成传感器和控制板的连接与信号传递。

线束分为视景系统线束、电控系统线束两组，包括电源输入线、组合开关线（含点火开关）、仪表控制线、挡位信号线、驻车制动信号线、三踏板信号线、角度信号线、电动机控制线、串口通信线、上下位机通信线等。所有线束均使用相应规格的屏蔽线，如图 1-83 所示。

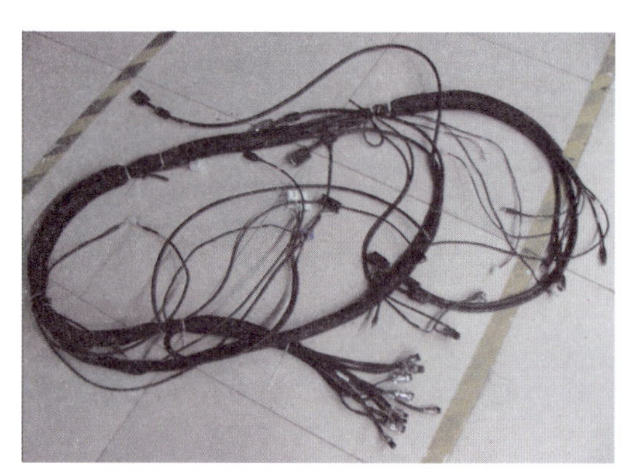

图 1-83　电控系统 V1.1 电控系统线束实物图

第五节　模拟座舱及附属设施

一、模拟座舱

宣爱 QJ-4B1（大）型电子学习室使用的模拟座舱选用东风 153 平头柴真车驾驶室，操作件除变速器外均采用原车件，如图 1-84 所示。

模拟座舱是驾驶人模拟驾驶的操作工位。它由车身、操纵机件、座椅、仪表、变速器总成及离变联动机构、离合器踏板传感器固定支架、制动踏板传感器固定支架、加速踏板传感器固定支架、电控箱（主、副）固定支架、电动力反馈转向器固定支架、刮水器臂支承架等组成。模拟座舱的特点如下：

1）模拟效果更加真切。由于驾驶人的操作工位与实际的操作工位一样，有利于驾驶

技能模拟训练后向实际驾驶的迁移。

2）模拟车型的选择更加灵活。选用真车驾驶室作为模拟操作工位，这样就可以根据使用者的实际需要，选择相应的真车驾驶室进行模拟训练，使模拟训练更加适应训练的需要。

3）模拟器的设计简便且故障率低。采用真车驾驶室的结构设计，设计工作主要集中在模拟系统和伺服系统的布置工作，设计内容比较简单，功能件也相对减少，由于产品性能造成的故障率会大大降低。

4）模拟过程中的安全有保障。真车驾驶室是经过严格检验，通过安全质量认证的，有安全保证，使用真车驾驶室进行模拟训练，特别是模拟交通事故案例，可以有效地保证驾驶人的人身安全。

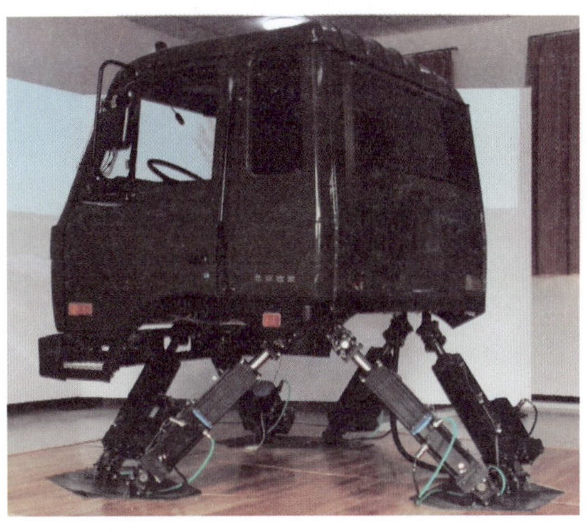

图 1-84　QJ-4B1（大）模拟座舱示意图

二、附属设施

电子学习室的附属设施主要包括教学用具、展板、辅助设备、工具箱等四部分。具体内容详见下表：

电子学习室附属设施配置标准

序　号	分　类	物料编码	品　名	规　格	4B1		备注
					大	小	
1	教学用具	0801EH03	教员控制台	4B1 系列产品用	1	1	
2		0801EH05	转椅	螺杆有扶手座椅	1	1	
3		0801EG06	课桌	复合板　单面 1800mm×400mm×750mm	6		
4		0801EH07	课椅	复合板　革质	18		
5		0801EG08	踏台	4B1（大）实木地板	1		
6		0801AG09	踏台	4B1（小）电动		1	
7		0801AG10	安全围栏	4B1（大）　不锈钢	1		
8		0801AG11	安全围栏	4B1（小）　不锈钢		1	
9	展板	0802BG04	展板组	《汽车驾驶电子学习室展示板组》　V1.2	1		
10	辅助设备	0803CH01	教员用转向盘	罗技 MOMO	1	1	
11		0803CG02	打印机	喷墨打印机	1	1	
12		0803CG03	学时记录机		1		
13	工具箱	0804AG01	工具箱	工具箱	1		
14		0804CH02	工具箱	红外测温枪	1		
15		0804AG03	工具箱	黄油枪	1		
16		0804AG04	工具箱	机油壶	1		
17		0804AG05	工具箱	座椅套	1		

第二章　电子学习室的教学功能

第一节　模块化教学

模块化教学是在汽车驾驶教学建模基础上实施教学活动的一种方式。

汽车驾驶教学建模，是指在一定教学理论的指导下，通过对汽车驾驶教学实践经验的概括和总结，结合现代教育技术，为完成汽车驾驶教学目标和内容，而构建形成的稳定且简明的教学结构理论框架及其具体可操作的实践活动程序。

一、教学模块的分类

教学模块按照教学内容和组训方式的不同可分为理论授课、非互动引导模拟练习和3D互动模拟练习等三类。

1）理论授课类是指由讲解汽车驾驶相关理论的视频构成的模块内容，此类模块主要适用于各项理论学习。其中包括：法律法规课程、汽车保养与维护课程、车辆勤务课程、汽车驾驶技能课程、汽车驾驶常识课程等。

2）非互动引导模拟练习类是指由引导完成非互动型驾驶模拟练习的视频构成的模块内容，此类模块适用于各项非互动模拟练习。其中包括：驾驶技法练习操模拟练习、场地科目引导驾驶模拟练习、实际道路引导驾驶模拟练习等。

3）3D互动模拟练习类是指由3D互动场景构成，学习者可自主随机练习，此类模块适用于各项互动模拟练习的模块内容。其中包括：场地科目模拟驾驶练习、各种道路模拟驾驶练习、事故体验模拟驾驶练习等。

二、模块化教学流程设计

1. 科目一：道路交通安全法律、行政法规和相关知识培训的教学设计

1）教学流程第一步（图2-1）：理论讲授——法律法规，车务常识。

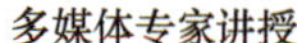
多媒体专家讲授

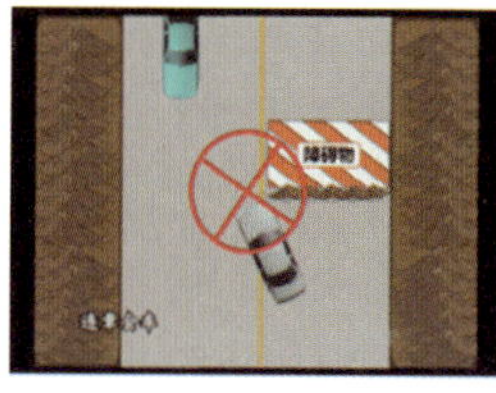
Flash动画演示

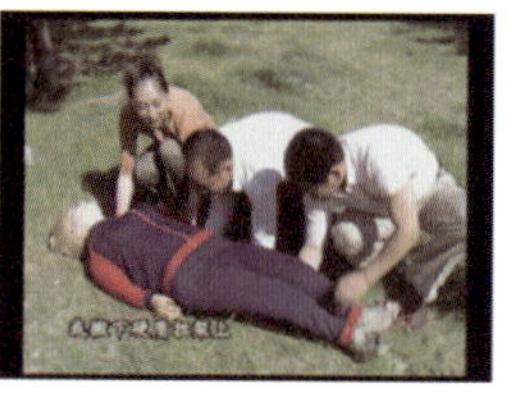
实景、实例演示

逐题解答且配Flash动画提示

图2-1　教学流程第一步

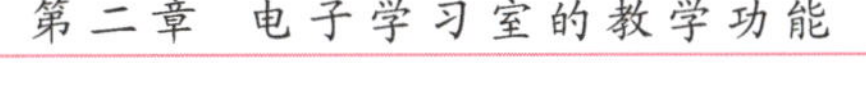

2）教学流程第二步（图 2-2）：模拟练习——模拟题考，强化记忆；操式练习，熟练动作。

逐题选答，模拟考试

熟悉方法与顺序

熟练动作与要领

图 2-2　教学流程第二步

3）教学流程第三步（图 2-3）：模拟后的实车教学法。

课前考试模拟练习效果

边讲边做体会要领

反复练习自我纠错

精讲多练熟能生巧

图 2-3　教学流程第三步

4）教学流程第四步（图 2-4）：应对科目一《道路交通安全法律、法规和相关知识》考试。

考前认真准备

考中尽心发挥

考后讨论巩固

图 2-4　教学流程第四步

2. 科目二：场地驾驶技能培训的教学设计

1）教学流程第一步（图 2-5）：理论讲授——方法与要领。

操作动作的方法与要领

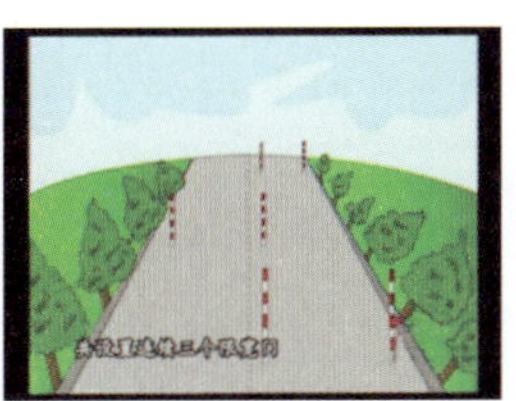
Flash动画演示

通过障碍的方法与要领

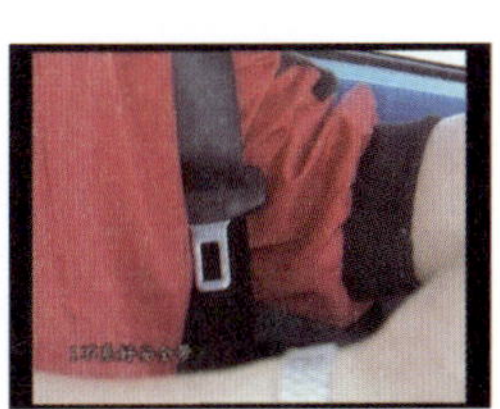
常见的错误动作与纠正方法

图 2-5　教学流程第一步

2）教学流程第二步（图 2-6）：非互动引导驾驶模拟练习——引导驾驶，熟记要领。

牢记标志点与杆

熟悉方法与顺序

体验驾驶感觉

感悟操作技巧

图 2-6 教学流程第二步

3D 互动驾驶模拟练习——体会驾驶，培养车感。

3）教学流程第三步（图 2-7）：模拟后的实车教学法。

课前考试模拟练习效果

边讲边做体会要领

反复练习自我纠错

精讲多练熟能生巧

图 2-7 教学流程第三步

4）教学流程第四步（图 2-8）：应对科目二《场地驾驶技能考试科目》考试。

考前反复体会

先静心想要领

先想清再动车

图 2-8 教学流程第四步

3. 科目三：实际道路驾驶技能培训的教学设计

1）教学流程第一步（图 2-9）：理论讲授——行车常识、驾驶图式。

2）教学流程第二步（图 2-10）：非互动引导驾驶模拟练习——引导驾驶，积累经验。

3D 互动驾驶模拟练习——体验驾驶，构建心智。

注：驾驶经验快速复制必须经过的三个阶段——原型定向、原型操作、原型内化。

3）教学流程第三步（图 2-11）：模拟后的实车教学法。

4）教学流程第四步（图 2-12）：应对科目三之二《实际道路驾驶技能考试科目》考试。

三、模块化教学的特点

1. 教学规范

电子教练系列软件中的教学模块，是严格依据《中华人民共和国机动车驾驶人培训教学大纲》（交公路发［2004］778 号）和中华人民共和国机动车驾驶人培训教材《安全驾驶从这里开始》规定的教学时间和内容编制而成的汽车驾驶专用教学软件。软件针对

培训教材的适用车型不同，又分为大车型（A2、B2）、小车型（C1、C2、C3、C4）两个分版本，如图 2-13 所示。

夜间驾驶　雾天驾驶　冰雪路驾驶

泥泞路驾驶

山路驾驶

隧道驾驶

雨天驾驶

高速公路驾驶

超车条件的确认　按喇叭告示前车　完成挡位的变化　确认前车已让超车

驾驶图式的讲授

超车前应该想什么……与做什么……　超车中应该……　超车后应该……

图 2-9　教学流程第一步

引导驾驶——积累经验

变式练习——图式内化

3D互动——城市驾驶

3D互动——山区驾驶

图 2-10　教学流程第二步

课前考试模拟练习效果　　反复体会自我纠错　　课后小结

图 2-11　教学流程第三步

考前休息好

从容应对

控制车速

遵守法规

动作清晰

图 2-12　教学流程第四步

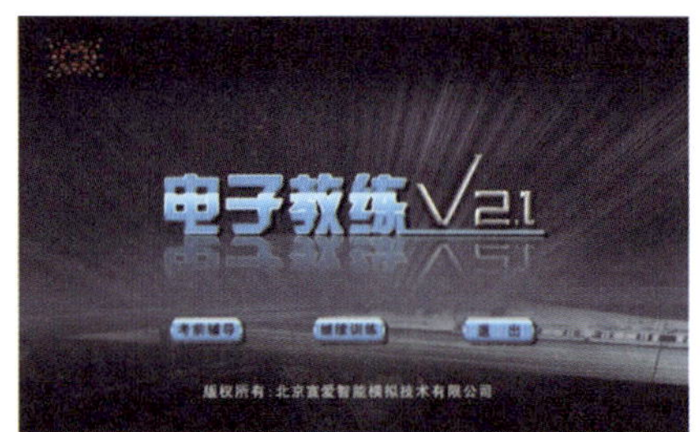

电子教练 V2.1（小车型）

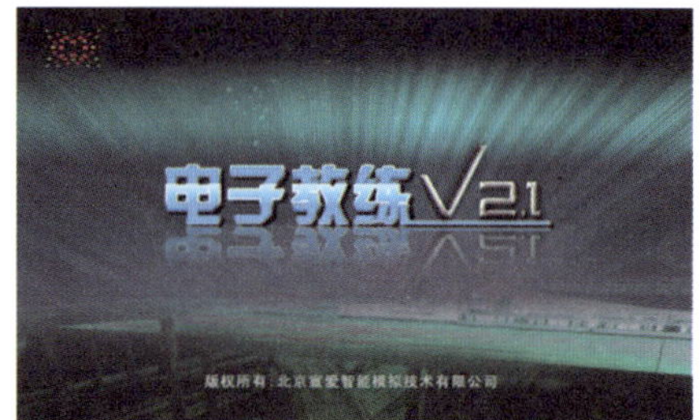

电子教练 V2.1（大车型）

图 2-13　教学规范

2. 自动施教

在软件后台维护系统中，可根据不同教学的需要，预先设定不同教学模块中的教学内容、课间休息、模拟练习等，以及教学与练习次数、开讲时间与下课时间。教学活动开始时，只要在前台相关内容上单击后，系统即按预定的教学内容与要求自动实施授课工作，如图 2-14 所示。

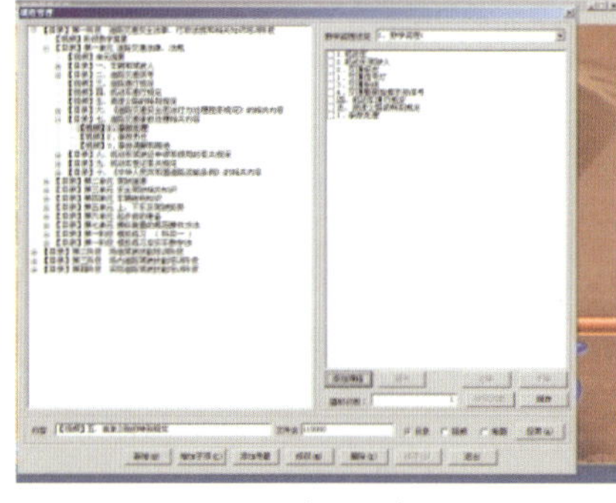

教学流程设定

单击自动教学

图 2-14　自动施教

3. 专家授课

教学模块中全部内容由培训专家按照教学大纲的要求，进行了教学建模，并编写

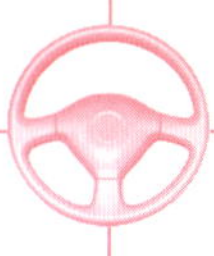

成专业教案，由专业人士按教学过程进行配音、配画，使用本系统，基本上可以替代教员实施全部的授课工作，教员只要具有计算机简单操作能力即可施教，如图 2-15 所示。

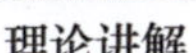

理论讲解

驾驶示范

模拟练习

图 2-15 专家授课

4. 三位一体

教学模块是将“交通法规与相关知识（理论）一模拟一实车教学法”三科目一体编成，其内容与培训教材内容严格对应，分为三个阶段，53 个单元。每单元均设有单元理论教学、与各单元相对应的模拟练习、各单元模拟练习后的实车练习演示等三部分，如图 2-16 所示。

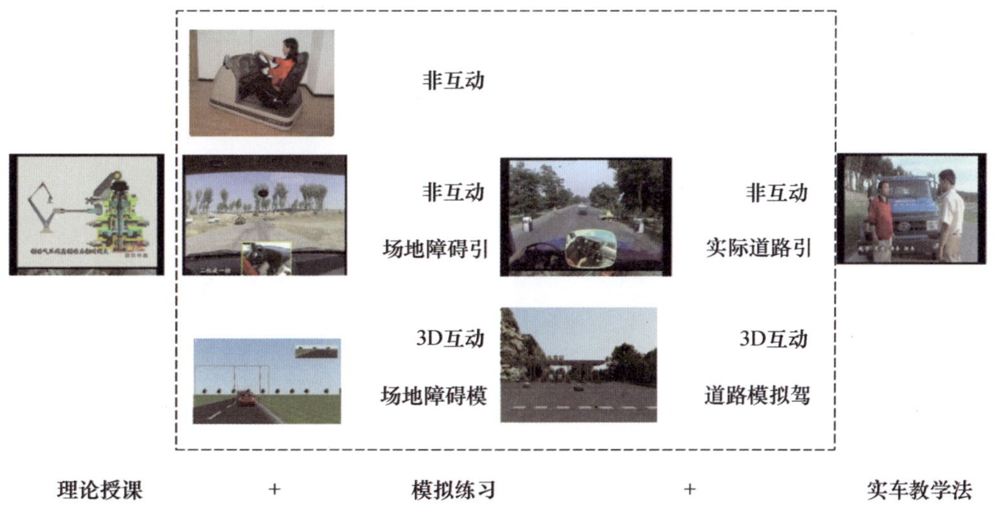

图 2-16 三位一体

5. 量化施训

用户可根据教学的需要，任意对教学模块中的教学内容设定书签。对指定书签间的内容，可自定义数次自动组训，多段视频书签间可实现不间断连播，如图 2-17 所示。

6. 应试练习

利用软件后台维护系统，可根据各省科目一新增试题的内容进行添加文字、动画、配音，并能组织自选或机选形式的理论模拟考试，且自动评定考试成绩，如图 2-18 所示。

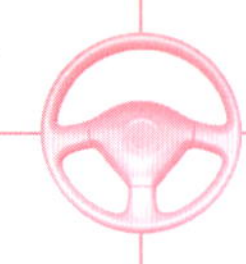

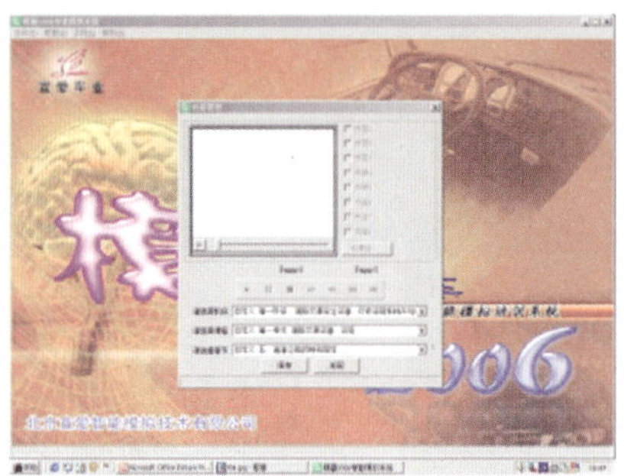

设定书签

确定练习次数

图 2-17 量化施训

模拟理论考试

场地障碍引导驾驶模拟考试

场地障碍3D互动驾驶模拟考试

图 2-18 应试练习

7. 灵活生动

教学形式全部采用实地、实景，并结合 Flash 动画技术，以及专家教学与多媒体教学手段相结合的形式编制。内容系统翔实，视听兼备，图文并茂，寓学于乐，实用性与可操作性极强，既便于求学者自学，又利于培训机构集中授课，如图 2-19 所示。

现场拍摄

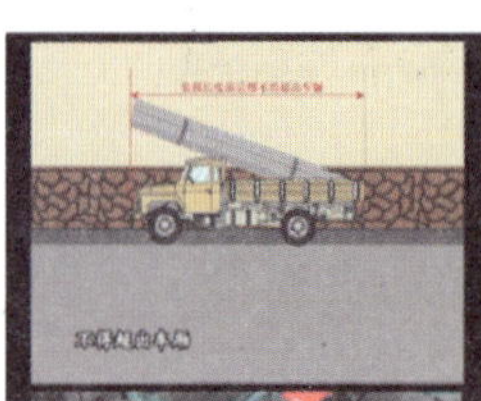

Flash动画演示

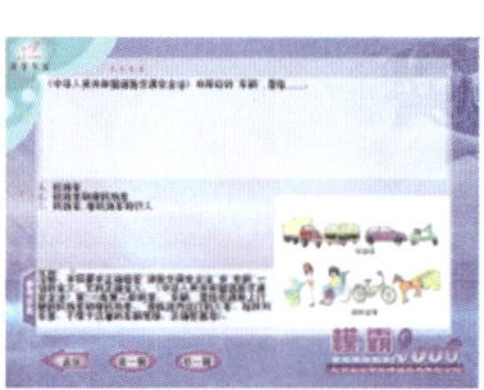

童声配音

案例教学

图 2-19 灵活生动

8. 内容丰富

教学内容共由 322 段短片、48 组试题库组成，总片时为 2385min，硬盘容量 27G。16 种天候条件和道路场景，涉及 21 个专业领域，主观视景画面行程 3600km，横贯 11 个省市自治区，Flash 动画 1200 幅，解说词达到 60 万字，如图 2-20 所示。

9. 视频编辑

可根据教学的需要，自行选编教学内容——捕捉 DV 视频、视频时间轴控制编辑、删除所选择的视频、剪切所选择的视频、粘贴所选择的视频、多视频的拼接、视频回放速度控制，如图 2-21 所示。

车辆消防

伤员急救

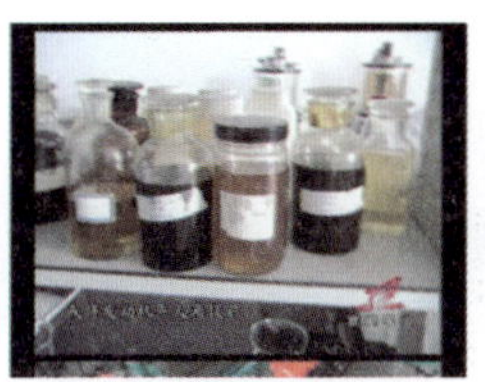

油料知识

考试场

图 2-20 内容丰富

10. 音频编辑

用户可对视频文件进行五种播放速度的配音、继续配音、重新编辑、当前位置开始播放、复制、剪切、粘贴、删除和撤消的功能，并提供了音频控制设置及选择阶段名称、课程名称和选择播放视频文件的路径等功能，如图 2-22 所示。

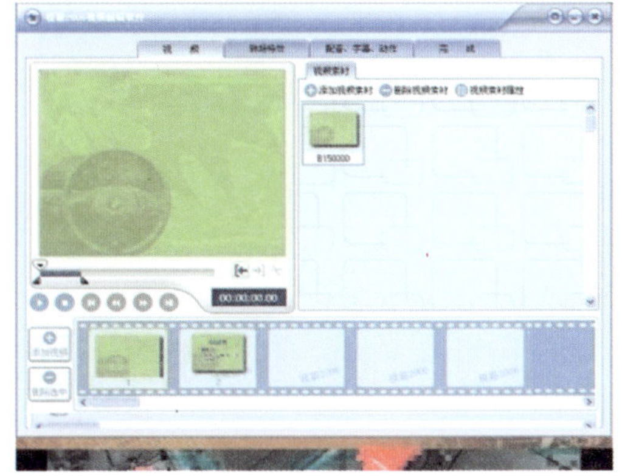

图 2-21 视频编辑

图 2-22 音频编辑

综上所述，应用模块化教学模式组织教学，可以取得很好的教学效果：

一是，利用科技手段，提高驾校的教学能力。由培训专家团队研究编制的汽车驾驶培训模式，不仅可以将汽车驾驶教学活动规范化，而且，还可以利用现代化的教学手段，丰富授课的方式方法，方便使用者随意选用各种成型的教学模块内容，便于学习者自主学习，激发学习者的学习潜能，提高教学效果。

二是，优化教学活动，降低培训成本。在现代科学方法论中，用模式的方法分析问题、简化问题，便于较好地解决问题，适应大规模教学活动的组织，从而有利于降低培训成本。

三是，及时迅速地适应教学内容不断变化的需要。教学建模有利于各种科技手段的定向研制和创新，既便于教学人员在教学过程中，充分应用现代先进的技术手段解决教学问题，同时，也有利于及时便捷地适应教学内容不断变化的需要。

第二节 案例式教学

一、教学案例的选择

在案例式教学界面上，单击案例发生的场景类型选择按钮，可进入教学案例选择界

面，如图 2-23 所示。

单击各场景类型中相应的案例，可进入案例式教学界面，如图 2-23 所示。

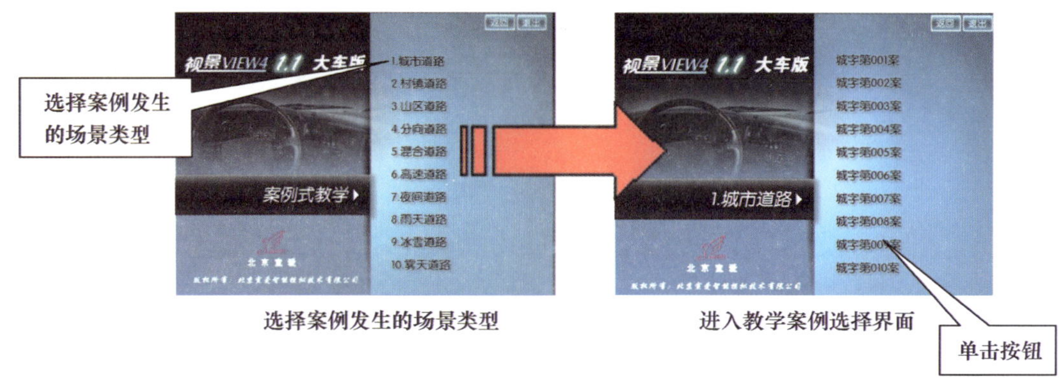

图 2-23　进入视景 VIEW4 V1.1 案例式教学界面示意图

二、案例教学的实施

视景 VIEW4 V1.1 案例教学分为“十步教学法”和“六步教学法”两种教学模式。

1. 十步教学法的教学流程

①开场语→②事故体验驾驶→③试驾过程回放→④事故案例经过→⑤成因分析讨论→⑥成因要点提示→⑦避险措施讨论→⑧避险措施要点提示→⑨紧急避险模拟练习→⑩单元小结。

2. 六步教学法的教学流程

①事故预防经验学习→②事故案例感知→③事故案例研讨→④案例事故规避训练→⑤单元小结→⑥训练结果考核与评判。

3. 案例教学的实施

根据案例教学的理论和实施要求，结合经典交通事故案例与模拟器训练相适应的教学特点，我们采用视频演示、分析讨论、模拟练习等方式，完成案例教学任务。下面以六步教学法为例：

第一步，事故预防经验学习。在教学案例选择界面上，选择教学案例按钮，可进入案例教学界面，如图 2-24 所示。

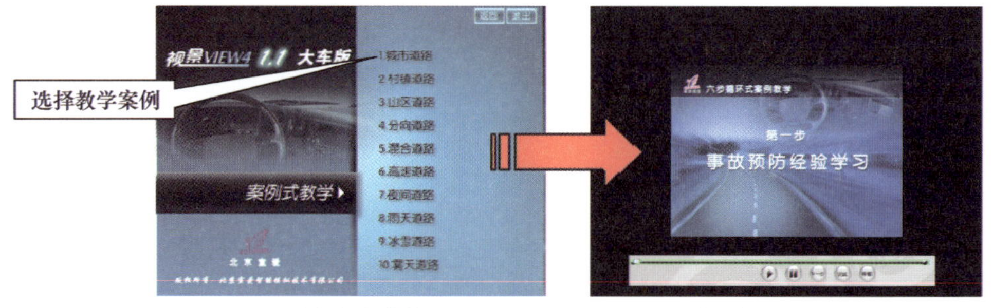

图 2-24　进入视景 VIEW4 V1.1 案例教学界面示意图

播放教学内容，在案例教学界面上，选择播放或暂停，单击“下一步”进入案例教学的第二步，如图 2-25 所示。

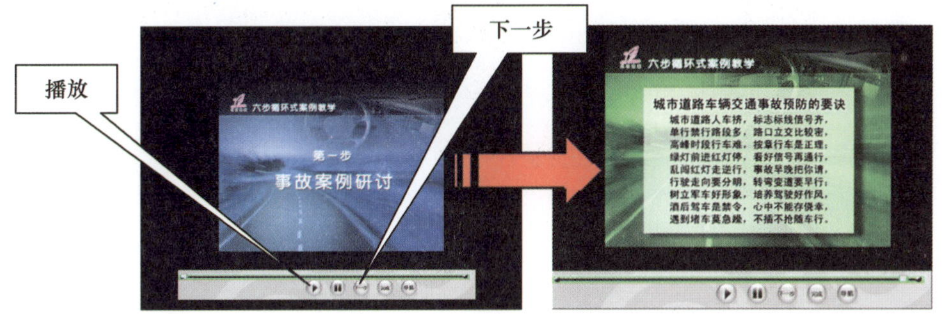

图 2-25　视景 VIEW4 V1.1 案例教学“第一步”界面示意图

第二步，事故案例感知。在案例教学界面上，选择播放或暂停，单击“下一步”进入案例教学的第三步，如图 2-26 所示。

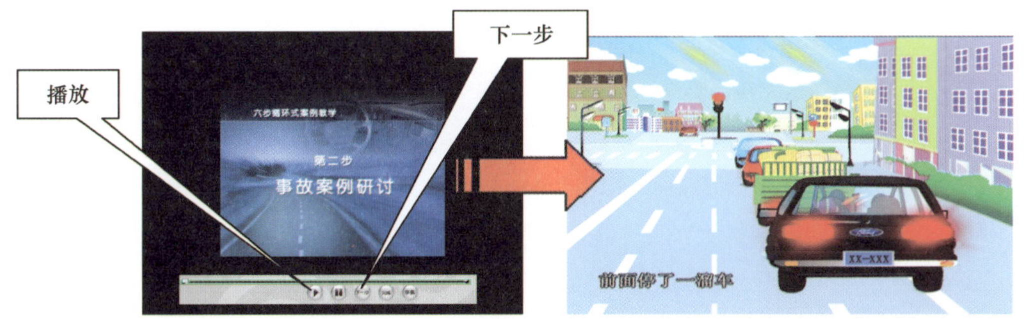

图 2-26　视景 VIEW4 V1.1 案例教学“第二步”界面示意图

第三步，事故案例研讨。在案例教学界面上，选择播放或暂停，单击“下一步”进入案例教学的第四步，如图 2-27 所示。

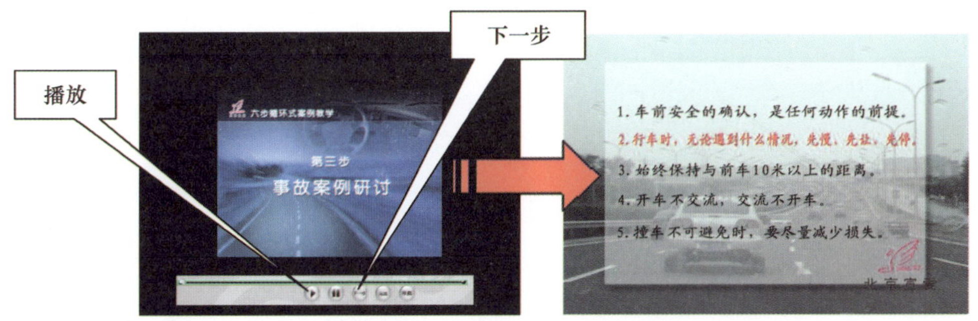

图 2-27　视景 VIEW4 V1.1 案例教学“第三步”界面示意图

第四步，事故案例规避训练。单击“下一步”，系统开始加载训练场景，如图 2-28 所示。

待场景加载完毕后，即可进行事故案例规避训练，如图 2-29 所示。

单击训练场景右上角工具条中的以下按钮：

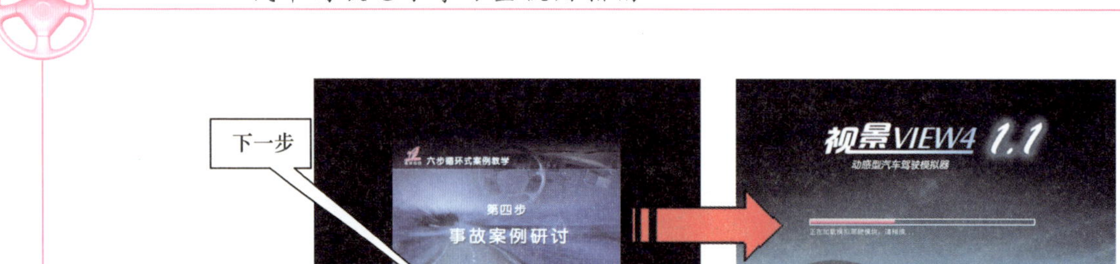

图 2-28　视景 VIEW4 V1.1 案例教学“第四步”加载界面示意图

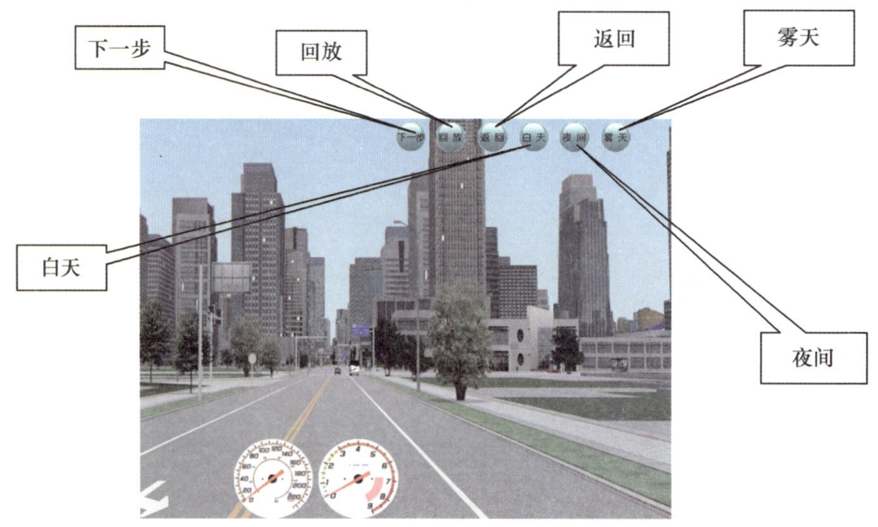

图 2-29　视景 VIEW4 V1.1 案例教学“第四步”事故案例规避训练示意图

➢ 单击“下一步”按钮，退出训练场景，进入六步循环教学的第五步。

➢ 单击“回放”按钮，回放驾驶过程；在训练场景中，单击“回放”按钮，系统开始回放之前的驾驶过程，如图 2-30 所示。

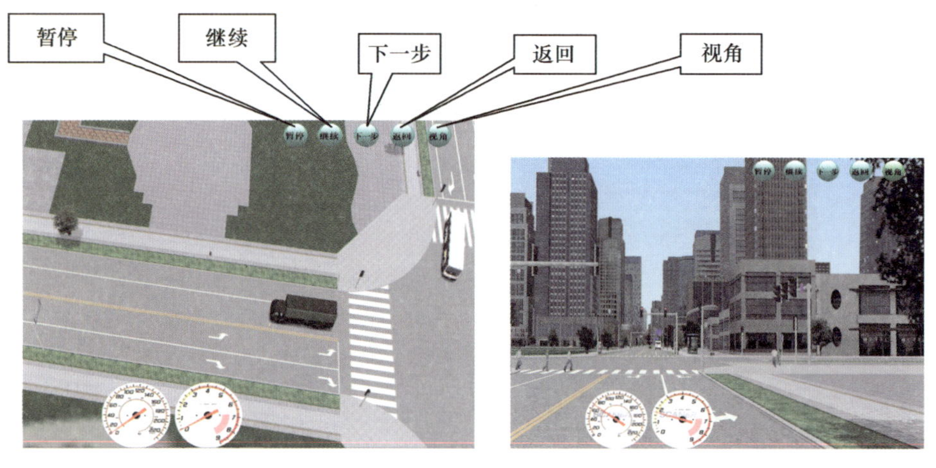

俯视角的过程回放　　　　主观视角的过程回放

图 2-30　视景 VIEW4 V1.1 案例教学“第四步”回放效果示意图

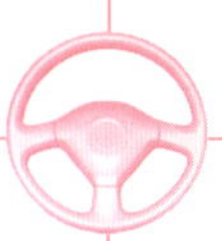

注： 单击驾驶过程回放场景右上角工具条中的以下按钮：

◆ 单击“暂停”按钮，暂停回放驾驶过程。

◆ 单击“继续”按钮，继续回放驾驶过程。

◆ 单击“下一步”按钮，进入六步循环教学的第五步。

◆ 单击“返回”按钮，退出案例事故规避训练模块，返回案例列表。

◆ 单击“视角”按钮，切换驾驶过程回放的视角为俯视角或主观视角。

➢ 单击“返回”按钮，退出训练场景，返回案例列表。

➢ 单击“白天”按钮，场景显示为白天场景。

➢ 单击“夜间”按钮，场景显示为夜间场景。

➢ 单击“雾天”按钮，场景显示为雾天场景。

第五步，单元小结。视频操作如图 2-31 所示。单击“下一步”进入案例教学的第六步。

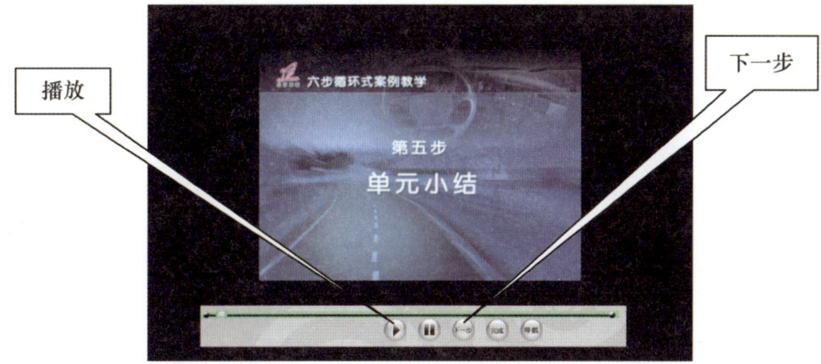

图 2-31 视景 VIEW4 V1.1 案例教学“第五步”示意图

第六步，训练结果考核与评判。单击“下一步”，系统会自动弹出生成的驾驶技能测评记录，如图 2-32 所示。

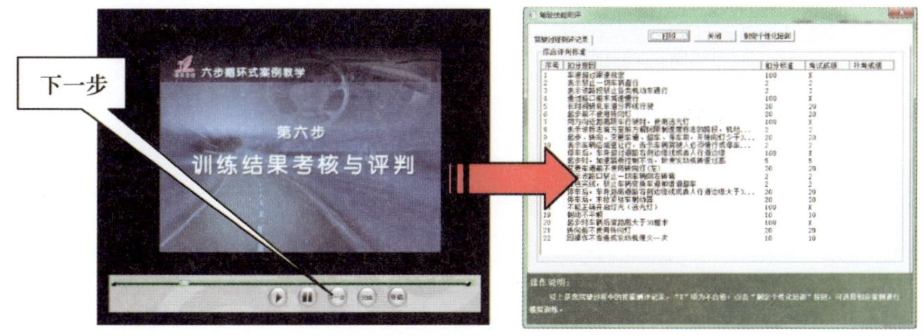

图 2-32 视景 VIEW4 V1.1 案例教学“第六步”示意图

三、导航控制

在六步循环案例教学模块中单击“导航”按钮，打开导航控制菜单，可以在菜单中自由选择直接进入案例教学的各个环节，如图 2-33 所示。

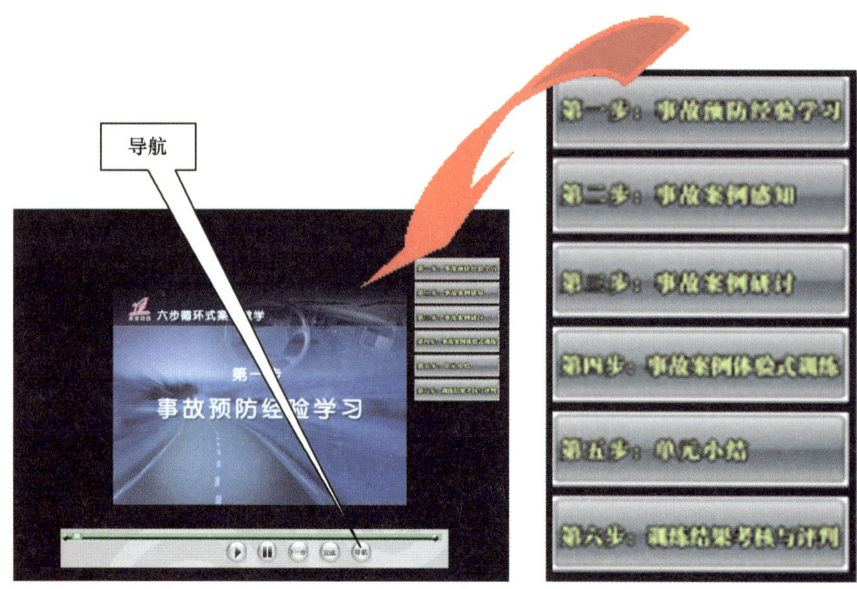

图 2-33　视景 VIEW4 V1.1 案例教学导航控制示意图

第三节　个性化教学

一、个性化指定案例教学

经过汽车驾驶技能综合测评并生成“案例教学个性化培训计划表”后，便可在个性化教学界面上，单击“个性化培训计划”，可进入个性化教学案例选择界面，如图 2-34 所示。

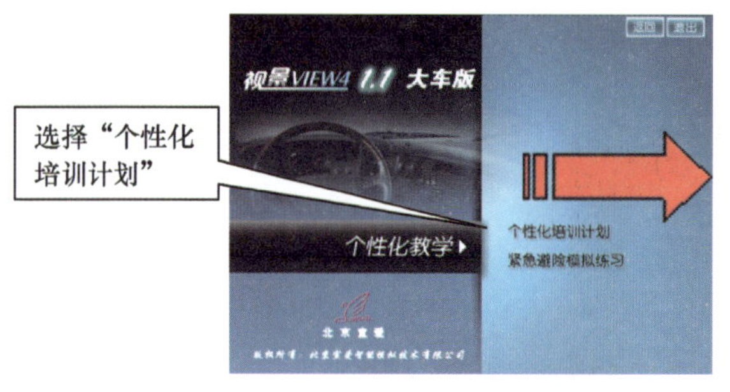

选择“个性化培训计划”　　进入个性化教学案例选择界面

图 2-34　进入视景 VIEW4 V1.1 个性化教学案例选择界面示意图

选择“案例教学个性化培训计划表”中指定的教学案例进行教学，如图 2-35 所示。

二、个性化自选案例教学

用户也可根据个人的实际需要，自由选择直接进入相应案例的“紧急避险模拟练习”环节。在个性化教学界面上，单击“紧急避险模拟练习”，可进入紧急避险模拟练习选择界面，如图 2-36 所示。

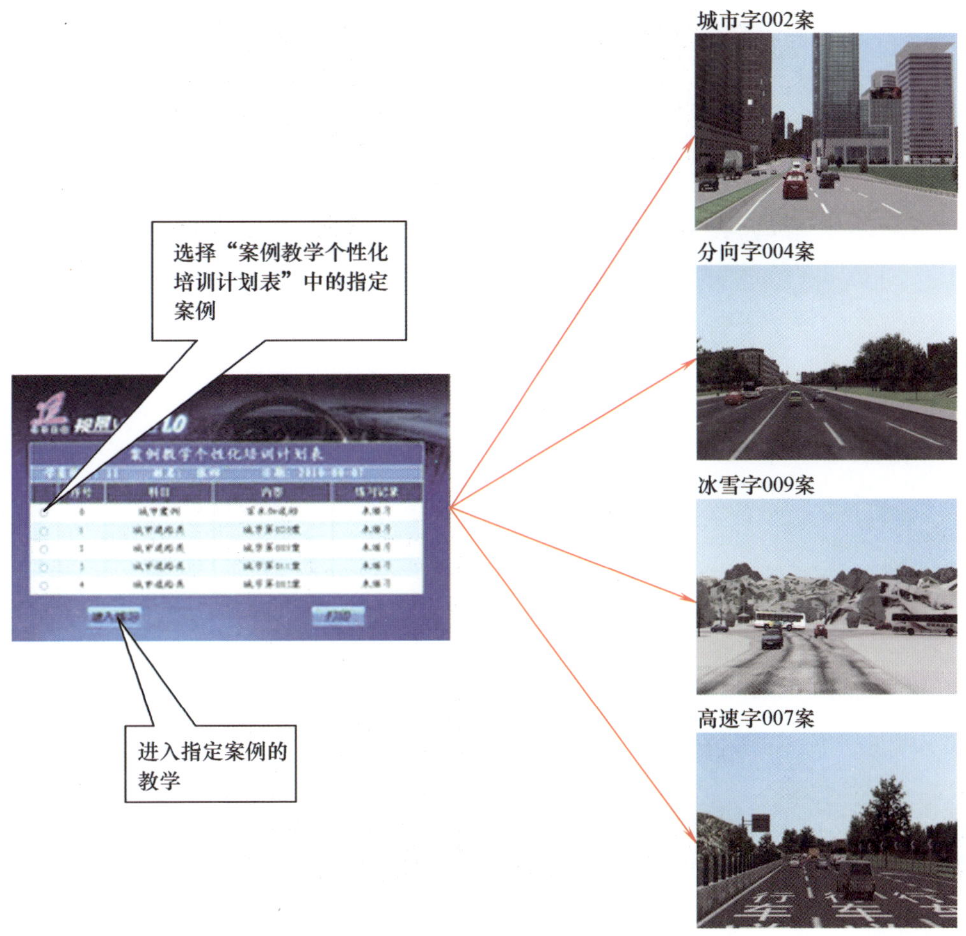

图 2-35 视景 VIEW4 V1.1 个性化案例教学示意图

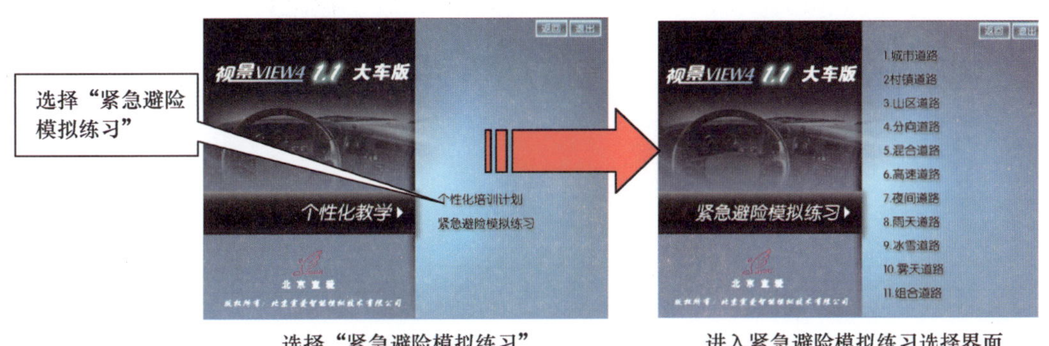

图 2-36 进入视景 VIEW4 V1.1 紧急避险模拟练习选择界面示意图

在紧急避险模拟练习选择界面上，单击案例发生的场景类型选择按钮，可进入教学案例选择界面，单击各场景类型中相应的案例，可进行教学案例的选择，如图 2-37 所示。

紧急避险模拟练习模块提供发生在 11 种路基上的 150 起交通事故经典案例的路谱，学员可在路谱上进入相应的紧急避险模拟练习，如图 2-38 所示。

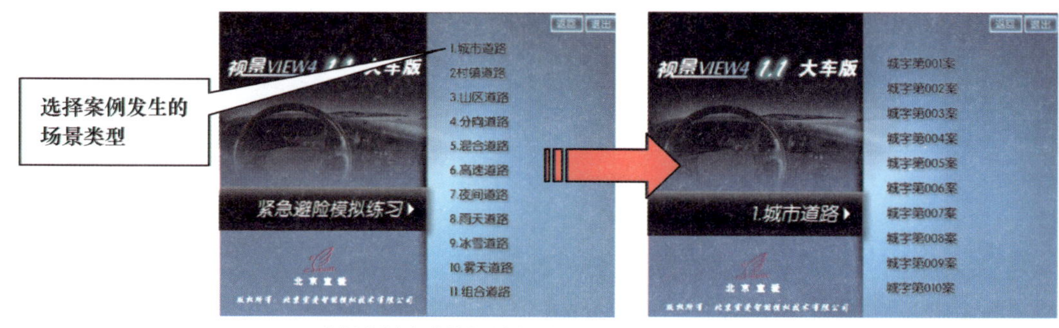

图 2-37　进入视景 VIEW4 V1.1 案例式教学界面示意图

图 2-38　视景 VIEW4 V1.1 紧急避险模拟练习场景示意图

第四节　汽车驾驶技能评价

一、驾驶人事故倾向性测评

汽车驾驶事故倾向性测评是在借鉴飞行员事故倾向性测评先进理念基础上创新研发的，通过对驾驶人的自然属性、人格特点、认知特点以及驾驶技能进行分析，达到鉴定其潜在事故倾向性的目的。主要适用于机动车驾驶技能应用培训、安全教育培训和驾驶技能应用能力的考试与评价。

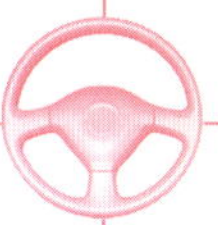

1. 事故倾向性测评的目的

我国目前的道路交通安全形势非常严峻，造成道路交通事故的原因很复杂，涉及人、车、路、环境和管理等诸多因素，其中，驾驶人是引发道路交通事故的主要原因，驾驶人自身的事故倾向性已经越来越为人们所重视。

事故倾向性指的是在客观条件相同的情况下，某些人发生事故的概率比一般人高。具有驾驶事故倾向性的人在驾驶时更需要特别注意自己的行为。

驾驶事故倾向性测评系统旨在利用心理学的方法在模拟环境中测量驾驶人的事故倾向性，并针对个人薄弱环节提出具有针对性的建议，以期提高驾驶人在真实环境中的行车安全，减少交通事故的发生。

2. 测评内容概要

（1）驾驶人的自然属性　驾驶人的自然属性是指性别、年龄、职业、学历、婚姻状况、驾龄、驾驶公里数等，如图 2-39 所示。研究表明驾驶事故倾向性和人的自然属性有关，例如，事故倾向性和年龄的关系为 U 字形曲线，即年轻人和老年人都容易出事故，而中年人不容易出事故，性别则和年龄有交互作用。由此可见，人的自然属性对于预测事故倾向性具有一定的意义。

（2）人格特征和驾驶安全态度　人格特点和安全态度是指认知思维方式及对驾驶安全的态度。大量心理学研究结果表明，驾驶人的个性与其事故倾向性具有高度相关，如图 2-40 所示。例如，社会适应性差的驾驶人，交通事故多；偏离社会道德规范，具有反社会人格者易发生交通事故；处事谨慎的人相对处事冒进的人不容易出事故等。了解不同驾驶人的个性特征，对于安全教育、驾驶培训、组织交通运输业务等都有重要意义。

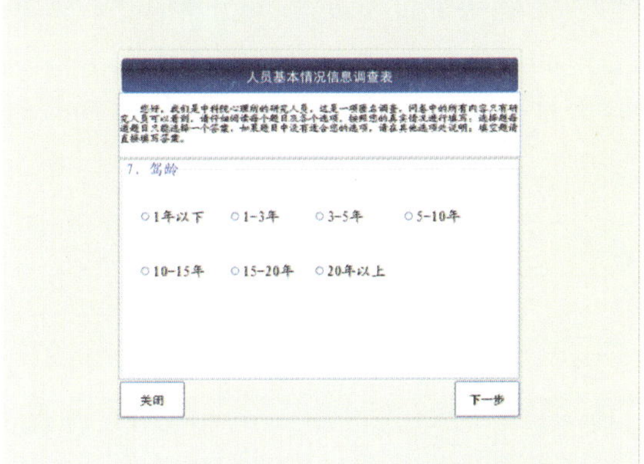

图 2-39　人员基本信息调查表示意图

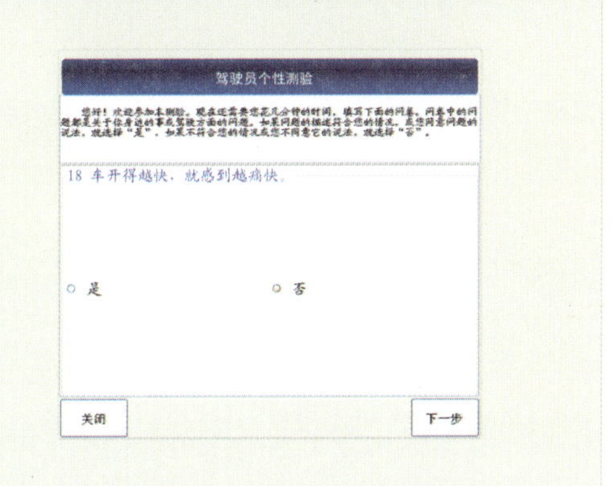

图 2-40　驾驶人个性测验示意图

（3）驾驶相关认知能力　驾驶是一项多任务的活动，涉及很多认知能力。驾驶人感知和理解特定时间地点下的环境要素，以及对随后状态进行预测的能力，都可以作为测查驾驶人安全性的指标。研究表明，事故驾驶人和非事故驾驶人在某些认知指标上有显著差异。我们选取了四个和驾驶相关的认知任务，从不同侧面对驾驶人的驾驶相关认知能力进行测量，以期能预测驾驶人的行车安全水平，如图 2-41 所示。

（4）驾驶技能测试　驾驶技能不足也是引发驾驶事故的主要原因之一。驾驶技术不熟

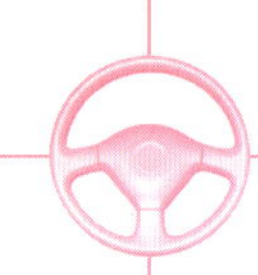

练，行车经验不足，对车辆性能、道路情况不熟悉，出现险情时发生操作失误，实习驾驶人过早单独驾驶车辆等均有可能引发事故。因此测试驾驶技能也是驾驶事故倾向性测评的重要方法之一。

通过驾驶人在驾驶模拟器所有的设计道路上的驾驶操作，收集在每条道路（共 20 条道路）的驾驶时间、出路面次数、撞车次数、偏移中线次数等多个数据，如图 2-42 所示。一方面测试所设计道路是否能正确运行，另一方面通过对驾驶数据的分析建立驾驶技能测试的事故倾向性测评分析模型，为以后的驾驶技能测试提供评判标准。

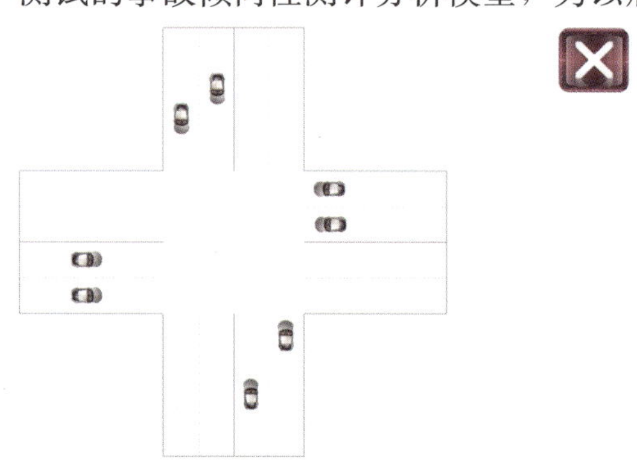
图 2-41　驾驶相关认知能力测试示意图

图 2-42　驾驶技能测试示意图

3. 测评的流程

驾驶事故倾向性测评系统的测评流程包括测量和评定两个部分。

（1）测量　测评由电子化问卷测查、认知心理学任务测量和模拟驾驶三个部分组成。其中电子化问卷收集的是被测评者的人口学属性、人格特征以及安全态度等信息；认知心理学任务主要测查被测评者驾驶相关认知能力；动感式汽车驾驶模拟器则用以考查与实车驾驶相似的能力和技能。考查的几方面内容都是文献中表明和驾驶事故发生率高相关的，所采用的模型全部由前期实验获得。

（2）评定　测评系统将第一部分收集到的信息带入实验建立的模型，通过计算得到被测评者潜在的驾驶事故倾向性和各分项成绩，并生成最终的评测报告。

4. 综合评价

驾驶事故倾向性测评系统将“驾驶事故倾向性”这一概念具体化、可操作化，将理论研究结果应用于实际的测量，即通过驾驶人基本信息分析、驾驶安全态度问卷调查、驾驶认知能力测评、驾驶技能测试四部分来全面地衡量驾驶人的事故倾向性，具有相当的创新性。测评所用的模型均由前期实验得来，经分析验证具有一定的效度。测评的结果可运用于驾驶监测和驾驶培训，能够及早发现驾驶人的潜在问题，并予以提醒纠正，有利于保障行车安全，减少交通事故的发生。事故倾向性测评报告如图 2-43 所示。

二、汽车驾驶技能动态测评系统

在传统的汽车驾驶技能测评系统中，计算机测评只能实现场地道路静态障碍的自动测评，而实际道路动态情况的测评则需要人工完成，人为因素极易影响测评结果的真实性。

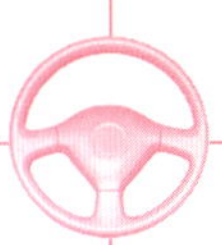

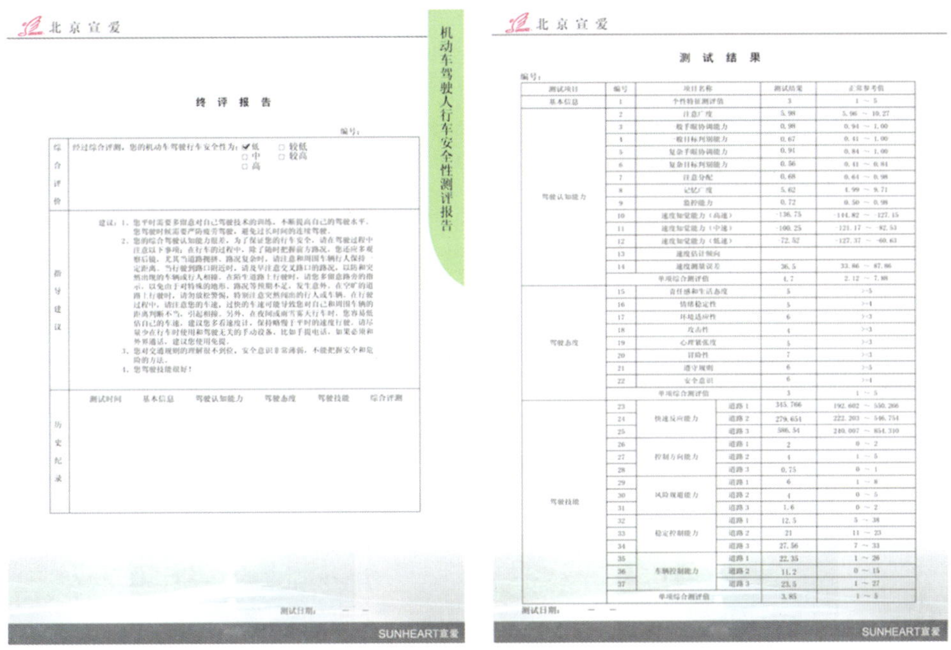

北京宣爱

机动车驾驶人行车安全性测评报告

终 评 报 告

编号：

综合评价	经过综合评测，您的机动车驾驶行车安全性为：☑低 □中 □高 □较低 □较高
指导建议	建议：1. 您平时需要多留意对自己驾驶技术的训练，不断提高自己的驾驶水平。您驾驶时候需要严防疲劳驾驶，避免过长时间的连续驾驶。 2. 您的综合驾驶认知能力很差，为了保证您的行车安全，请在驾驶过程中注意以下事项：在行车的过程中，除了随时把握前方路况，您还应多观察后视镜，尤其当道路拥挤、路况复杂时，请注意和周围车辆行人保持一定距离。当行驶到路口附近时，请及早注意交叉路口的路况，以防和突然出现的车辆或行人相撞。在陌生道路上行驶时，请您多留意路旁的指示，以免由于对特殊的地形、路况等预期不足，发生意外。在空旷的道路上行驶时，请勿放松警惕，特别注意突然闯出的行人或车辆。在行驶过程中，请注意您的车速，过快的车速可能导致您对自己和周围车辆的距离判断不当，引起相撞。另外，在夜间或雨雪雾天行车时，您容易低估自己的车速，建议您多看速度计，保持略慢于平时的速度行驶。请尽量少在行车时使用和驾驶无关的手动设备，比如手提电话，如果必须和外界通话，建议您使用免提。 3. 您对交通规则的理解很不到位，安全意识非常薄弱，不能把握安全和危险的方法。 4. 您驾驶技能很好！
历史纪录	测试时间　基本信息　驾驶认知能力　驾驶态度　驾驶技能　综合评测

测试日期： — —

SUNHEART宣爱

北京宣爱

测 试 结 果

编号：

测试项目	编号	项目名称		测试结果	正常参考值
基本信息	1	个性特征测评值		3	1 ~ 5
驾驶认知能力	2	注意广度		5.98	5.96 ~ 10.27
	3	一般手眼协调能力		0.98	0.94 ~ 1.00
	4	一般目标判别能力		0.67	0.41 ~ 1.00
	5	复杂手眼协调能力		0.91	0.84 ~ 1.00
	6	复杂目标判别能力		0.56	0.41 ~ 0.84
	7	注意分配		0.68	0.64 ~ 0.98
	8	记忆广度		5.62	4.99 ~ 9.71
	9	监控能力		0.72	0.50 ~ 0.98
	10	速度知觉能力（高速）		-136.75	-144.82 ~ -127.15
	11	速度知觉能力（中速）		-100.25	-121.17 ~ -82.53
	12	速度知觉能力（低速）		-72.52	-127.37 ~ -60.63
	13	速度估计倾向			
	14	速度测量误差		36.5	33.86 ~ 87.86
	单项综合测评值			4.7	2.12 ~ 7.88
驾驶态度	15	责任感和生活态度		5	>=5
	16	情绪稳定性		5	>=4
	17	环境适应性		6	>=3
	18	攻击性		4	>=3
	19	心理紧张度		5	>=3
	20	冒险性		7	>=3
	21	遵守规则		6	>=5
	22	安全意识		6	>=4
	单项综合测评值			3	1 ~ 5
驾驶技能	23	快速反应能力	道路1	345.766	192.602 ~ 550.266
	24		道路2	279.654	222.203 ~ 546.754
	25		道路3	586.54	240.007 ~ 854.310
	26	控制方向能力	道路1	2	0 ~ 2
	27		道路2	4	1 ~ 5
	28		道路3	0.75	0 ~ 1
	29	风险规避能力	道路1	6	1 ~ 8
	30		道路2	4	0 ~ 5
	31		道路3	1.6	0 ~ 2
	32	稳定控制能力	道路1	12.5	5 ~ 38
	33		道路2	21	11 ~ 23
	34		道路3	27.56	7 ~ 33
	35	车辆控制能力	道路1	22.35	1 ~ 28
	36		道路2	11.2	0 ~ 15
	37		道路3	23.5	1 ~ 27
	单项综合测评值			3.85	1 ~ 5

测试日期： — —

SUNHEART宣爱

图 2-43 事故倾向性测评报告示意图

汽车驾驶技能动态测评系统是利用虚拟道路场景和预设各类道路情况，对驾驶人的驾驶行为进行自动评价的计算机测评系统。它既可以完成场地静态障碍的自动测评，更重要的是它还能够实现道路动态情况的自动测评，实现汽车驾驶技能综合测评自动化。

1. 测评编辑模块

（1）启动程序

1）启动主程序。打开应用程序 MapEdit.exe，选择操作语言，系统默认为“中文”，如图 2-44 所示。

2）新建考点编辑。进入程序后，选择“文件”——“新建”，或单击“新建”按钮，如图 2-45 所示。

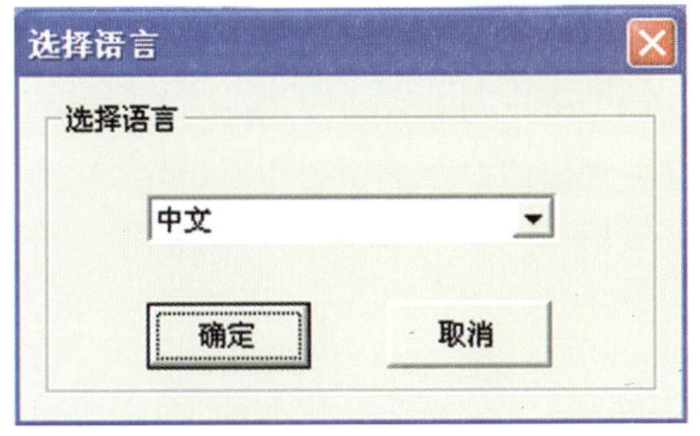

图 2-44 选择操作语言

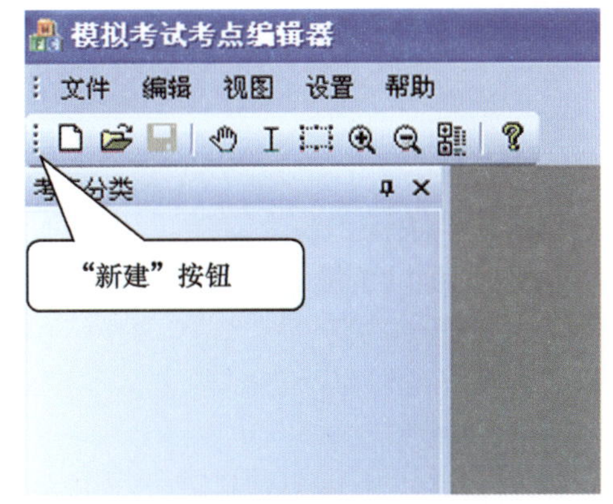

图 2-45 新建考点编辑

第一篇

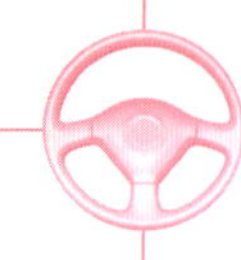

3）选择地图场景。单击“新建”按钮后在弹出的“请选择规则模板和地图”窗口中选择所需 XML 模板文件和地图文件，如图 2-46 所示。注意：在选择地图文件的时候，必须保证路径中没有中文，否则地图显示失败。

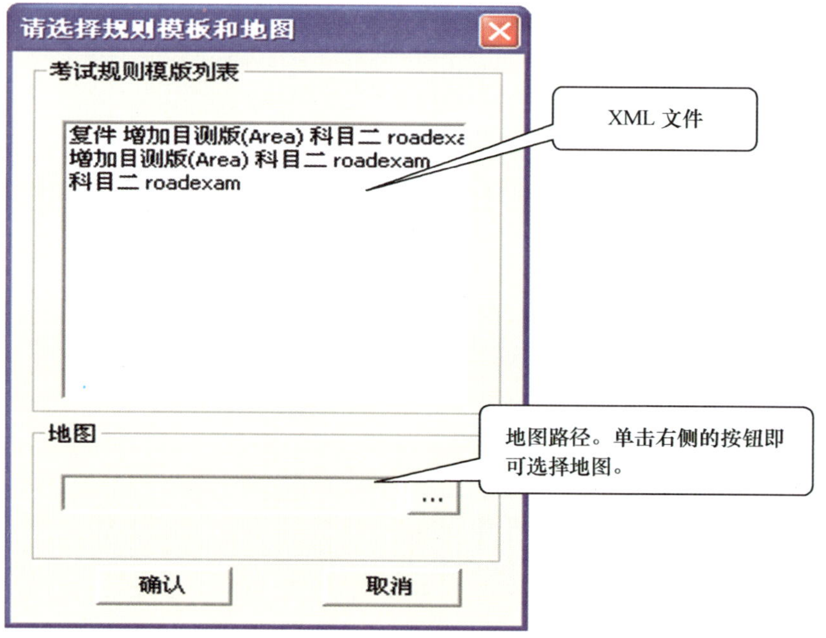

图 2-46 选择地图场景

（2）编辑地图

1）绘制区域。加载完成之后，在“考点分类”中选择相应规则，并单击“绘制区域”按钮，或选择“编辑”——“绘制区域”，如图 2-47 所示。在弹出的“标记区域属性”窗口中添加区域名称。之后在地图的所需区域单击鼠标左键开始绘制点，绘制完之后单击鼠标右键即可结束绘制。

2）添加图标。在“区域标记类型”中选中要添加图标的区域（图 2-48），单击鼠标右键选择“绘制标志”。之后在区域中按下鼠标左键并拖动鼠标即可（图 2-49）。

3）修改图标大小及位置。单击“移动标志”按钮（图 2-50），或选择“编辑”——“移动标志”。然后单击相应图标，此时在图标周围会出现八个绿色点（图 2-51），拖动某个绿点即可改变图标大小。单击图标并拖动，即可改变图标位置。

（3）编辑考点规则

1）规则属性与区域属性编辑。绘制完区域后，可以在“规则属性编辑”中设置和修改相应信息，包括“是否考试”、“扣分”、“判断条件”和“判断标准”，如图 2-52 所示。“判断条件”和“判断标准”可以在其后的表达式框中直接修改。

“区域属性编辑”中，在区域坐标编辑框中输入数值即可改变对应的左边位置。也可单击右键选择删除某个已有的点，如图 2-53 所示。

2）考点模块编辑界面。

◆ 打开考点模块编辑界面。打开主程序，选择“设置”—“默认考点规则设计”，在弹出的“选择操作”界面中选择所需操作，包括“新建考点”和“加载考点”两部分。之后单击“确定”按钮进入考点模块编辑界面。

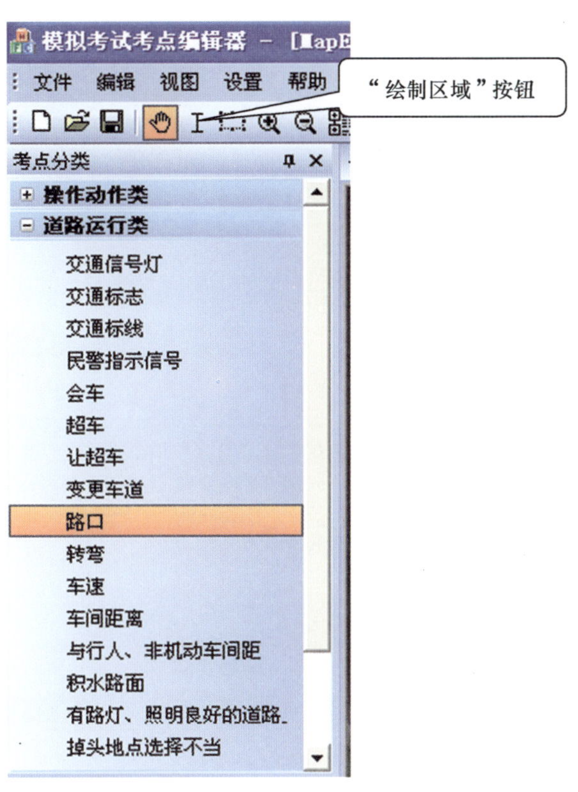

图 2-47 绘制区域

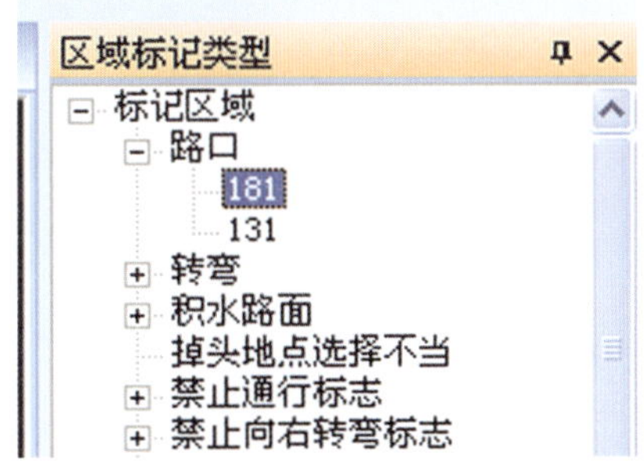

图 2-48 添加图标（1）

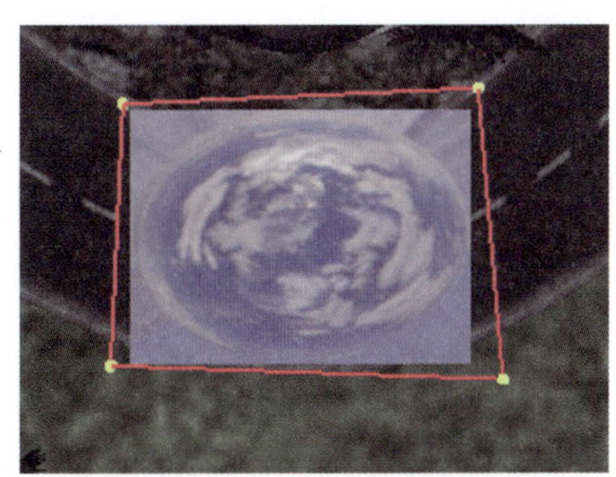

图 2-49 添加图标（2）

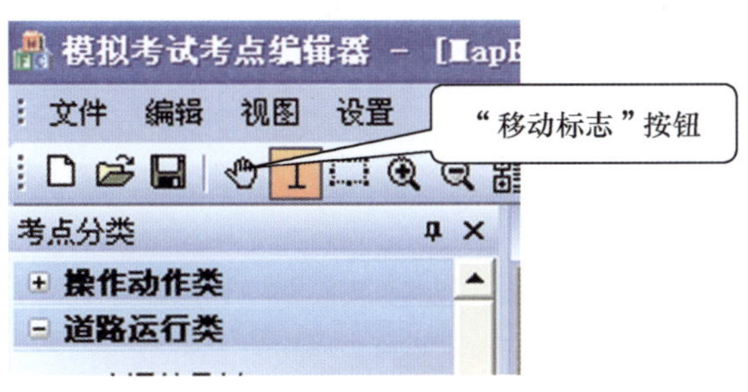

图 2-50 修改图标大小及位置（1）

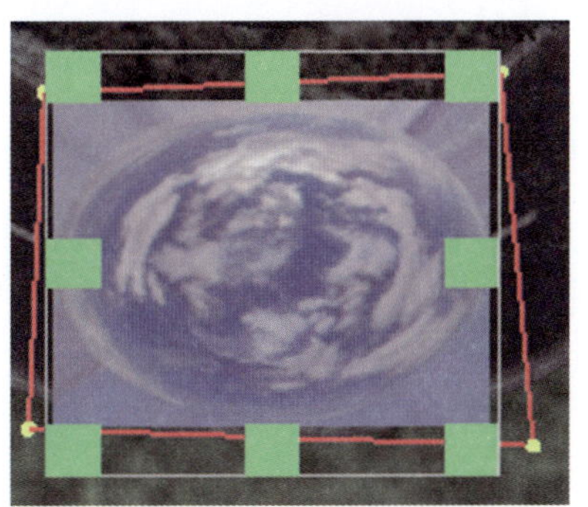

图 2-51 修改图标大小及位置（2）

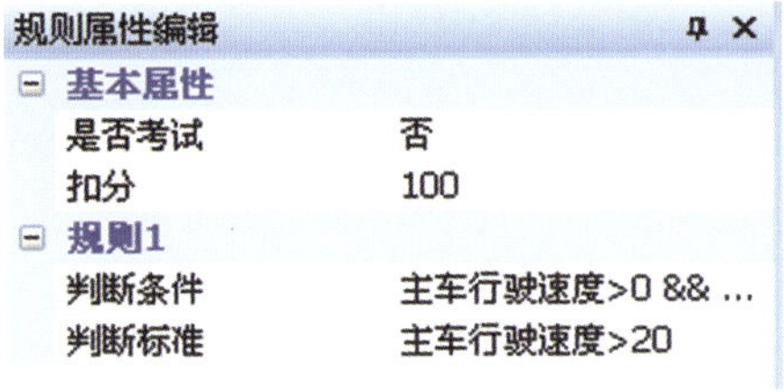

规则属性编辑	
⊟ 基本属性	
是否考试	否
扣分	100
⊟ 规则1	
判断条件	主车行驶速度>0 && ...
判断标准	主车行驶速度>20

图 2-52　规则属性编辑

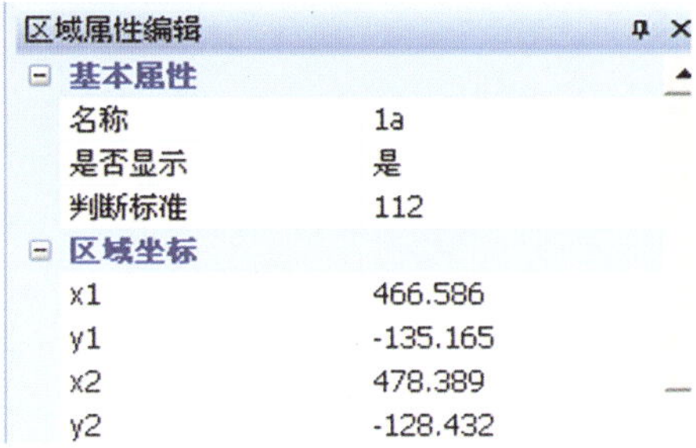

区域属性编辑	
⊟ 基本属性	
名称	1a
是否显示	是
判断标准	112
⊟ 区域坐标	
x1	466.586
y1	-135.165
x2	478.389
y2	-128.432

图 2-53　区域属性编辑

◆ 新建和删除考点分类，如图 2-54 所示。

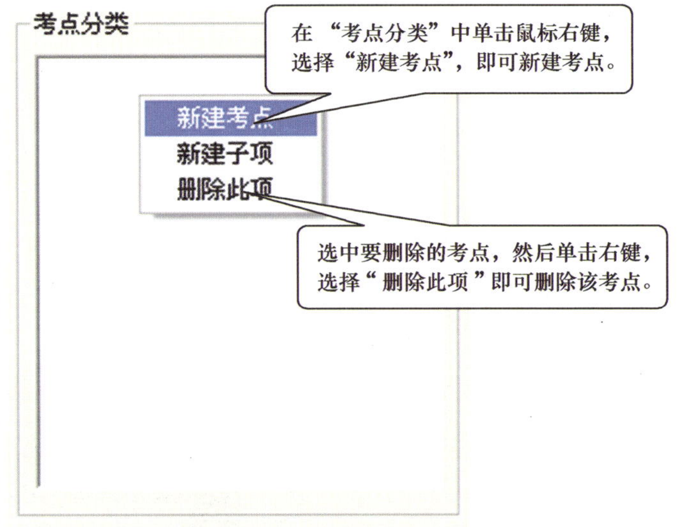

图 2-54　新建和删除考点

◆ 新建和删除考点子项，如图 2-55 所示。

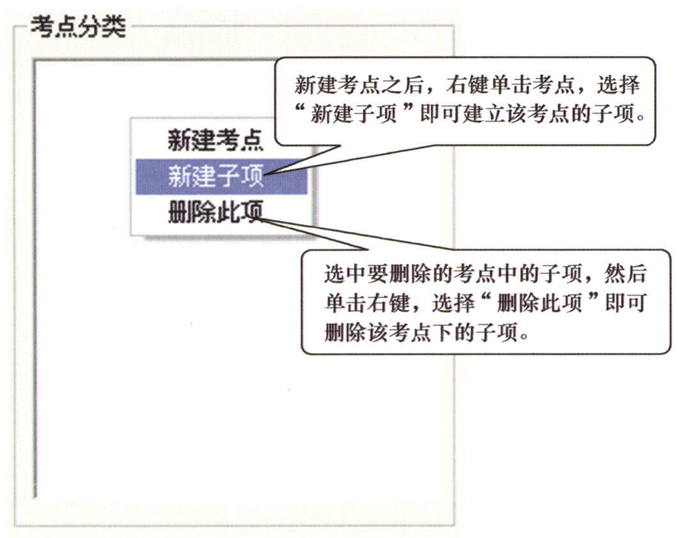

图 2-55　新建和删除考点子项

◆ 新建、编辑和删除规则，如图 2-56、图 2-57 所示。

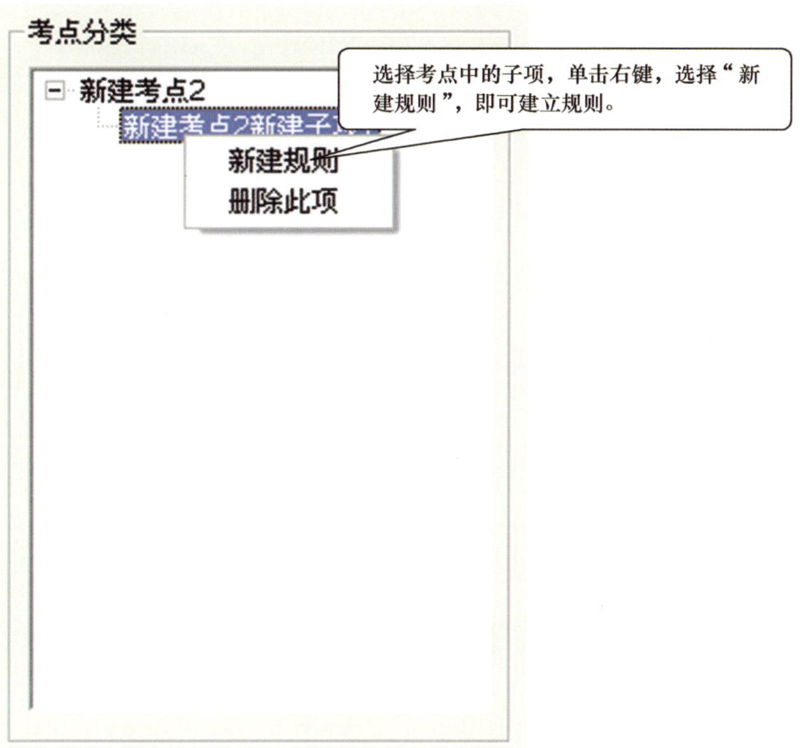

图 2-56 新建规则

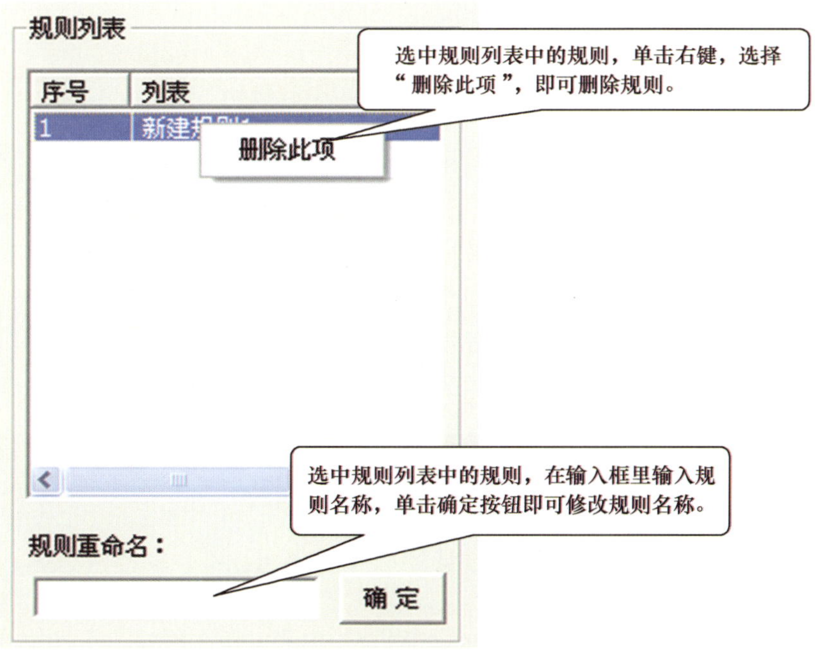

图 2-57 删除规则

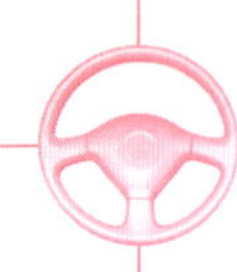

◆ 编辑规则内容，如图 2-58 所示。

图 2-58　编辑规则内容

说明如下：

■ 是否启用。不允许用户输入。包含两个值，True 和 False，True 代表启用，False 代表不启用。

■ 扣分标准。违反此规则后所扣分数。

■ 规则名称。不允许用户输入。单击“规则名称”下拉框右侧的按钮，选择“新建规则”，即可新建一条规则，自动命名为“规则 1”，依次累加。

■ 考核条件和考核标准。不允许用户输入。选择“规则名称”，之后将光标放到“考核条件”或“考核标准”中，在“分类选择”中选择相应分类，在“关键词选择”中选择想要输入的关键词，选中的关键词将会添加到“考核条件”或“考核标准”中。

■ 保存规则。保存新建立的规则。

■ 分类选择。不允许用户输入。包含所有考点的类别。

■ 关键词选择。不允许用户输入。先在“分类选择”中选择相应的考点类别，之后在“关键词选择”框中会显示出此分类下的所有关键词。

■ 规则编辑按钮。编辑“考核条件”和“考核标准”中的内容。

■ 保存。将所有数据保存到 XML 文件中。

■ 删除。只对“考核条件”和“考核标准”起作用。删除分两种情况，第一种是用户拖动鼠标选中所要删除的内容，单击“删除”按钮，即可删除用户选中内容。第二种是将光标置于所要删除的内容之后，单击“删除”按钮，每次删除一个汉字或一个字节。

■ 制定个性化培训。弹出“制定个性化培训”窗口。

(4) 编辑个性化培训 如图 2-59 所示。

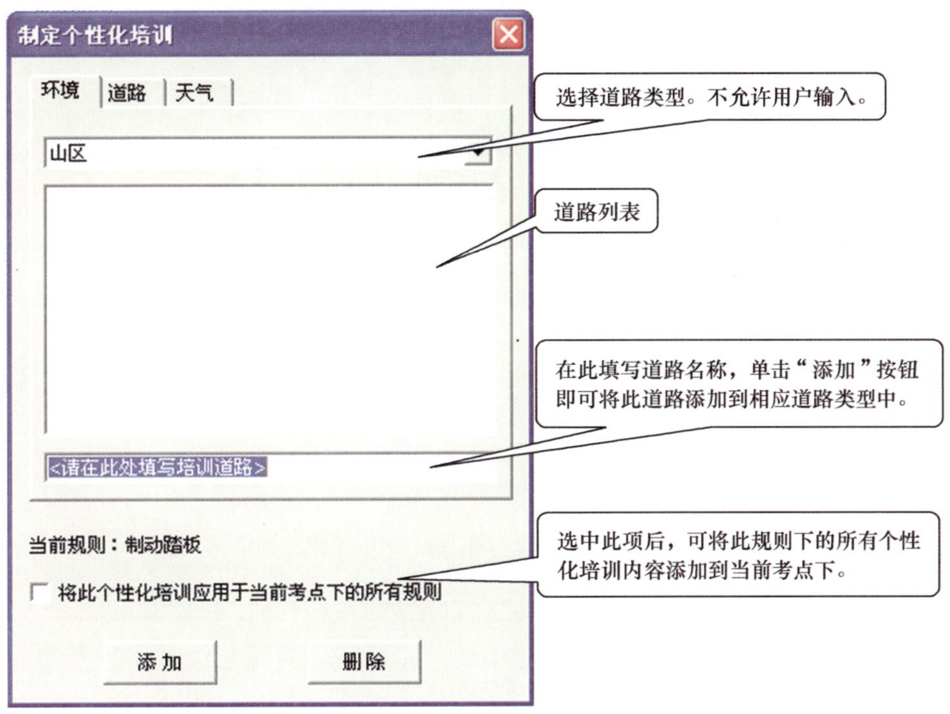

图 2-59 编辑个性化培训

1) 添加。将用户输入的道路添加到相应道路类型中。

2) 删除。删除道路列表中用户选中的道路。

(5) 保存文件

1) 保存“规则模板编辑”内容。将编辑好的规则模板保存成相应的 XML 文件，如图 2-60 所示。

保存的规则是：保存的 XML 文件名称必须与选择的 IVE 文件和 RNS 文件名称相同，并且放在相同目录。

2) 编辑并保存新建的规则模板文件。将保存的规则模板内容的 XML 文件复制到 MapEdit 所在文件夹下的 template 文件夹下，通过“模拟考试考点编辑器”打开规则模板文件（XML 格式），编辑相应内容，并保存编辑好的文件，如图 2-61 所示。

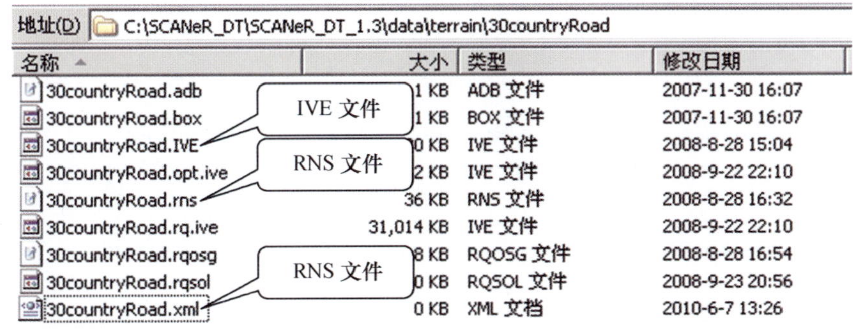

图 2-60 保存规则模板编辑内容

2. 动态测评模块

（1）启动程序　启动模拟考试主程序，选择“测评体系”——“诊断性测评”，之后选择道路开始进行测评考试。进入驾驶考试界面后，启动测评程序“exam. exe”开始进行动态测评。

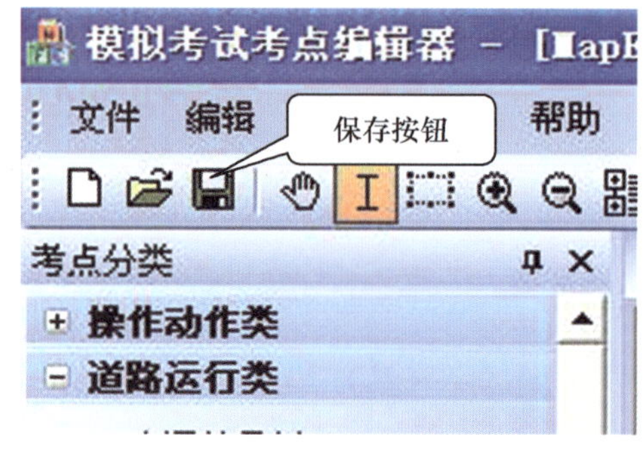

图 2-61　保存规则模板文件

（2）测评程序　模拟考试程序与动态测评程序的数据交互原理是：首先启动模拟考试主程序，主程序会载入相应的 TRF 文件、IVE 文件并实时读取当前的 SCANeRDT 数据。当 Exam 动态测评程序启动后，主程序通过 socket 将相应的文件名称发送给 exam 程序，exam 程序将按照接收到的名称去查找对应的 RNS 文件和 XML 文件并加载。此后将进入动态测评阶段。

1）开始测评。当程序启动后，Exam 测评程序会自动开始测评，并输出收到的 SCANeRDT 数据和违规信息，如图 2-62 所示。

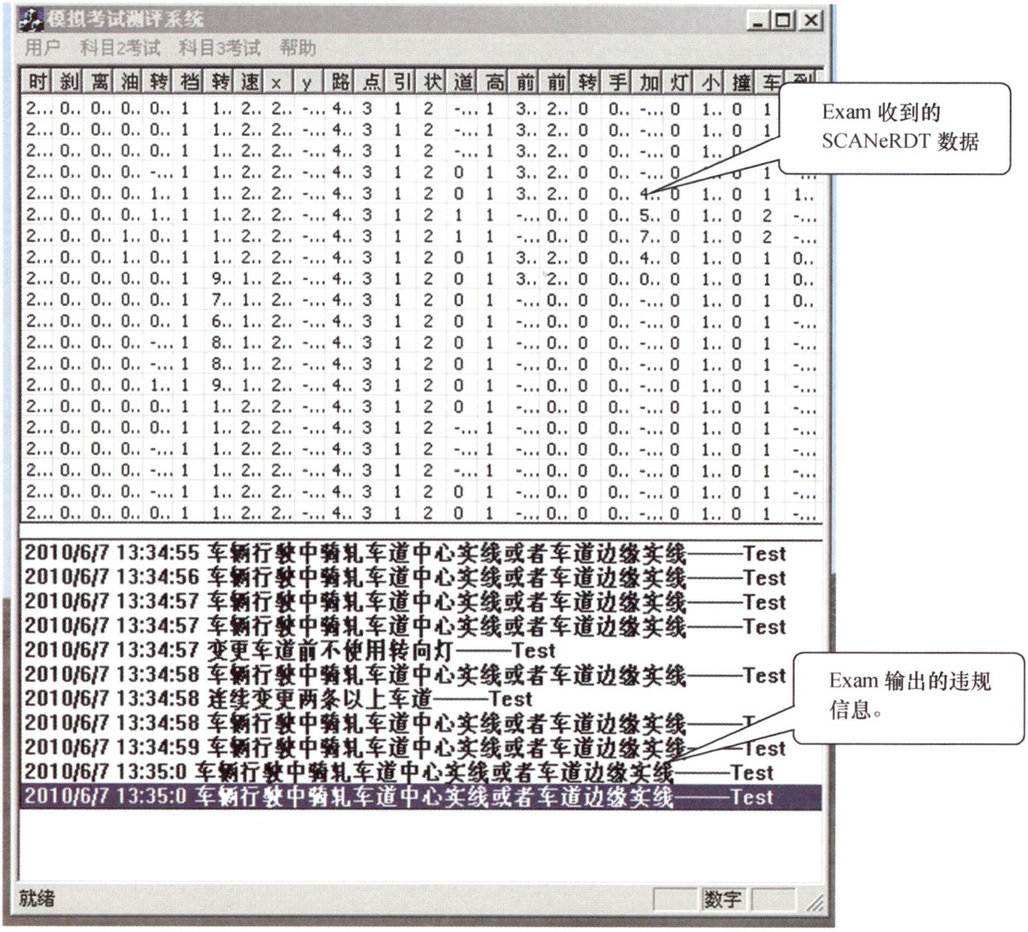

模拟考试测评系统

用户　科目2考试　科目3考试　帮助

时	刹	离	油	转	档	转	速	x	y	路	点	引	状	道	高	前	前	转	手	加	灯	小	撞	车	列
2...	0..	0..	0..	0..	1	1..	2..	2..	-...	4..	3	1	2	-...	1	3..	2..	0	0..	-...	0	1..	0	1	[illegible]
2...	0..	0..	0..	0..	1	1..	2..	2..	-...	4..	3	1	2	-...	1	3..	2..	0	0..	-...	0	1..	0	1	[illegible]
2...	0..	0..	0..	0..	1	1..	2..	2..	-...	4..	3	1	2	-...	1	3..	2..	0	0..	-...	0	1..	[illegible]	[illegible]	[illegible]
2...	0..	0..	0..	-...	1	1..	2..	2..	-...	4..	3	1	2	0	1	3..	2..	0	0..	-...	0	[illegible]	[illegible]	1	...
2...	0..	0..	0..	1..	1	1..	2..	2..	-...	4..	3	1	2	0	1	3..	2..	0	0..	4..	0	1..	0	1	1..
2...	0..	0..	0..	1..	1	1..	2..	2..	-...	4..	3	1	2	1	1	-...	0..	0	0..	5..	0	1..	0	2	-...
2...	0..	0..	1..	0..	1	1..	2..	2..	-...	4..	3	1	2	1	1	-...	0..	0	0..	7..	0	1..	0	2	-...
2...	0..	0..	1..	0..	1	1..	2..	2..	-...	4..	3	1	2	0	1	3..	2..	0	0..	4..	0	1..	0	1	0..
2...	0..	0..	0..	0..	1	9..	1..	2..	-...	4..	3	1	2	0	1	3..	2..	0	0..	0..	0	1..	0	1	0..
2...	0..	0..	0..	0..	1	7..	1..	2..	-...	4..	3	1	2	0	1	-...	0..	0	0..	-...	0	1..	0	1	0..
2...	0..	0..	0..	0..	1	6..	1..	2..	-...	4..	3	1	2	0	1	-...	0..	0	0..	-...	0	1..	0	1	-...
2...	0..	0..	0..	-...	1	8..	1..	2..	-...	4..	3	1	2	0	1	-...	0..	0	0..	-...	0	1..	0	1	-...
2...	0..	0..	0..	-...	1	8..	1..	2..	-...	4..	3	1	2	0	1	-...	0..	0	0..	-...	0	1..	0	1	-...
2...	0..	0..	0..	1..	1	9..	1..	2..	-...	4..	3	1	2	0	1	-...	0..	0	0..	-...	0	1..	0	1	-...
2...	0..	0..	0..	0..	1	1..	2..	2..	-...	4..	3	1	2	0	1	-...	0..	0	0..	-...	0	1..	0	1	-...
2...	0..	0..	0..	0..	1	1..	2..	2..	-...	4..	3	1	2	-...	1	-...	0..	0	0..	-...	0	1..	0	1	-...
2...	0..	0..	0..	-...	1	1..	2..	2..	-...	4..	3	1	2	-...	1	-...	0..	0	0..	-...	0	1..	0	1	-...
2...	0..	0..	0..	-...	1	1..	2..	2..	-...	4..	3	1	2	-...	1	-...	0..	0	0..	-...	0	1..	0	1	-...
2...	0..	0..	0..	-...	1	1..	2..	2..	-...	4..	3	1	2	0	1	-...	0..	0	0..	-...	0	1..	0	1	-...
2...	0..	0..	0..	0..	1	1..	2..	2..	-...	4..	3	1	2	0	1	-...	0..	0	0..	-...	0	1..	0	1	-...

Exam 收到的 SCANeRDT 数据

2010/6/7 13:34:55 车辆行驶中骑轧车道中心实线或者车道边缘实线——Test
2010/6/7 13:34:56 车辆行驶中骑轧车道中心实线或者车道边缘实线——Test
2010/6/7 13:34:57 车辆行驶中骑轧车道中心实线或者车道边缘实线——Test
2010/6/7 13:34:57 车辆行驶中骑轧车道中心实线或者车道边缘实线——Test
2010/6/7 13:34:57 变更车道前不使用转向灯——Test
2010/6/7 13:34:58 车辆行驶中骑轧车道中心实线或者车道边缘实线——Test
2010/6/7 13:34:58 连续变更两条以上车道——Test
2010/6/7 13:34:58 车辆行驶中骑轧车道中心实线或者车道边缘实线——T
2010/6/7 13:34:59 车辆行驶中骑轧车道中心实线或者车道边缘实线——Test
2010/6/7 13:35:0 车辆行驶中骑轧车道中心实线或者车道边缘实线——Test
2010/6/7 13:35:0 车辆行驶中骑轧车道中心实线或者车道边缘实线——Test

Exam 输出的违规信息。

就绪　数字

图 2-62　开始测评

如果程序全部正常启动后 Exam 中没有数据，则检查与 exam. exe 在同一文件夹下的

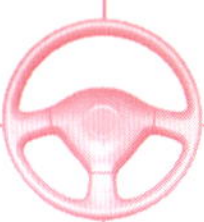

配置文件 Examconfig. ini 中的 flag 是否等于 1，如果不是则将其值改为 1。（flag 状态：0，表示结束考试；1，表示开始考试；2，表示考试中。）

2）结束测评。当考试结束时，有两种方法可以结束测评考试。第一种方法是直接单击“返回”按钮即可结束测评考试。第二种方法是将配置文件中的 flag 的值改为 0 即可，如图 2-63 所示。

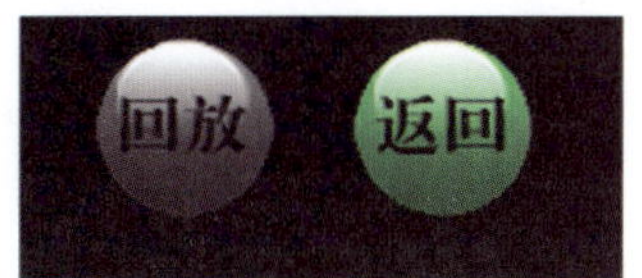

图 2-63　结束测评

（3）打印测评成绩　结束测评考试后，测评程序会自动弹出科目成绩打印界面，如图 2-64 所示。

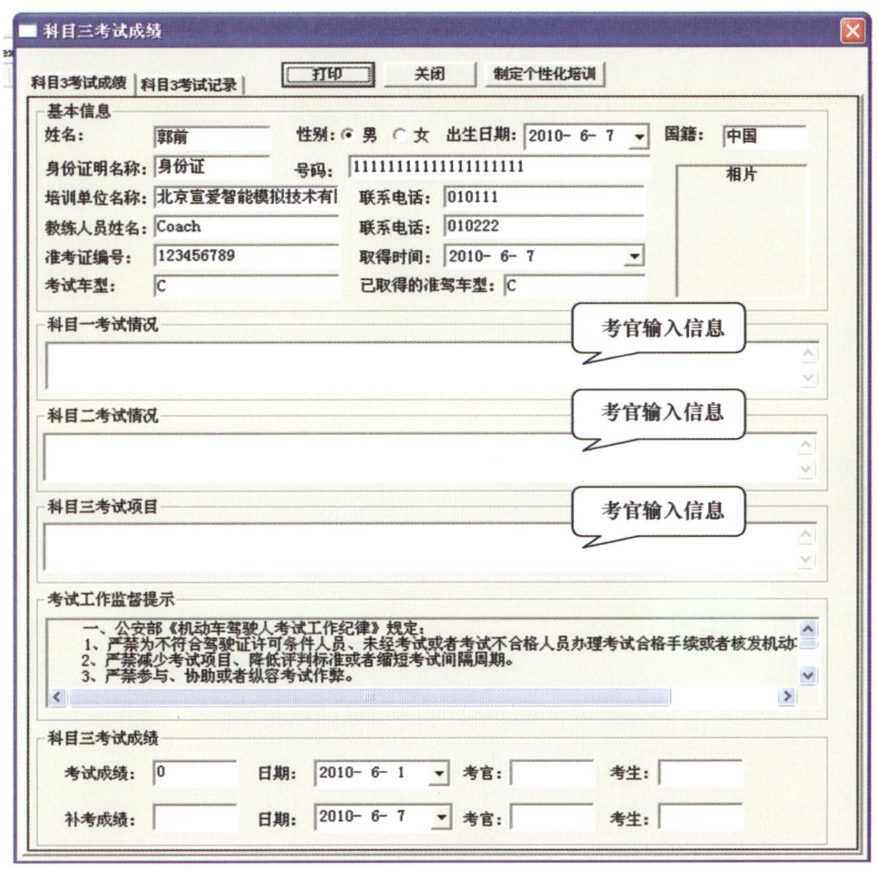

图 2-64　打印测评成绩

单击“打印”按钮，会打印出当前的考试成绩表。单击“制定个性化培训”会弹出个性化培训界面。

3. 个性化培训模块

制定个性化培训界面包括“违规项目”、“道路信息”和“已选道路”，如图 2-65 所示。

1）违规项目。此下拉框中包含了这次考试的所有违规项目，包括机测和目测。

2）道路信息。在选择了“违规项目”以后，“道路信息”中将会显示出与这个规则相对应的个性化包含的道路，考官可以选择相应的道路来制定个性化培训。

3）已选道路。已选道路中显示的是针对当前规则选择的个性化培训道路。

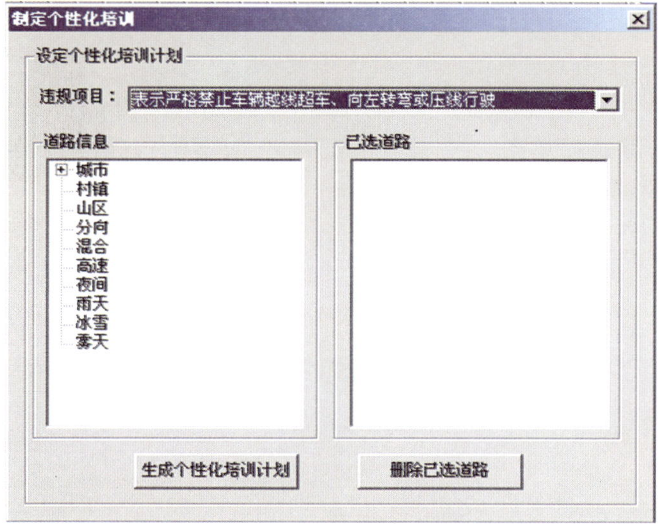

图 2-65　制定个性化培训

4. 目测程序

1）启动程序。当主程序和测评程序启动后即可启动目测程序 Estimation. exe。

2）目测数据。当测评程序正常启动后，会载入相应的目测信息。目测程序启动之后会向测评程序请求目测数据，测评程序将会把目测数据发送到目测程序。目测程序接收到数据后将显示到窗体上。

3）目测操作。当考官发现考生有违规时，则考官在相应的规则上单击右键即可表示违规一次。单击多次表示多次违规。违规项目将会被标记成红色，如图 2-66 所示。

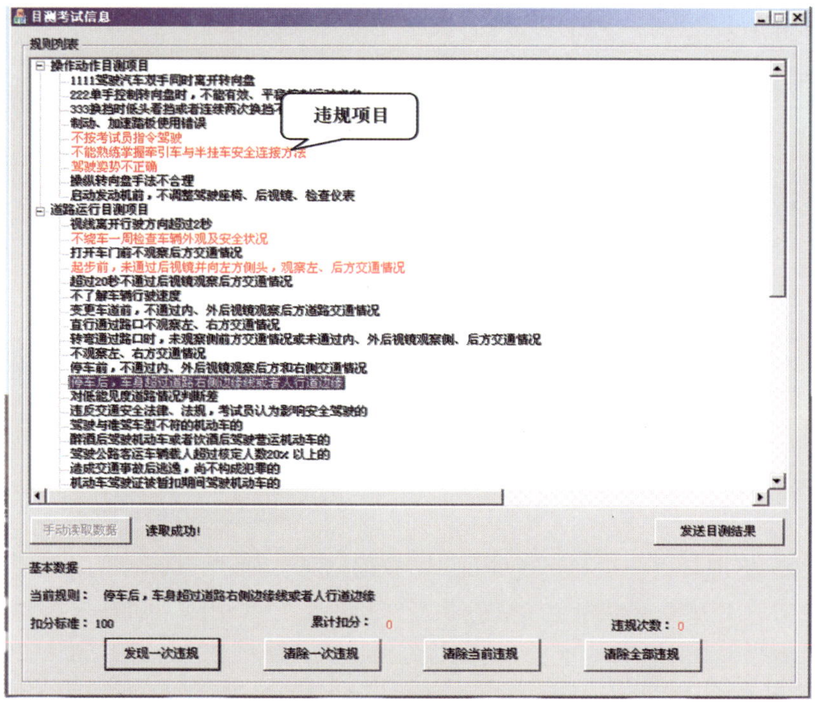

图 2-66　目测考试信息

①“发现一次违规”：其作用与在目测规则上单击右键相同，即记录一次违规。

②“清除一次违规”：清除当前规则的一次违规。

③“清除当前违规”：清除当前规则的所有违规次数。

④“清除全部违规”：请除所有规则项目中的所有违规。

4）目测结束。当测评考试结束时，测评程序会发送信息通知目测程序考试结束，目测信息会将目测结果发送到动态测评程序。

第二篇　教学实践篇

第三章　以教为主的教学系统设计

以教为主的教学系统设计，也称传统教学系统设计，主要基于行为主义学习理论或认知学习理论，设计的焦点在“教学”上，强调教员的主导作用，突出循序渐进、按部就班、精细严密地运用系统方法对教学进行设计。在教学系统设计领域，运用系统方法对教学进行设计的模式林林总总，让人目不暇接。综合目前国内外有关文献上介绍的各类以教为主的教学系统设计模式，我们采用何克抗教授等总结的以教为主的教学系统设计模式，如图 3-1 所示。

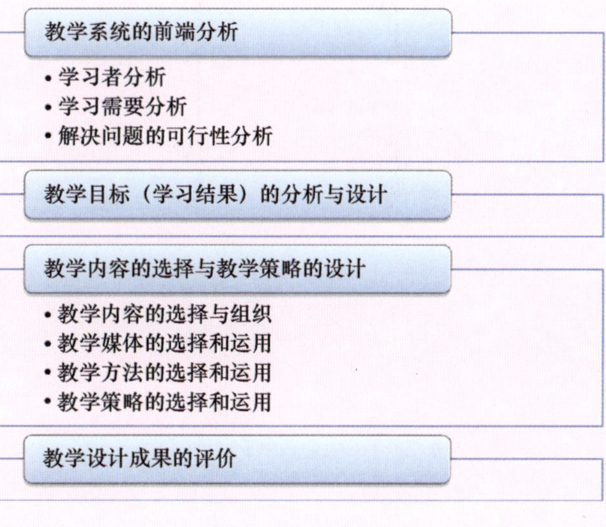

图 3-1　以教为主的教学系统设计模式

第一节　适应练习的教学设计

一般人初次使用汽车驾驶模拟进行训练时，往往会产生眩晕的感觉。为了保证模拟教学的顺利开展，通常是安排学员在正式训练前，在模拟器培训系统和虚拟交通道路环境中进行仿真驾驶操作，以适应新的操作环境与视景特点的生理调节过程。适应性练习就是为防止学员在使用驾驶模拟器时误操作或进行模拟驾驶时出现眩晕现象而专门设计的学习内容，包括操作机件的适应练习和道路驾驶适应练习两部分。

一、产生模拟驾驶眩晕的主要原因

原因一：实际驾驶时，是车辆运动而大地不动；在模拟驾驶时，则是车辆不动“大

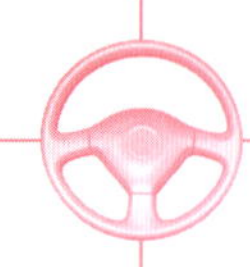

地”动，如此视觉倒置造成人们的平衡机能错乱而引起眩晕。

人类是通过听觉、视觉、触觉来获得外界环境的信息。经过长期的进化，人类的各种感觉器官是高度协调合作的。比如在内耳中有个叫“前庭器”的器官，它负责感受身体的平衡，如人体的运动方向和加速度。在眼睛里也有专门的视神经来感受运动。这些运动感受器官都是非常敏感的，它们将感受到的运动信息传送到神经中枢，由神经中枢控制人体进行适当的反应，来应对运动对人体造成的影响。虚拟场景中眼睛传达给大脑的信息是身体在运动，耳前庭器传达的却是身体未运动，这就会产生眩晕症状，如图 3-2 所示。

原因二：在驾驶模拟器初期，学员心情过于紧张，对驾驶模拟器的操作部件等不了解，也加重了学员在初期驾驶模拟器的眩晕感。

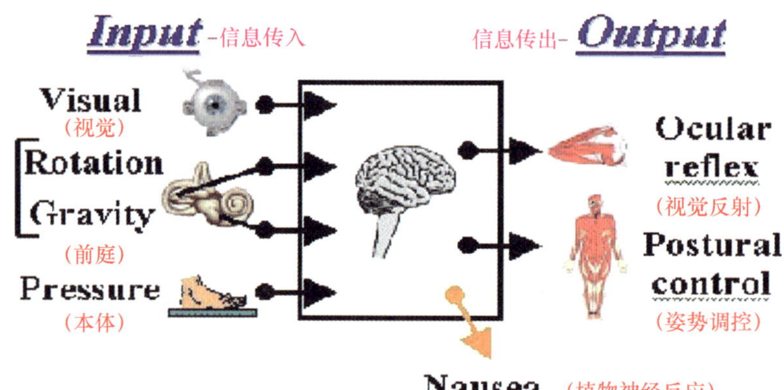

图 3-2　产生眩晕的原因

二、避免驾驶模拟器眩晕的方法

在初期驾驶模拟器的时候选择场景时，要选择简单的道路，颜色较为暗淡的场景，如傍晚时分，熟悉本车与场景内参照物的相对位置。驾驶过程中，眼睛不要盯住一处而要尽量看场景远处的物体，尽可能多地熟悉车辆的操作部件，熟悉该车的操作性能。严禁胡乱驾驶、乱碰乱撞，绝对禁止将模拟器当做游戏机。

常识一：模拟驾驶课程学习前，先进行适应练习（软件提供此功能）。

1）操作机件适应练习。通过跟随“模拟器驾驶适应练习”视频引导练习，掌握汽车驾驶模拟器操纵机件的使用方法和注意事项。

2）道路驾驶适应练习。在进行正常训练之前，通过专门设计的简单道路驾驶适应练习，熟悉模拟器操作动感与视景互动的双重体验，并逐步达到生理上适应模拟器动态，消除眩晕感的目的。

常识二：视觉距离要相对远些，不要盯着屏幕的一点或者看近距离的场景，尽量向场景的远处观看（场景上 1/5～1/4 处）。左右的屏幕可以先屏蔽，随着驾驶时间的增长再打开左右屏幕。

常识三：尽可能多地熟悉车辆操作部件，熟悉驾驶室内的环境。熟悉车辆在静态条

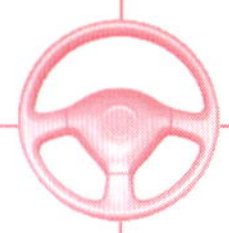

件下的部件操作和车辆在缓慢驾驶过程中的部件操作。最重要的是要熟悉车辆的操作性能，如起步、慢速行驶、高速行驶、减速、加速、变道、转弯、倒车等。

常识四：不要对模拟器产生恐惧感。在驾驶初期如果出现眩晕感，不要过于紧张，可以适当放松自己。如果情况严重可以停止驾驶，适当休息。经过多方面测试，绝大部分人随着驾驶时间的增长，眩晕感会越来越小，最终消失。

常识五：不要在饥饿或过饱的情况下驾驶模拟器。驾驶时，如眩晕严重，适当咀嚼口香糖或预先可服用晕车药。

第二节　模块化教学模式的教学设计

一、模块化教学模式

教学模式是将教学理论应用于教学实践的中介环节，其核心是建模。教学建模就是建立模型，实现对教学系统的最优控制，它研究应该教什么和怎么教的问题。

研究和探讨教学模式不仅可以丰富和发展教学理论，而且有益于提高师资水平和教学效能。传统的教学模式大都是以教学实践经验为基础，并在对教学实践经验加以总结和概括的过程中形成的，基本上都属于归纳式的教学模式。在这种教学模式中，经验和感性的成分较多，容易形成千人千面的教学形式，难以全面提高教学效果。因此教学模式的建立开始被人们关注，并逐渐成为当代教学理论和教学实践研究的一个热点问题和重要课题。

随着对教学过程本质和规律的认识逐渐深化，教学理论对教学实践的解释和指导作用越来越大，目前很多培训模式主要是通过演绎的方式形成的。所谓演绎法，就是从普遍性的理论知识出发，去认识个别的、特殊的现象的一种逻辑推理方法。汽车驾驶教学建模的过程，就是在现代教育理论和教育技术的指导下，就关于汽车驾驶培训教学的最佳途径，进行分析研究，推出符合汽车驾驶培训教学的科学合理的方法，从而，构建起新型的高度概括化、系统化的培训模式。无论是哪儿的人，他们学习和认知的规律都是一样的，或者是相似的，可以划分为几种类型。我们只要根据这些类型，把它的教学活动和教学内容加以高度概括化、系统化，就能构建起一种新型的，适合各类学员学习的高度概括化、系统化的教学模式。北京宣爱汽车驾驶教学建模经历了这样的过程——在一定教学理论的指导下，通过对汽车驾驶教学实践经验的概括和总结，为完成汽车驾驶教学目标和内容，而构建形成、稳定且简明的教学结构理论框架及其具体可操作的实践活动程序。这里提出了两个问题，一是在一定的理论指导下，形成的教学活动设计原则；二是由专家团完成一个具体可以操作的活动程序就是教学程序，也就是说先教什么，后教什么，先练什么，后练什么，什么内容采取什么方式教，什么内容采取什么方式学，什么内容以什么方式讲大家最容易接受等，由此建立起一个适教、适学、适考的具体实践活动程序。汽车驾驶教学建模的研究成果就是：构建汽车驾驶“理论、模拟加实车”培训模式。

这样一来，学员在这种标准模式下进行培训，像跟生产流水线的产品一样，按标准

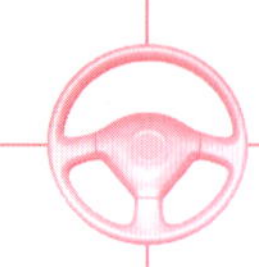

从头到尾学习一遍，所要学的内容就会全部有效地学会，以最佳方法解决学习中的各种难题，从而最大限度地保证学习效果。

“理论、模拟加实车”是一种科学、高效、节能型的培训模式。它将理论学习、模拟练习与实车训练三个教学阶段有机地结合起来，针对汽车驾驶培训各阶段不同的教学特点，采取教学建模、流程施训、模块式学习、定量练习、形象教学、趣味授课等全新的组训方式，对汽车驾驶的教学内容进行高度概括化、系统化，应试教学与应用教学相结合，形成易教、易学、适考的教学体系。

通过上车前的理论学习和模拟练习，可以帮助学员懂得行车概念，掌握操作方法，明确心智顺序，理清判断思路，从而系统完整地掌握汽车驾驶知识，大幅度地提高实车训练效率。模拟练习代替不了实车训练，这是铁律，但是通过模拟练习，可以大幅度提高训练效果，这才是模拟练习的目的所在。

传统培训模式大都以教学实践经验为基础，在总结和概括的过程中形成的，都属于归纳式的培训模式。在这种培训模式中，经验和感性的成分较多，以支离破碎的知识为主，没有构成系统化和概括化的教学体系，教学运用的局限性较大。因而教练员教学能力的培养周期长、成本高，驾校培训质量对教练员的依赖性非常大。

为什么汽车驾驶可以建模呢？这是因为汽车驾驶的培训过程是已有经验的传递，而不是发现式的教学。什么叫发现式教学呢？比如研究生在研究课题时，导师只能告诉学员如何找到他所研究课题结果的方法和思路，导师开始时也不清楚真正的结果，学生是在导师的指导下，完成整个研究过程的，导师的教学活动就叫发现式教学。而汽车驾驶教学活动，是已有经验的传递。比如起步停车的练习标准，教学之前就已经非常明确了，教学的结果对于教学者是清楚的，而不需要学员再去探索，它属于已有经验的传递，因此说，汽车驾驶的教学活动是完全可以进行教学建模的。

所谓汽车驾驶教学建模就是指在一定教学理论的指导下，通过对汽车驾驶教学实践经验的概括和总结，为完成汽车驾驶教学目标和内容，而构建形成的、稳定且简明的教学结构理论框架及其具体可操作的实践活动程序。

二、理论知识教学模块的教学设计

1. 法律法规与相关理论内容的讲授

（1）理论授课　运用多媒体教学手段，结合大量的 Flash 动画，配合实地、实景、实例拍摄的教学内容，采用影视授课建模的形式，可实现对第一阶段所有的理论教学内容进行系统地讲解与演示。

（2）试题讲解　以公安部科目一考试题库内容为主线，结合实际经验和教学模型进行逐题讲解，且配以 Flash 动画提示，强化学员对考题的理解。

2. 模拟练习的组织与实施

以公安部科目一考试题库内容为主线，逐题模拟选答，强化学员对考题的记忆，完成试题的模拟考试练习，如图 3-3 所示。

3. 对应考试科目

科目一“道路交通安全法律、法规和相关知识考试科目”的教学设计如图 3-4 所示。

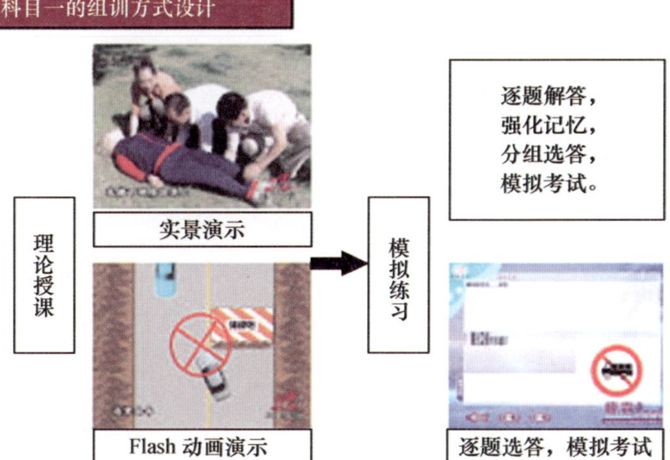

图 3-3 科目一的组训流程示意图

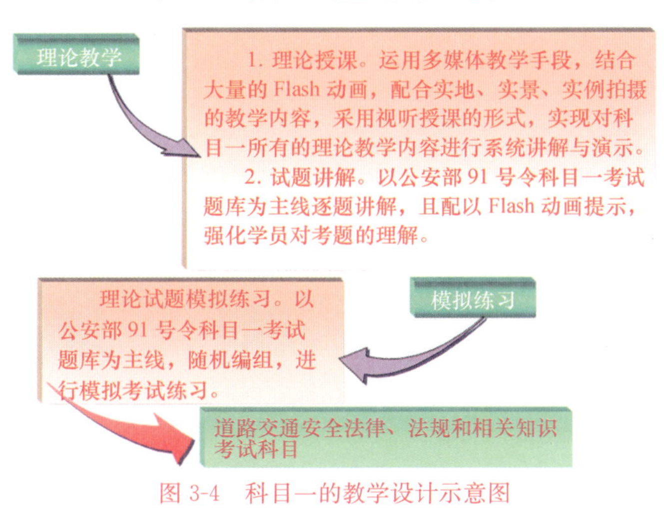

图 3-4 科目一的教学设计示意图

三、模拟驾驶教学模块的教学设计

1. 科目二的教学设计

（1）汽车驾驶理论内容的讲授　运用多媒体教学手段，结合大量的 Flash 动画，配合实地、实景、实例拍摄的教学内容，采用影视授课建模的形式，可实现对第二阶段所有的汽车驾驶理论教学内容进行系统讲解与演示。

（2）模拟练习的组织与实施　利用汽车驾驶模拟座舱进行模拟练习。

1）操式练习熟练动作。利用汽车驾驶模拟座舱，进行《汽车驾驶技法练习操》中的第一至十二节的反复练习，实现熟练掌握汽车驾驶单独操作动作和协调操作动作的方法与顺序。

2）引导驾驶熟记要领。在教练语的引导下，进行场地驾驶技能考试科目（即科目二中的桩考、连续障碍路、通过单边桥、直角转弯、侧方停车、坡道路定点停车与起步、限速通过限宽门、百米加减挡、起伏路驾驶、曲线行驶等）动作流程的模拟练习，实现

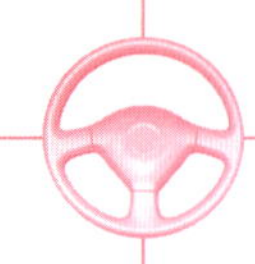

熟记场地驾驶技能考试科目的动作要领与操作顺序。

（3）模拟后的实车教学法　如图 3-5 所示，教学流程与组训方法是：

科目二的组训方式设计

理论授课

熟悉方法与顺序

精讲多练熟能生巧

模拟练习

协调动作，配合练习，引导驾驶，熟记要领。

引导驾驶熟记要领

实车练习

图 3-5　科目二的组训流程示意图

1）对上单元教学内容的回顾。

2）下达本单元教学提要。包括教学目标、教学内容、时间安排、实施方法等。

3）对模拟练习情况进行测评。对概念不清，要领不明的学员不得上车练习。

4）分解练习。首先按教学内容由学员分别边讲边做，之后教练员重申练习标准与练习要点。

5）连贯练习。根据学员掌握情况安排练习次数。

6）单元小测验。

（4）对应考试科目　科目二“场地驾驶技能考试科目”的教学设计如图 3-6 所示。

2. 科目三的教学模块设计

（1）汽车驾驶理论内容的讲授

1）运用多媒体教学手段，结合大量的 Flash 动画，配合实地、实景、实例拍摄的教学内容，采用影视授课建模的形式，可实现对第四阶段所有的理论教学内容进行系统地讲解与演示。

2）着重展示通过高度概括化和系统化的专家经验而形成常见的九个驾驶图式（专家模块）为主要内容的模块式驾驶教学。驾驶图式可以规范处置各种道路情况单元（情况前、情况中、情况后）时所进行的心智动作和操作动作的作业流程，使学员迅速掌握道路情况处理过程中“情况观察—判断决心—操作动作”的运作技法，达到快速复制专家经验的目的。

（2）模拟练习的组织与实施

1）引导驾驶内化图式。在教练语的引导下，进行向左变更行车道、向右变更行车道、会车、超车、让超车、交叉点直行、交叉点右转弯、交叉点左转弯、通过铁路道口等九个驾驶图式（专家模块）的模拟练习，完成驾驶图式中心智动作与操作动作的内化过程。

2）引导驾驶积累经验。在教练语的引导下，进行夜间驾驶、雨天驾驶、泥泞路驾驶、冰雪路驾驶、雾天驾驶、山区道路驾驶、高速公路驾驶等，积累应用驾驶经历。

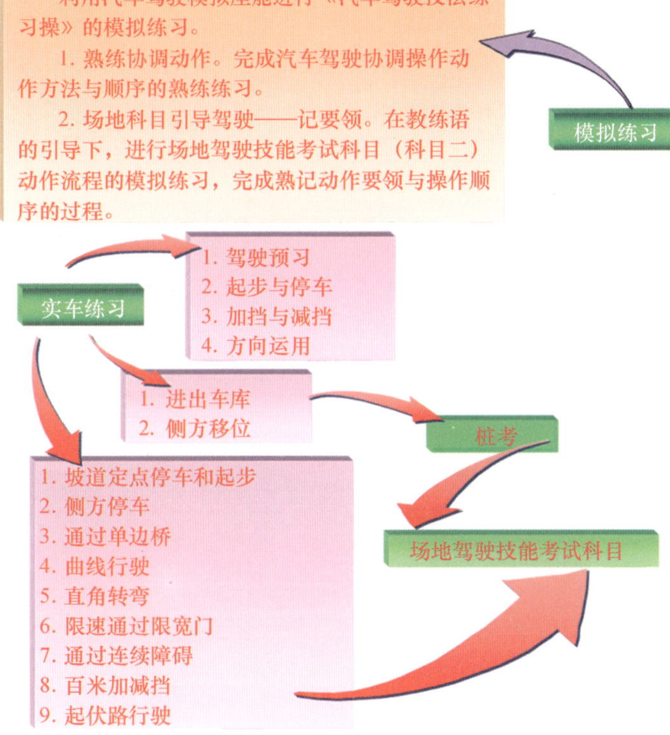

图 3-6 科目二的教学设计示意图

（3）模拟后的实车教学法 如图 3-7 所示，教学流程与组训方法是：

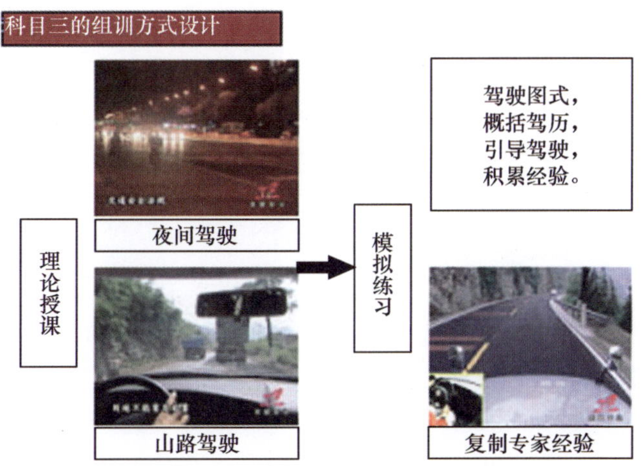

图 3-7 科目三的组训流程示意图

1）对上单元教学内容的回顾。

2）下达本单元教学提要。包括教学目标、教学内容、时间安排、实施方法等。

3）对模拟练习情况进行测评。

4）连贯练习。根据学员掌握情况逐渐增加单位练习里程。

（4）对应考试科目　科目三“道路驾驶技能考试科目”的教学设计如图3-8所示。

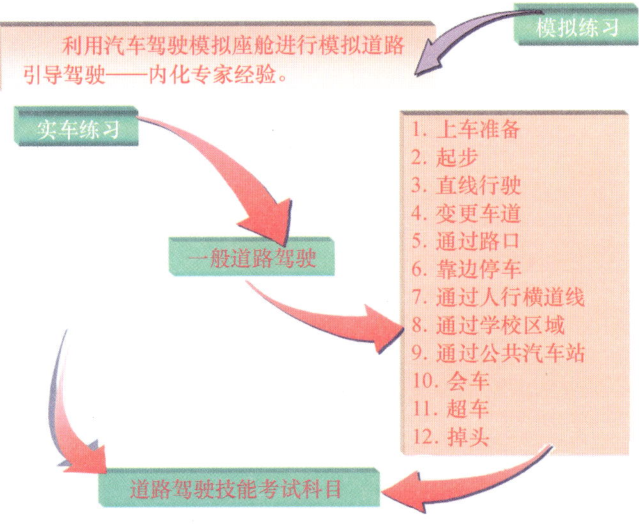

图3-8　科目三的教学设计示意图

第三节　案例式教学模式的教学设计

案例教学法就是运用案例进行教学的一种方法。它最先运用于法学界和医学界，其后运用于管理学界，在教育学界特别是技能培训中得到运用是20世纪70年代以后的事情。哈佛工商学院在案例教学中起着很大的推动作用，其影响不仅限于工商管理界，而且对技能教育也有着重大影响。

一、案例教学法的基本原理

案例教学是一种动态的、开放的教学方式，在案例教学中，驾驶人被设计身处在特定的驾驶情境中，在信息不充分的条件下，对复杂多变、跨越时间和空间驾驶场景的情况，独立地做出判断和决策，在此过程中，锻炼了自我综合运用各种理论知识、经验分析和解决问题的能力。

汽车驾驶经典交通事故案例教学，通过向学员展示经典交通事故的发展、发生与结

果，系统地提出驾驶人在行车遇到的各种问题，并从驾驶人心态和驾驶行为的观察、判断、决心和动作等几个方面分析和解决问题。

汽车驾驶电子学习机提供了上千起的事故案例模拟训练场景，进行在各种交通冲突下紧急避险驾驶模拟训练和针对性练习，形成正确的安全驾驶思维过程与动作定式。本系统提供了 10 种道路或气候情况下的 1000 起案例教学内容。

1. 案例在其内容上具有的几个鲜明特征

1）案例展示的都是一个又一个的事件，作为事件，就不能是对结果的描述，而应展示事件演进的过程。

2）案例中包含有问题或疑难，换言之，只有那些含有问题、矛盾、对立、冲突在内的事件，才有可能构成为案例，简单的“白开水式”没有问题在内的事件，不能称之为案例。

3）案例具有典型性，通过这个事件，可以反映一类问题，可以在一定程度上说明类似的情况，可以给案例学习者带来这样或那样的启示。

4）案例是真实发生的。案例读起来生动有趣，像故事一样，但这样的故事必须是真实发生的，杜撰出来的故事即使再有趣，也不能称之为案例。

2. 案例教学的积极意义

（1）案例教学有利于改革传统概念的教学　传统教学方式是以教练员和教材为中心，以灌输的方式从概念到概念，关注的是向学员灌输了哪些知识，忽视了对学员学习潜能的挖掘，导致理论与实践的严重脱节。而案例教学十分注重学员的主体性、主动性、自主性的挖掘，注重引导，通过案例的分析推导和概念运用较好地解决实际问题。在此过程中学员要学会收集各方面的资料和信息，对已有的资料作多方面的分析，促使学员思维不断深化，并在力图对一个问题寻找多种答案的过程中培养和形成结构化思维。

（2）案例教学有利于提高学员分析问题和解决实际问题的能力　区别于传统的注入式教学方式，案例教学是一种动态的、开放的教学方式，在案例教学中，学员被设计身处在特定的驾驶情境中，在信息不充分的条件下，对复杂多变、跨越时间和空间的驾驶场景，独立地做出判断和决策，锻炼了综合运用各种理论知识、经验分析和解决问题的能力。

（3）案例教学有利于促使学员学会学习　学习是学习型社会对人们能力的基本要求。传统教学方式教给学员的是运用概念解决问题的现成答案，学员获得机械记忆，按标准答案处理现实情况。而案例教学告诉学员“答案不止一个”，答案是开放的、发展的。在案例教学中，教练员通过有意识的引导，让学员自己去根据情况进行分析，通过个体独立或群体合作的方式做出分析和判断，积极寻找多种答案，这样经过反复多次的积淀后，就会获得自主学习的方法，使学会学习成为现实。

（4）案例教学有利于促进沟通　教学的过程，通常要经过小组、大组合作思维的撞击。在合作中互相沟通，在沟通中增进合作，在此过程中教会学员相互沟通、尊重他人、关心他人，同时也增强了学员说服别人以及聆听他人的能力。

（5）案例教学有利于构建正确的驾驶观念与操作习惯　通过对学员的驾驶行为进行系统测评，找出其相对薄弱环节或主要驾驶缺陷后，选择相应案例进行专项练习，对学员快速构建正确的驾驶观念与操作习惯有非常明显的作用。

当前在世界范围，案例教学已被越来越多的人所接受，并列入了各行业初级及在职人员的教学培训改革计划，尤其是在军队培训、国防演习中已经开始广泛运用。但是，目前国内

的案例教学还处于一个起步的阶段，将事故案例教学引入汽车驾驶培训领域势在必行。

利用汽车驾驶模拟器进行交通事故的案例教学，是由北京宣爱智能模拟技术有限公司（简称“北京宣爱”）率先引入的一种新型教学方法。

二、教学案例的选择

1. 案例类型选择

进行案例教学时，应根据训练目标，合理地选择适当类型。

（1）技能强化训练　这是针对学员操作技能的提高所进行的驾驶训练。根据学员在驾驶意识、操作技能方面存在的问题，选择某一方面的案例与模拟训练道路，反复进行相应交通场景下的练习，达到短时间内快速建立正确驾驶意识，强化操作技能的目的。

（2）安全教育训练　这是针对个人或某群体进行汽车驾驶交通安全教育所进行的特殊驾驶训练。选择具有典型教育意义的交通事故案例，让学员在相应的道路场景下，进行紧急避险模拟练习，以求对交通事故发展、发生过程的进一步了解，建立正确的防范意识和操作方法。

（3）目标引导训练　这是针对预期培训目标所进行的特殊驾驶训练。可选择与培训目标相一致的道路交通环境、天候条件下的经典事故案例或设置相应的道路场景，进行有针对性的训练，达到对预期目标条件下可能遇到的交通环境的了解熟悉，更好地进行相应的心理准备与技术准备。

2. 案例内容的设计

案例式学习内容是根据道路交通事故年报统计进行编制的。案例内容的设计充分考虑到学员自学的特点，依据让学员个性化理解和教学设计引导，在多种学习路径不同的情境下去学习和应用他们所学的知识，要让学员能根据自身的要求方便地找到相应学习内容并方便地实施自主式学习，形成最佳的解决方案。

案例教学利用强大的视频数据库、案例数据库和路谱数据库做支撑，给学员创设真实案例的情境，使学员在体验不同案例驾驶的过程中逐渐建立安全驾驶意识，最大限度地避免道路交通事故的发生。

体验驾驶内容应涉及的环节：体验事故过程、动画演示分析、引导正确操作等阶段，以及基于教学目标所应包含的其他内容。学员学习的程序应流畅，衔接节点要清晰。

案例内容主要从不同道路原因、不同道路线形、不同路口路段、不同道路横断面位置和不同天气条件下的案例进行分析选择，从学员心理活动与驾驶技能培训的规律性认知上编制学习内容。案例设计类别区分见下表。

案例设计类别区分统计表

序号	区分		内容
	条件	原因	
1	不同事故原因区分	机动车违法内容	超速行驶
2			酒后驾驶
3			逆行
4			疲劳驾驶

（续）

序号	区分		内容
	条件	原因	
5	不同事故原因区分	机动车违法内容	违法变更车道
6			违法超车
7			违法倒车
8			违法掉头
9			违法会车
10			违法牵引
11			违法抢行
12			违法上道路行驶
13			违法占道行驶
14			违法装载
15			违反交通信号
16			未按规定让行
17			无证驾驶
18			不按规定使用灯光
19		机动车非违法过错内容	制动不当
20			转向不当
21			加速踏板控制不当
22			其他操作不当
23		非机动车违法内容	超速行驶
24			酒后驾驶
25			逆行
26			违法超车
27			违法牵引
28			违法抢行
29			违法上道路行驶
30			违法停车
31			违法占道行驶
32			违法装载
33			违反交通信号
34			未按规定让行
35			无证驾驶
36		行人乘车人违法内容	违法道路行驶
37			违法占道
38			违反交通信号
39			其他影响安全行为

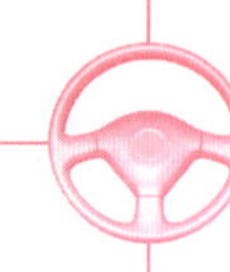

（续）

序号	区分		内容
	条件	原因	
40	不同道路线形区分		平直
41			一般弯
42			一般坡
43			急弯
44			陡坡
45			连续下坡
46			一般弯坡
47			急弯陡坡
48			一般坡急弯
49			一般弯陡坡
50	不同路口路段区分		三叉路口
51			四叉路口
52			多叉路口
53			环行路口
54			匝道口
55			普通路段
56			高架路段
57			变窄路段
58			窄路
59			桥梁
60			隧道
61			路段进出处
62			路侧险要路段
63	不同道路横断面区分		机动车道
64			非机动车道
65			机非混合道
66			人行道
67			人行横道
68			紧急停车带
69	不同天气条件区分		晴
70			阴
71			雨
72			雪
73			雾
74			大风

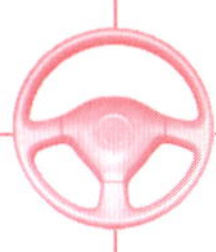

（续）

序号	区分		内容
	条件	原因	
75	不同天气条件区分		沙尘
76			冰雹
77	不同道路区分		城市
78			分向
79			乡村
80			山区
81			震区
82			场地
83			混合
84			冰雪
85			高速

三、案例教学流程设计

1. 课前准备设计

课前准备设计如图 3-9 所示。

图 3-9 课前准备设计示意图

1）适应性练习。适应性练习是为防止学员在使用驾驶模拟器时误操作或进行模拟驾驶出现眩晕现象而专门设计的学习内容。包括操作机件的适应练习、道路驾驶适应练习两部分。

2）操作机件适应练习。通过跟随“模拟器驾驶适应练习”视频引导练习，掌握汽车驾驶模拟器操纵机件的使用方法和注意事项。

3）道路驾驶适应练习。是新接触动感型汽车驾驶模拟器的驾驶人，在进行正常训练之前，通过专门设计的简单道路上的驾驶适应练习，熟悉模拟器的操作动感与视景互动的双重体验，并逐步达到生理上适应模拟器动态，消除眩晕感的目的。

4）驾驶技能诊断性评价。驾驶技能诊断性评价是指教学过程中对学员驾驶技能总体情况的了解性评价，目的在于确认学员驾驶技能的掌握水平和技能缺陷，以便及时地指出其进步、问题、发展趋势与可能价值等评价，帮助学员自我反思，自我体验，自我调控，自我矫正，是教学评价的重要形式之一。

驾驶技能诊断性评价的方式是通过对驾驶人在模拟器上操作情况指标与操作标准指标之间的差距的测评，系统自动对驾驶人原有驾驶技能缺陷做出记录，并根据其技能缺陷选定相应训练案例，生成个性化的培训计划。

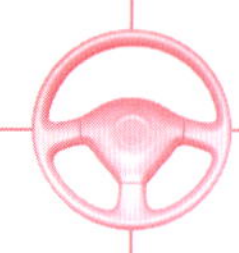

2. 教学过程设计

1）体验事故过程设计。这个环节的主要任务是体验事故的过程，了解事故发生的原因，总结经验教训，知晓事故处理的正确方法。基本过程如图 3-10 所示。

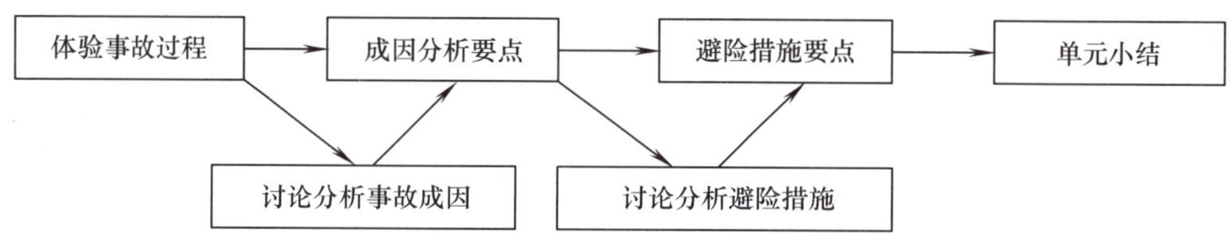

图 3-10　体验事故过程设计示意图

2）模拟驾驶练习设计。这个环节的主要任务是体验特定情境下的特定任务的驾驶过程，整合驾驶基本技能、习惯和安全意识。基本过程如图 3-11 所示。

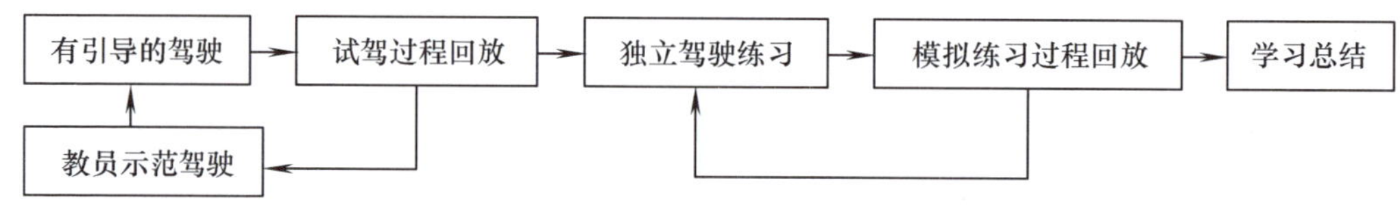

图 3-11　模拟驾驶练习设计示意图

3）按培训计划施训设计。这个环节的主要任务是针对学员存在的驾驶技能缺陷，按照相应的培训计划进行模拟练习，积累安全驾驶经验，强化特定的驾驶能力和习惯。基本过程如图 3-12 所示。

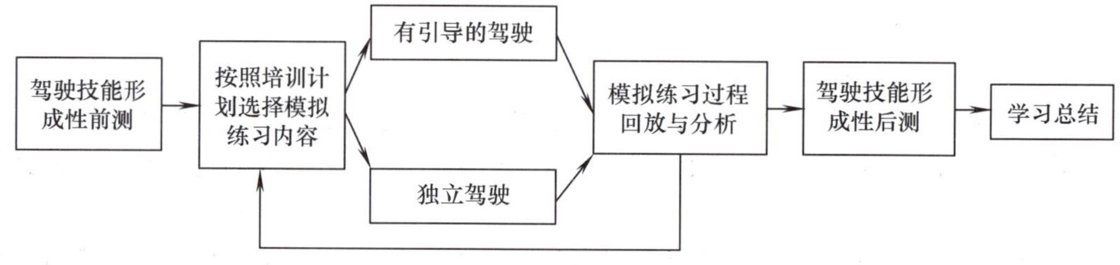

图 3-12　按培训计划施训设计示意图

3. 案例标准教学法

（1）案例六步教学法

1）事故预防经验学习。这个环节主要是学习事故预防的经验介绍。

2）事故案例感知。这个环节是体验交通事故的发生过程。

3）事故案例研讨。这个环节是进行交通事故的发生原因分析、避险措施研讨。

4）案例事故规避训练。这个环节主要是针对事故的特点进行模拟训练。

5）单元小结。这个环节是结合训练过程进行单元小结。

6）训练结果考核与评判。这个环节是利用动态测评系统进行驾驶技能动态测评。

（2）案例十步教学法　根据案例教学的理论和实施要求，结合经典交通事故案例与模拟器训练相适应的教学特点，采用视频演示、分析讨论、模拟练习等方式，完成案例

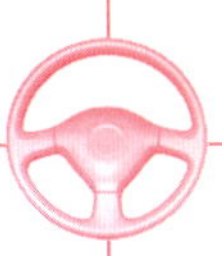

教学任务，按以下十个步骤进行。

1）开场语。这个环节的教学任务是了解某类道路的交通特点，明确教学任务。

2）事故体验驾驶。这个环节的教学任务是体验事故的过程。

3）试驾过程回放。这个环节的教学任务是回顾驾驶操作情况，对案例场景下道路交通矛盾与冲突有进一步的认识。

4）事故案例经过。这个环节的教学任务是呈现真实的道路交通事故案例，引起思想上的重视和学习兴趣。

5）成因分析讨论。这个环节的教学任务是从大众的视角引导大家对事故的成因进行广泛探讨，从驾驶行为构成的五个方面，找出引发事故的根源。

6）成因要点提示。这个环节的教学任务是从专家的视角对事故成因的主要方面进行总结性的深入剖析，引导大家把握事故成因的主要环节，构建正确的安全意识。

7）避险措施讨论。这个环节的教学任务是从大众的视角引导大家对事故案例场景下如何规避危险进行讨论，调动大家进行驾驶操作技术性的探讨。

8）避险措施要点提示。这个环节的教学任务是从专家的视角对事故案例场景下避险的正确驾驶操作方法进行归纳，掌握正确的驾驶避险措施与操作方法。

9）紧急避险模拟练习。这个环节的教学任务是通过在事故案例场景下正确操作的反复模拟驾驶练习，在短时间内建立正确的安全意识与动作习惯，积累在常规驾驶训练中无法实现的事故场景下的驾驶经验。

10）单元小结。这个环节的教学任务是全面总结本案例的知识点和训练目标。

四、教学案例的设计

1. 教学案例设置条件

交通事故教学案例设置条件一览表

序号	类别	条件	内容
1	1. 照明条件	白天	
2		夜间有路灯照明	
3		夜间无路灯照明	
4	2. 道路类型	公路	高速公路
5			一级公路
6			二级公路
7			三级公路
8			四级公路
9			等外公路
10		城市道路	快速路
11			城市主干路
12			城市次主干路
13			支路
14			其他城市道路

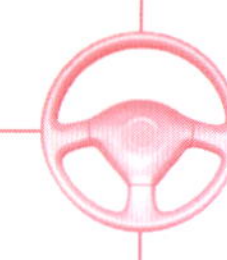

（续）

序号	类别	条件	内容
15	3. 交通控制方式	民警指挥	
16		信号灯	
17		标志标线	
18		民警及信号灯	
19		信号灯及标志标线	
20		其他安全设施	
21		无控制	
22	4. 道路线形	一般弯	
23		一般坡	
24		急弯	
25		陡坡	
26		一般弯坡	
27		急弯陡坡	
28		一般坡急弯	
29		一般弯陡坡	
30		平直路	
31	5. 天气条件	雨	
32		雪	
33		雾	
34		晴	
35		大风	
36		阴	
37		其他	
38	6. 路口路段类型	三叉路口	
39		四叉路口	
40		多叉路口	
41		环形路口	
42		立体交叉	
43		铁路道口	
44		隧道	
45		桥梁	
46		窄路	
47		高架路段	
48		变窄路段	
49		正常	
50		其他路段	

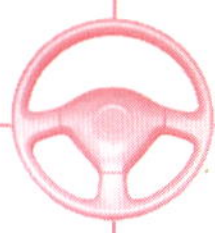

（续）

序号	类别	条件	内容
51	7. 路面类型	沥青	
52		水泥	
53		沙石	
54		土路	
55		其他	
56	8. 地形条件	平原	
57		丘陵	
58		山区	
59	9. 车行道设置横断面	混合式	
60		分向式	
61		分车式	
62		分车分向式	
63	10. 路面条件	潮湿	
64		积水	
65		漫水	
66		冰雪	
67		泥泞	
68		翻浆	
69		泛油	
70		坑槽	
71		塌陷	
72		路障	
73		平坦	
74		其他	
75	11. 交通状况	简单	
76		一般	
77		复杂	

2. 交通事故案例难度等级的区分

交通事故案例难度等级是根据交通事故的等级来区分的。交通事故等级根据人身伤亡或财产损失的程度和数额，分为轻微事故、一般事故、重大事故和特大事故。案例的难度等级分别为四级、三级、二级、一级。

1）四级案例系指轻微事故案例，即一次交通事故造成轻伤 1～2 人，或直接经济损失、机动车事故损失折款不足 1000 元，非机动车事故损失折款不足 200 元的事故。

2）三级案例系指一般事故案例，即一次交通事故造成重伤 1～2 人，或轻伤 3 人以上，或财产损失不足 3 万元的事故。

3）二级案例系指重大事故案例，即一次交通事故造成死亡1～2人，或重伤3人以上10人以下，或财产损失3万元以上、6万元以下的事故。

4）一级案例系指特大事故案例，即一次交通事故造成死亡3人以上，或重伤11人以上，或死亡1人、同时重伤8人以上，或死亡2人、同时重伤5人以上，或者财产损失6万元以上的事故。

3. 路谱设置生成流程图（图3-13）

1）每一条路基添加不同数量和密度的交通元素后，生成简单、一般、复杂各10种常规路谱，共计30条路谱。

2）在此基础上，采取正向行驶和逆向行驶二种方式，又可生成各10条常规逆向路谱，共计60条路谱。

3）在路基上，设置100个事故案例，又可生成在60种不同路况与正逆向行驶的常规路谱下，发生100个经典事故案例的各1条险情路谱。

4）每一条路基经过设置应能生成120条路谱，软件共计10套路基，生成1 200条各类交通条件下的路谱，以保证案例教学的需要而随机调用。

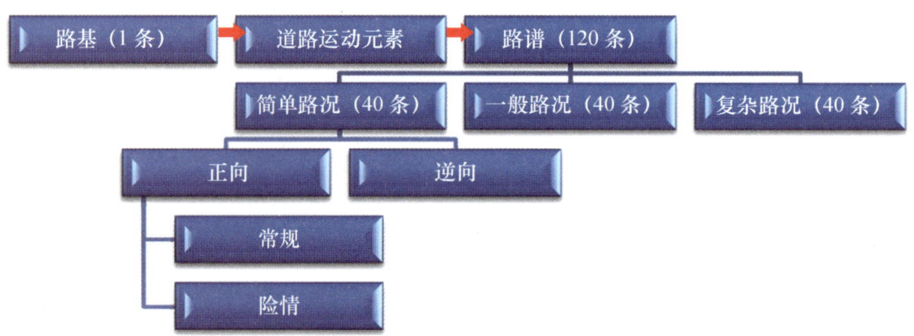

图3-13　路谱设置生成流程图

4. 案例脚本编制

根据案例设置条件进行教学案例内容的编制工作，每个案例都是一个完整的学习单元。

1）选择交通条件与难度等级：

交通条件与难度等级表

照明条件		道路类型		交通控制方式	
道路线形		天气条件		路口路段类型	
路面类型		地形条件		车行道设置横断面	
路面条件		交通状况		案例难度等级	

2）确定肇事车的运行条件与事故发生路段：

确定肇事车的运行条件与事故发生路段表

车型		车速		行驶轨迹	
肇事地点		音效		肇事结果	

3）确定本案的适用培训范围：

本案的适用培训范围表

序号	本案例知识点	统一编号	本案适用的培训范围		
			项目	分类	评测内容

4）确定案例教学各阶段的教学内容：

案例教学阶段表

教学步骤	分项	技术手段	画面与操作	解说词（解）与讨论题备选答案（答）	背景音乐	转场特效	时间/距离	文件名
1	开场语							
2	事故体验驾驶							
3	试驾过程回放							
4	事故案例经过							
5	成因分析讨论							
6	成因要点提示							
7	避险措施讨论							
8	避险措施要点提示							
9	模拟驾驶练习							
10	单元小结							

第四节　个性化教学模式的教学设计

一、个性化教学原理

个性化教学主要是为了适合个别学员的需要、兴趣、能力和学习进度而设计的。从学习者的角度进行个性化教学，就是尊重学员个性的教学，必须根据每个学员的个性、兴趣、特长、需要进行施教，亦即学员需要什么，教员便需授予什么或提供什么资源，学员完全是一种自主性的学习。个性化教学的模式是“多对一”，就是多个老师对一个学员。

从社会教学培训体系来看，个性化教学是素质教育的必由之路，同时，个性化教学特别适用于职业教育。这是因为职业教育是以某项技能培训为主的教学过程，这中间体现了对某个技术技能的个性差别，必须进行“个别分析”或“一对一”的辅导来完成学习。

汽车驾驶职业教育中的个性化教学，针对分解后的教学内容与目标，由许多培训专家设计了完善的教学框架体系：通过驾驶技能诊断性测评—生成针对自己驾驶缺陷的培训内容—进行知识学习和仿真模拟练习—实现个人专业知识增长与技能的提高。学员在这个体系中，依据适合自己的方式或个人兴趣，任意组合相应的训练内容；或依据自己知识、能力缺陷，找到最佳解决方案。教员（替代教员角色的电子学习机）在这个体系中依据教学目标分解组合知识点，依据学习成长规律提供训练模式，为学员提供方便其快速成长的途径，形成完整的教学体系。教与学双方的有机结合，可快速提升自己的知识水平和技能水平，快速达成学习目标。

二、个性化教学模式的特点

该系统所提供的个性化教学功能，主要是针对驾驶人个体而开展的有针对性的汽车驾驶紧急避险模拟练习而设置的。其最主要的特点是因材施教，针对性强，改进效果非常明显，有效地节约了训练的时间。

1）汽车驾驶技能动态测评系统是实现个性化教学的基础，通过技能测评可以在培训前发现驾驶人的技能缺陷。

模拟培训系统的个性化教学设计，是从施教者的角度并基于动感型汽车驾驶模拟器的评测功能与针对性模拟训练的功能而规划的。技能测评是指汽车驾驶技能诊断性评价（图 3-14）。在教学过程中，事先对学员驾驶技能总体情况的了解性评价，是教学评价体系的重要环节之一。目的在于确认学员驾驶技能水平和技能缺陷，以便及时地指出其进步、问题、发展趋势与可能价值等评价，通过教学实施，帮助学员自我反思，自我体验，自我调控，自我矫正，最终达成教学培训目的。

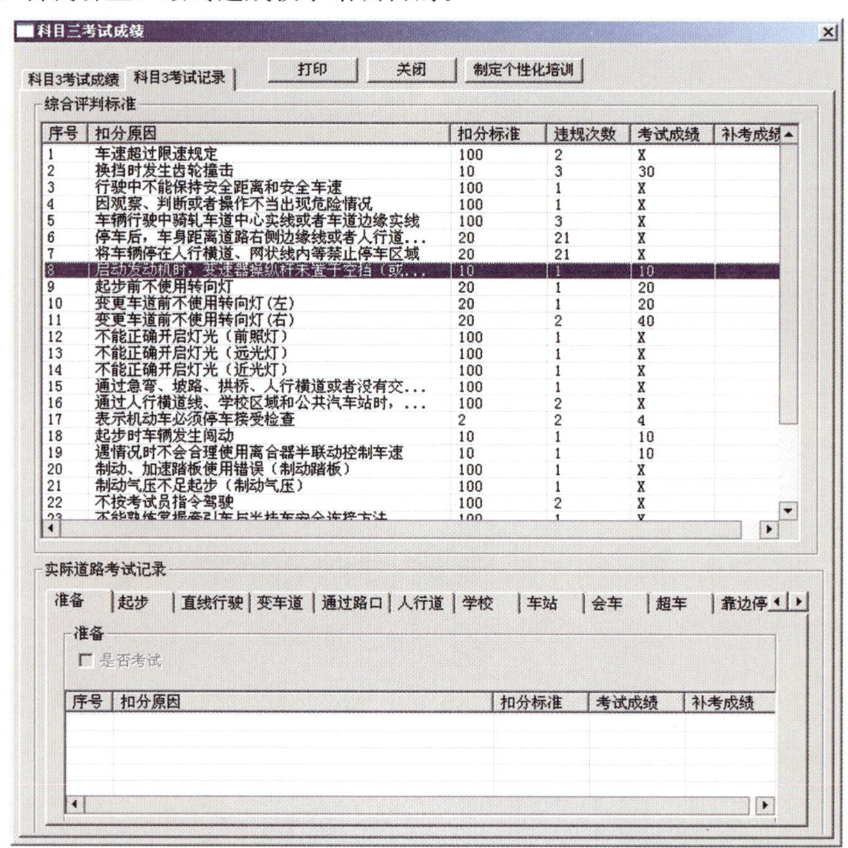

序号	扣分原因	扣分标准	违规次数	考试成绩	补考成绩
1	车速超过限速规定	100	2	X	
2	换挡时发生齿轮撞击	10	3	30	
3	行驶中不能保持安全距离和安全车速	100	1	X	
4	因观察、判断或者操作不当出现危险情况	100	1	X	
5	车辆行驶中骑轧车道中心实线或者车道边缘实线	100	3	X	
6	停车后，车身距离道路右侧边缘线或者人行道...	20	21	X	
7	将车辆停在人行横道、网状线内等禁止停车区域	20	21	X	
8	启动发动机时，变速器操纵杆未置于空挡（或...	10	1	10	
9	起步前不使用转向灯	20	1	20	
10	变更车道前不使用转向灯(左)	20	1	20	
11	变更车道前不使用转向灯(右)	20	2	40	
12	不能正确开启灯光（前照灯）	100	1	X	
13	不能正确开启灯光（远光灯）	100	1	X	
14	不能正确开启灯光（近光灯）	100	1	X	
15	通过急弯、坡路、拱桥、人行横道或者没有交...	100	1	X	
16	通过人行横道线、学校区域和公共汽车站时，...	100	2	X	
17	表示机动车必须停车接受检查	2	2	4	
18	起步时车辆发生闯动	10	1	10	
19	遇情况时不会合理使用离合器半联动控制车速	10	1	10	
20	制动、加速踏板使用错误（制动踏板）	100	1	X	
21	制动气压不足起步（制动气压）	100	1	X	
22	不按考试员指令驾驶	100	2	X	
23	不能熟练掌握牵引车与半挂车安全连接方法	100	1	X	

序号	扣分原因	扣分标准	考试成绩	补考成绩

图 3-14　视景 VIEW4 V1.1“驾驶技能动态测评结果”示意图

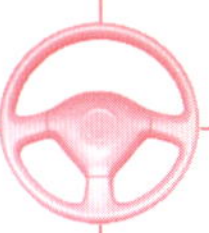

2）针对驾驶人的技能缺陷，选择相应的教学案例。

驾驶技能诊断性评价能够通过对驾驶人在模拟器上操作情况指标与操作标准指标之间差距的测评，自动对驾驶人原有驾驶技能缺陷做出记录，并根据技能缺陷选定相应训练案例，从而针对性地生成个性化的培训计划。

技能缺陷与教学案例对照表

序号	项目	评测内容（知识点）	案例编号
1	一、综合评判标准	1. 不按规定使用安全带或者戴安全头盔	
2		2. 不按交通信号灯、标志、标线或者民警指挥信号行驶	
3		3. 车辆行驶中骑轧车道中心实线或者车道边缘实线	
4		4. 车速超过限速规定	城 003、城 007、城 008、城 101、城 106、城 110、城 111、城 113、城 115、城 116、城 119 乡 003、乡 006 山 002 分 002、分 003 混 012 高 003 夜 003、夜 004、夜 008、夜 016、夜 017、夜 018、夜 022、夜 023、夜 024、夜 028、夜 030 雨 001、雨 002、雨 011
5		5. 起步时车辆后溜距离大于 30cm	
6		6. 车辆行驶方向控制差	城 004、城 013、城 014、城 017、城 104 乡 001 山 001、山 006、山 007、山 009 混 001、混 002 高 008 夜 008、夜 011、夜 020、夜 024、夜 026、夜 029 雨 002、雨 003、雨 004、雨 007
7		7. 驾驶汽车双手同时离开转向盘	
8		8. 单手控制转向盘时，不能有效、平稳控制行驶方向	
9		9. 换挡时低头看挡或者连续两次换挡不进	
10		10. 制动、加速踏板使用错误	夜 001、夜 011
11		11. 行驶中空挡滑行	城 012
12		12. 视线离开行驶方向超过 2s	城 001 乡 001 混 011

（续）

序号	项目	评测内容（知识点）	案例编号
13	一、综合评判标准	13. 行驶中不能保持安全距离和安全车速	城 001、城 021 乡 001、乡 004、乡 005 山 005 分 002、分 005 混 001、混 004、混 005、混 007、混 009、混 010 高 001、高 009 夜 001、夜 002 雨 005
14		14. 争道抢行，妨碍其他车辆正常行驶	城 002 混 007 雨 011
15		15. 因观察、判断或者操作不当出现危险情况	城 004、城 005、城 007、城 009、城 010、城 014、城 015、城 016、城 017、城 018、城 019、城 104、城 108、城 109、城 110、城 112、城 113、城 114、城 115 混 011、混 012 高 009 夜 002、夜 004、夜 005、夜 006、夜 007、夜 008、夜 010、夜 011、夜 012、夜 014、夜 017、夜 018、夜 020、夜 021、夜 025
16		16. 不按考试员指令驾驶	
17		17. 违反交通安全法律、法规，考试员认为影响安全驾驶的	
18		18. 驾驶摩托车时手离开转向把	
19		19. 二轮摩托车在行驶中左右摇摆或者脚触地	
20		20. 摩托车制动时不同时使用前、后制动器	
21		21. 不能熟练掌握牵引车与半挂车安全连接方法	
22		1. 起步、转向、变更车道、超车、停车前不使用转向灯	
23		2. 将车辆停在人行横道、网状线内等禁止停车区域	
24		3. 起步时车辆后溜，但后溜距离小于 30cm	
25		4. 长时间骑轧车道分界线行驶	
26		5. 转弯时，转、回方向过早、过晚，或者转向角度过大、过小	山 006 高 004
27		6. 不主动避让行人、非机动车	城 009

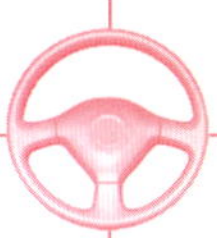

（续）

序号	项目	评测内容（知识点）	案例编号
28	一、综合评判标准	7. 对可能出现危险的情形未采取减速、鸣喇叭等安全措施	城 012 乡 001、乡 006 山 008 高 005、高 007 雨 006
29		1. 起步、转向、变更车道、超车、停车前，开转向灯少于 3s 即转向	
30		2. 驾驶姿势不正确	
31		3. 操纵转向盘手法不合理	
32		4. 选择挡位不当，造成车辆低挡高转速行驶或者车辆抖动	
33		5. 起步挂错挡，不能及时纠正	
34		6. 换挡时发生齿轮撞击	
35		7. 遇情况时不会合理使用离合器半联动控制车速	夜 012
36		8. 因操作不当造成发动机熄火一次	
37		9. 不能根据交通情况合理使用喇叭	
38		10. 不能根据交通情况合理选择行驶车道或者行驶速度	城 021 乡 002 山 007、山 009 高 002、高 005、高 008 夜 001、夜 008、夜 009 雨 003、雨 006
39		11. 制动不平顺	
40		12. 通过积水路面遇行人、非机动车时，有不减速等不文明驾驶行为	
41	二、科目二考试项目分类评判标准	1. 不按规定路线、顺序行驶，不合格	城 117
42		2. 碰擦桩杆，不合格	
43		3. 车身出线，不合格	
44		4. 移库不入，不合格	
45		1. 车辆停止后，汽车前保险杠或者摩托车前轴未定于桩杆线上，且前后超出 50cm，不合格	
46		2. 车辆停止后，汽车前保险杠或者摩托车前轴未定于桩杆线上，且前后不超出 50cm，扣 20 分	
47		3. 车辆停止后，车身距离路边缘线 30cm 以上，扣 20 分	
48		1. 车辆在入库停止后，车身出线，不合格	

（续）

序号	项目	评测内容（知识点）	案例编号
49	二、科目二考试项目分类评判标准	2. 碰擦桩杆，不合格	
50		3. 行驶中轮胎触轧车道边线，扣 10 分	
51		1. 其中有一车轮未上桥，每次扣 20 分	
52		2. 已骑上桥面，在行驶中出现一个车轮掉下桥面，每次扣 10 分	
53		1. 车轮驶出边缘线，不合格	
54		2. 车轮轧路边缘线，每次扣 20 分	
55		1. 车轮触轧突出点或者驶出边缘线，不合格	
56		2. 车轮轧道路边缘线，每次扣 20 分	
57		3. 借助倒车完成，每次扣 10 分	
58		1. 时速低于 20km/h 通过，不合格	
59		2. 不按规定路线、顺序行驶，不合格	
60		3. 每碰擦一次限宽门悬杆，扣 20 分	
61		1. 不按规定路线行驶的，不合格	
62		2. 车轮驶出边缘线，不合格	
63		3. 车轮轧路边缘线，每次扣 20 分	
64		4. 轧一个圆饼，扣 20 分	
65		5. 碰、擦一个圆饼，扣 10 分	
66		1. 在百米内未完成规定加、减挡的，不合格	
67		2. 越级换挡，扣 10 分	
68		1. 通过起伏路面时，车速控制不当，车辆严重跳跃，不合格	
69		2. 通过起伏路面前不减速，扣 10 分	乡 003 山 005、山 008 分 005 混 010 夜 008
70		3. 通过起伏路面前过早减速，扣 5 分	
71	三、科目三考试项目分类评判标准	1. 不绕车一周检查车辆外观及安全状况，不合格	高 006、高 007 夜 007
72		2. 打开车门前不观察后方交通情况，不合格	
73		1. 制动气压不足起步，不合格	
74		2. 车门未关闭起步，不合格	
75		3. 起步前，未通过后视镜并向左方侧头，观察左、后方交通情况，不合格	
76		4. 起动发动机时，变速杆未置于空挡（或者 P 位），扣 10 分	

（续）

序号	项目	评测内容（知识点）	案例编号
77	三、科目三考试项目分类评判标准	5. 发动机起动后，不及时松开起动开关，扣 10 分	
78		6. 不松驻车制动器起步，扣 10 分	
79		7. 道路交通情况复杂时起步不能合理使用喇叭，扣 10 分	
80		8. 起步时车辆发生闯动，扣 10 分	
81		9. 起步时，加速踏板控制不当，致使发动机转速过高，扣 5 分	
82		10. 起动发动机前，不调整驾驶座椅、后视镜、检查仪表，扣 5 分	
83		1. 方向控制不稳，不能保持车辆直线运动状态，不合格	
84		2. 遇前车制动时不采取减速措施，不合格	
85		3. 超过 20s 不通过后视镜观察后方交通情况，扣 10 分	
86		4. 不了解车辆行驶速度，扣 10 分	
87		5. 未及时发现路面障碍物，未及时采取减速措施，扣 10 分	混 002 夜 007 雨 005
88		1. 变车道前，不通过内、外后视镜观察后方道路交通情况，不合格	
89		2. 变更车道时，判断车辆安全距离不合理，妨碍其他车辆正常行驶，不合格	
90		3. 连续变更两条以上车道，不合格	
91		1. 通过路口前未减速慢行，不合格	城 103、城 002、城 003、城 004、城 005、城 007、城 011、城 015 乡 002 混 003、混 009 夜 003、夜 016、夜 022、夜 028 雨 001
92		2. 直行通过路口不观察左、右方交通情况，不合格	城 002、城 010、城 016、城 019、城 103、城 108、城 109、城 110、城 111 夜 028
93		3. 转弯通过路口时，未观察侧前方交通情况或未通过内、外后视镜观察侧、后方交通情况，不合格	城 102
94		4. 遇有路口交通阻塞时进入路口，将车辆停在路口内等候，不合格	

（续）

序号	项目	评测内容（知识点）	案例编号
95	三、科目三考试项目分类评判标准	5. 不按规定避让行人和优先通行，不合格	城 005、城 006 混 003
96		6. 左转通过路口时，未靠路口中心点左侧转弯，不合格	
97		1. 不观察左、右方交通情况，不合格	
98		2. 不按规定减速慢行，不合格	城 115
99		3. 遇行人通过人行横道不停车让行，不合格	城 006
100		1. 在没有中心隔离设施或者中心线的道路上会车时，不减速靠右行驶，并与其他车辆、行人或者非机动车未保持安全距离，不合格	城 008、城 020 山 003、山 004 夜 010、夜 012、夜 024、夜 029
101		2. 会车困难时不让行，不合格	山 003、山 004
102		3. 横向安全间距判断差，紧急转向避让相对方向来车，不合格	城 011 分 003 夜 013、夜 029 雨 007
103		1. 超车前不通过内、外后视镜观察后方和左侧交通情况，不合格	乡 004 夜 002
104		2. 超车时机选择不合理，影响其他车辆正常行驶，不合格	城 020 乡 005 混 004、混 005 高 003 夜 002、夜 010、夜 015、夜 021、夜 025、夜 027 雨 008、雨 009、雨 010、雨 011
105		3. 超车时未与被超越车辆保持安全距离，不合格	高 003 夜 002
106		4. 超车后急转向驶回本车道，妨碍被超车辆正常行驶，不合格	
107		5. 从右侧超车，不合格	城 013 夜 005
108		6. 当后车发出超车信号时，具备让车条件不减速靠右让行，扣 10 分	山 004 高 003 雨 008
109		1. 停车前，不通过内、外后视镜观察后方和右侧交通情况，不合格	
110		2. 停车后，车身超过道路右侧边缘线或者人行道边缘，不合格	

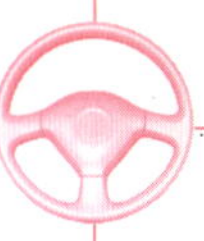

（续）

序号	项目	评测内容（知识点）	案例编号
111	三、科目三考试项目分类评判标准	3. 停车后，在车内开门前不侧头观察侧后方和左侧交通情况，不合格	
112		4. 停车后，车身距离道路右侧边缘线或者人行道边缘大于 30cm，扣 20 分	
113		5. 停车后，未拉紧驻车制动器，扣 20 分	
114		6. 拉紧驻车制动器前放松行车制动踏板，扣 10 分	
115		7. 下车后不关车门，扣 10 分	
116		8. 下车前不将发动机熄火，扣 5 分	
117		9. 夜间在路边临时停车不关闭前照灯或不开启警示灯，扣 5 分	
118		1. 不能正确观察交通情况选择掉头时机，不合格	夜 019
119		2. 掉头地点选择不当，不合格	
120		3. 掉头时，妨碍正常行驶的其他车辆和行人通行，不合格	夜 019
121		1. 不能正确开启灯光，不合格	夜 003
122		2. 同方向近距离跟车行驶时，使用远光灯，不合格	
123		3. 通过急弯、坡路、拱桥、人行横道或者没有交通信号灯控制的路口时，不交替使用远、近光灯示意，不合格	
124		4. 会车时不按规定使用灯光，不合格	夜 009、夜 013、夜 024、夜 030 雨 004
125		5. 在路口转弯时，使用远光灯，不合格	
126		6. 超车时未变换使用远、近光灯提醒被超越车辆，不合格	
127		7. 对低能见度道路情况判断差，不合格	城 116 高 001 夜 006、夜 009、夜 025、夜 027 雨 009、雨 010
128		8. 在有路灯、照明良好的道路上行驶时，使用远光灯，不合格	
126	四、道路交通安全违法行为	1. 驾驶与准驾车型不符的机动车的	城 008 山 002 夜 007、夜 020
130		2. 醉酒后驾驶机动车或者饮酒后驾驶营运机动车的	城 004、城 116
131		3. 驾驶公路客运车辆载人超过核定人数 20%以上的	山 001 高 002

（续）

序号	项目	评测内容（知识点）	案例编号
132	四、道路交通安全违法行为	4. 造成交通事故后逃逸，尚不构成犯罪的	城 119
133		1. 机动车驾驶证被暂扣期间驾驶机动车的	
134		2. 饮酒后驾驶机动车的	山 001 夜 023、夜 026
135		3. 公路客运车辆载人超过核定人数未达 20%或者违反规定载货的	夜 027
136		4. 货车载物超过核定载质量 30%以上或者违反规定载客的	城 114、城 018、城 019、城 102 高 001、高 006 夜 008
137		5. 机动车行驶超过规定时速 50%以上的	
138		6. 在高速公路上不按规定停车的	
139		7. 在高速公路上倒车、逆行、穿越中央分隔带掉头的	
140		8. 驾驶机动车载运爆炸物品、易燃易爆化学物品以及剧毒、放射性等危险物品，未按指定的时间、路线、速度行驶或者未悬挂警示标志并采取必要的安全措施的	
141		9. 连续驾驶公路客运车辆或者危险物品运输车辆超过 4h 未停车休息或者停车休息时间少于 20min 的	城 105、城 108 高 004 夜 006、夜 008、夜 015
142		10. 上道路行驶的机动车未悬挂机动车号牌的	城 105
143		11. 故意遮挡、污损、不按规定安装机动车号牌的	
144		12. 使用伪造、变造机动车号牌或者使用其他机动车号牌的	
145		1. 驾驶公路客运车辆以外的载客汽车载人超过核定人数 20%以上的	
146		2. 违反道路交通信号灯通行的	城 101
147		3. 在高速公路上驾车低于规定最低车速的	高 001
148		4. 在高速公路上违反规定拖曳故障车、肇事车的	
149		5. 在高速公路上货运机动车车厢、二轮摩托车载人的	
150		6. 低能见度气象条件下在高速公路上不按规定行驶的	
151		7. 驾驶禁止驶入高速公路的机动车驶入高速公路的	
152		8. 不按规定超车的	城 102 雨 011
153		9. 不按规定让行的	
154		10. 驾驶机动车违反规定牵引挂车的	夜 007
155		11. 在道路上车辆发生故障、事故停车后，不按规定使用灯光和设置警告标志的	夜 009、夜 014、夜 025

（续）

序号	项目	评测内容（知识点）	案例编号
156		12. 机动车行驶超过规定时速未达 50%的	
157		13. 逆向行驶的	城 119 夜 013 雨 006
158		14. 上道路行驶的机动车未按规定定期进行安全技术检验的	城 106、城 112 夜 023
159	四、道路交通安全违法行为	1. 在高速公路匝道、加速车道或者减速车道上超车的	
160		2. 违反禁令标志、警告标志、禁止标线、警告标线指示的	城 117
161		3. 驾驶公路客运车辆以外的载客汽车载人超过核定人数未达 20%或者违反规定载货的	
162		4. 货车载物超过核定载质量未达 30%的	
163		5. 行经交叉路口不按规定行车或者停车的	
164		6. 有拨打、接听手持电话，观看电视等妨碍安全驾驶的行为的	山 002
165		7. 在同车道行驶中，不按规定与前车保持必要的安全距离的	
166		8. 行经人行横道，不按规定减速、停车、避让行人的	
167		9. 在实习期内驾驶公共汽车、营运客车或者执行任务的警车、消防车、救护车、工程救险车以及载有爆炸物品、易燃易爆化学物品、剧毒或者放射性等危险物品的机动车的，或者驾驶的机动车牵引挂车的	
168		10. 不按规定牵引故障机动车的	
169		11. 驾驶和乘坐二轮摩托车，不戴安全头盔的	
170		12. 机动车行驶时，机动车驾驶人、乘坐人员未按规定系安全带的	
171		1. 不按规定使用灯光的	
172		2. 不按规定会车的	
173		3. 驾驶摩托车后座乘坐未满 12 周岁的未成年人的，驾驶轻便摩托车载人的	
174		4. 其他违反机动车载物规定的	城 114
175		5. 上道路行驶的机动车未放置保险标志，未随车携带行驶证、机动车驾驶证的	

3）编制具有个性化特点的培训计划，可使培训更加具有个性化的特征。

结合学员的技能缺陷，根据“驾驶技能缺陷与教学案例对照表”，软件自动生成具有

个性化特征的“案例教学个性化培训计划”（图 3-15），学员据此安排培训内容。

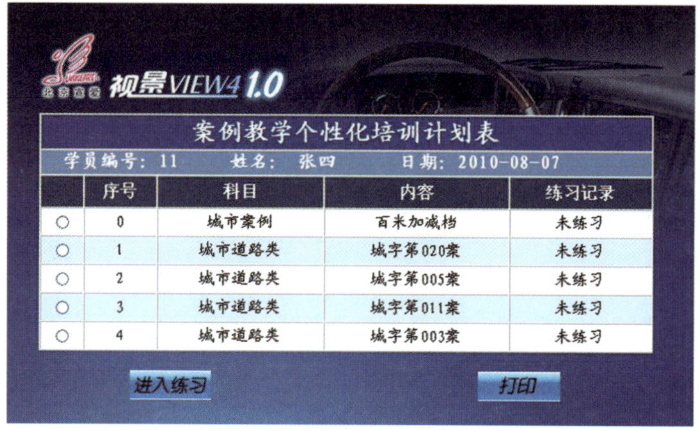

视景VIEW4 1.0

案例教学个性化培训计划表

学员编号：11　姓名：张四　日期：2010-08-07

	序号	科目	内容	练习记录
○	0	城市案例	百米加减档	未练习
○	1	城市道路类	城字第020案	未练习
○	2	城市道路类	城字第005案	未练习
○	3	城市道路类	城字第011案	未练习
○	4	城市道路类	城字第003案	未练习

进入练习　打印

图 3-15　视景 VIEW4 V1.1“案例教学个性化培训计划表”示意图

三、个性化教学步骤的设计

运用该系统实施个性化教学主要有三个步骤，如图 3-16 所示。

第一步，运用系统的测评体系对学员进行相关的测评，得到一个全面的测评结果。

第二步，根据测评的结果，制订出一个针对学员个体的个性化教学计划。

第三步，学员按照自己的个性化教学计划进行汽车驾驶紧急避险模拟练习。

图 3-16　个性化教学实施的步骤流程图

1. 驾驶技能诊断性评价

驾驶技能诊断性评价是对学员原有驾驶技能基础的前测，目的在于确认驾驶技能水平和技能缺陷，以便制定个性化的培训计划。通过依据公安部 91 号令考核内容和驾驶人违法扣分项而设定的考核模拟路段，模拟考核系统自动对驾驶人驾驶技能情况进行测评。

2. 生成个性化案例教学实施计划

计算机将根据驾驶技能诊断性评价结果，生成该学员个性化案例教学实施计划，供培训过程中参考使用。

3. 按培训计划施训

这个环节的主要任务是针对学员存在的驾驶技能缺陷，按照相应的培训计划进行模拟练习，积累安全驾驶经验，强化特定的驾驶能力和习惯。基本过程如图 3-17 所示。

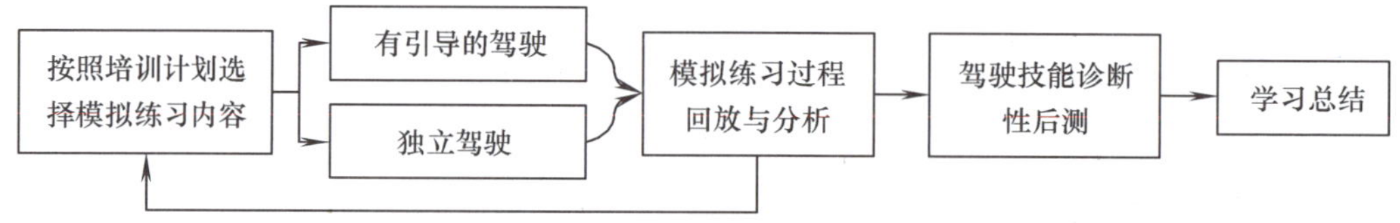

图 3-17　个性化培训系统模块设计流程图

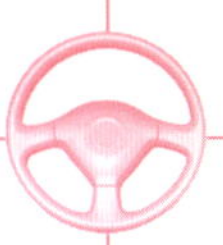

第五节 学习过程与学习结果的评价系统设计

以学为主的评价，重视对动态的、持续的、不断呈现的学习过程及学习者的进步的评价，而不是仅仅限于对结果的评价；具有多标准、多形态评价的特点；主张使用自我分析、以个体知识建构和经验建构为标准的评价；强调基于真实任务的背景驱动的评价。电子教练机中的评价系统主要有以下几个：

一、理论试题考试系统设计

理论试题考试系统（图 3-18）可以评测学员掌握理论知识的程度，学员首先选择试题组，然后解答其中试题，之后，系统会自动给出考试成绩，学员再评测学习情况。

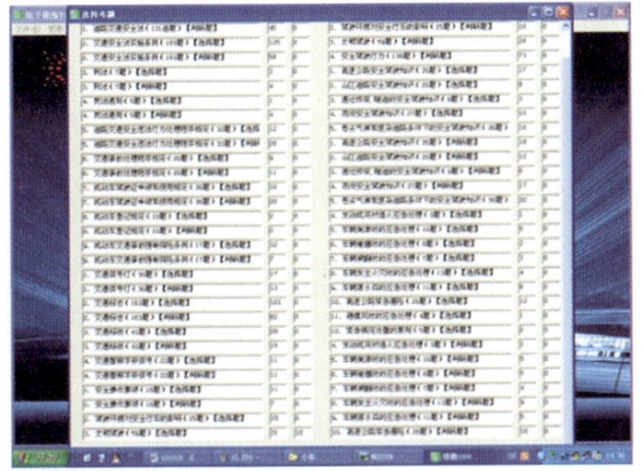

理论试题组后台编辑界面

理论试题组前台选择界面

理论试题考试界面

理论试题考试成绩界面

图 3-18 视景 VIEW4 V1.1 理论试题考试系统设计示意图

二、汽车驾驶技能动态测评系统设计

汽车驾驶技能动态测评系统的测评方式，是通过对驾驶人在模拟器上完成相应测试科目和道路驾驶过程后，针对其驾驶操作的结果指标与标准指标之间的差异进行比对测评。汽车驾驶技能动态评价的标准指标，是依据公安部 111 号令“考核内容扣分项”，以及“道路交通安全违法行为扣分项”而设定的，其中机测部分 119 项，目测部分 51 项。

1. 系统分类设计

汽车驾驶技能动态测评功能可根据测评工作的任务和发生的时间，分为诊断性测评、形成性测评和总结性测评等三个测评级别。三个测评级别的测评标准一致，但测试道路类别、道路中出现的情况密度和难易程度不同。学习者可以通过电子教练机模拟练习的情况来判断自己对实际驾驶技能的掌握程度，可以选择自己不够熟练的驾驶技能进行反复练习。

（1）诊断性测评　所谓诊断性测评主要适用于训练实施前的测评，也称为前测（或称摸底测验）。在教学过程中，事先对学员驾驶技能总体情况进行了解性评价，是教学评价体系的重要形式之一。目的在于确认学员驾驶技能的掌握水平和技能缺陷，以便及时地指出其进步、问题、发展趋势与可能价值等评价，通过教学实施，帮助学员自我反思，自我体验，自我调控，自我矫正，最终达成教学培训目的。通过测评可以确定驾驶人的技能水平和技能缺陷，以便制定相应的个性化训练计划。

（2）形成性测评　所谓形成性测评主要适用于训练各阶段结束时的测评，也称为阶段考试。经过一段时间的训练后，进行测评，可以确定本阶段的训练效果和存在问题，为下阶段训练计划的编制提供依据，同时也可为重新修订个性化培训计划提供参考。

（3）总结性测评　所谓总结性测评主要适用于全期训练结束时的毕业测评，目的在于评定教学目标的达到程度，检查工作的优劣，考核学员的最终成绩，把握教学活动最终效果，给出教学与学习的最终评价结论。测评的结果可作为训练毕业考试成绩。

2. 系统的组成

（1）环境搭建及配置文件

1）环境搭建。将动态测评程序 exam. exe，目测程序和配置文件 Examconfig. ini 放到 SCANeR _ DT 文件中的 win32 文件夹中。例如：“C：\ SCANeR _ DT \ SCANeR _ DT _ 1. 3 \ bin \ win32”。

2）配置文件。配置文件中的内容：

```
    [config]
IP = 127. 0. 0. 1              //View 所在机器 IP
ViewPort = 18888               //ScanDT 数据分发使用
estimationPort = 6000          //目测用端口
Waittime = 1000                //考试结束，目测程序等待时间
flag = 2        // flag 状态：0—结束考试；1—开始考试；2—考试中
ServerName = .                 //DB 服务管理器，服务器名称
Database = VIEW _ Exam         //数据库名称
//目测客户端
[estimation]
estimationIP = 127. 0. 0. 1    //目测客户端连接的服务器的地址
estimationPort = 6000          //目测用端口
```

（2）软件组成　如图 3-19 所示。

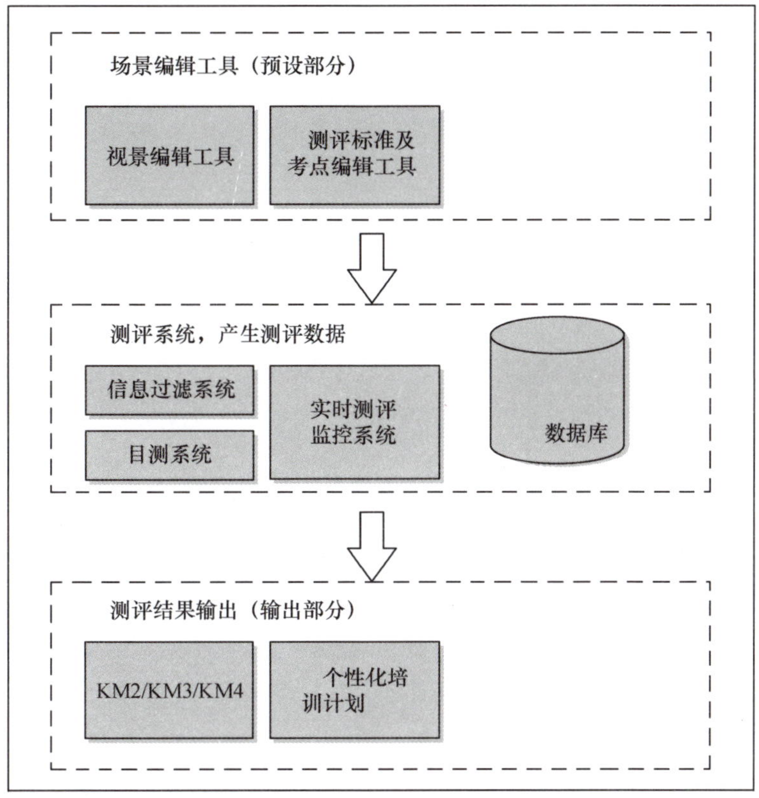

图 3-19　软件组成

（3）系统流程　如图 3-20 所示。

（4）考点规则

1）基本考点。

基本考点	规则
安全带	0/1
离合器半联动	0/1/2
制动踏板	0/1
加速踏板	0/1
变速杆	0/1/2/3/4/5/6/7/8
驻车制动器	0/1
左转向指示灯	0/1
右转向指示灯	0/1
喇叭	0/1
发动机	0/1
制动气压	数值
车门	0/1

（续）

基本考点	规则
点火开关	0/1
前照灯	0/1
远光灯	0/1
近光灯	0/1
警示灯	0/1
转向盘转向	数值

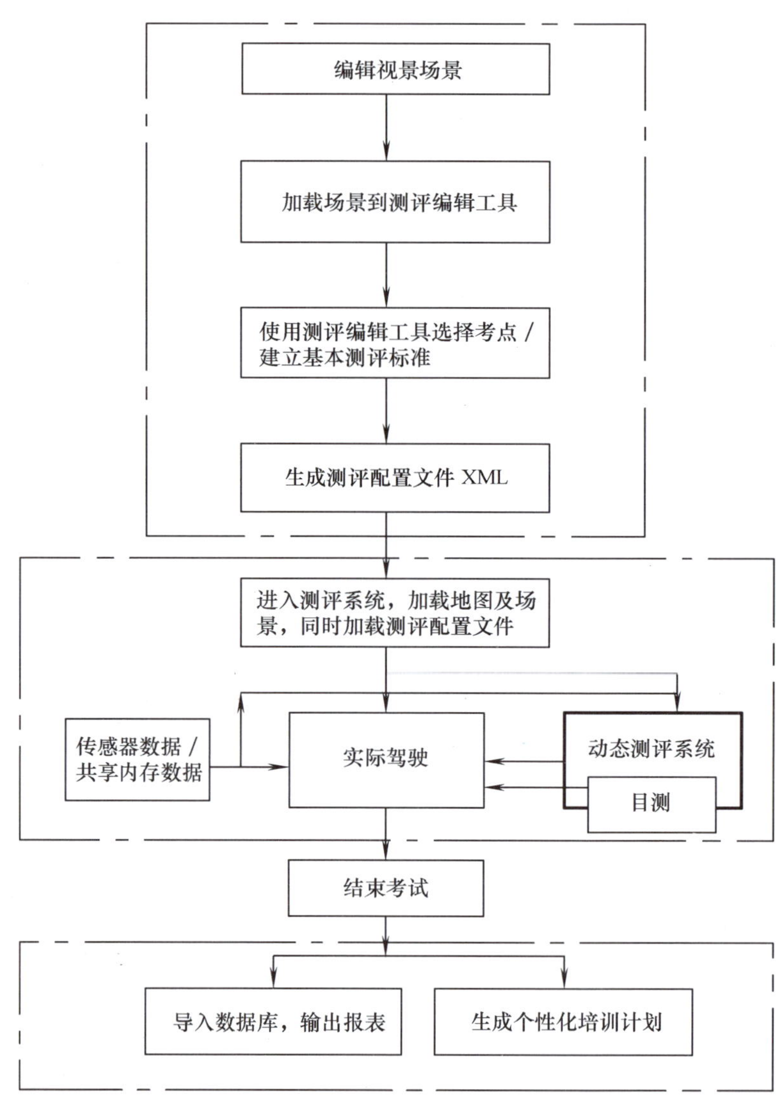

图 3-20　系统流程功能图

2）基本驾驶状态考点。起步、停车、加挡、减挡、车辆后溜、倒车、直线行驶、掉头、左转向、右转向、车速、车辆抖动。

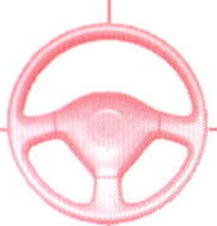

3）道路考点。会车、超车、让超车、让行、慢行、变更车道、通过路口、转弯、逆向行驶、交通信号灯、标志/标线、民警指挥信号、道路照明（有路灯、照明良好的道路上行驶）。

4）场地考点。桩考/百米加减挡/坡起/连续障碍/限宽门/单边桥/曲线路/直角转弯。

5）规则抽象点。

◆ 车辆加速度（$5m/s^2$）。

◆ 转弯角度。

◆ 直线行驶误差（偏移量 Δ）。

◆ 与道路边缘距离。

◆ 与道路中心线距离。

6）匹配原则。

<table>
<tr><th>序号</th><th>考点分类</th><th>考点明细</th><th>考试规则</th></tr>
<tr><td>1</td><td>基本驾驶</td><td>起步
停车
加挡
减挡
车辆后溜
倒车
直线行驶
掉头
左转向
右转向
车速
车辆抖动</td><td rowspan="3">安全带：0/1
离合器半联动：0/1/2
制动踏板：0/1
加速踏板：0/1
变速杆：0/1/2/3/4/5/6/7/8
驻车制动器：0/1
左转向指示灯：0/1
右转向指示灯：0/1
喇叭：0/1
发动机：0/1
制动气压：数值
车门：0/1
点火开关：0/1
前照灯：0/1
远光灯：0/1
近光灯：0/1
警示灯：0/1
转向盘转向：数值
车辆加速度：（$5m/s^2$）
转弯角度
直线行驶误差（偏移量 Δ）
与道路边缘距离
与道路中心线距离
车辆类型：
车辆维持某种状态的时间：Δt
与其他车辆距离/位置（纵向/横向距离）</td></tr>
<tr><td>2</td><td>道路驾驶</td><td>会车
超车
让超车
变更车道
通过路口
转弯
与其他车辆距离/位置（纵向/横向距离）
逆向行驶
交通信号灯
标志/标线
民警指挥信号
道路照明（有路灯、照明良好的道路上行驶）</td></tr>
<tr><td>3</td><td>场地驾驶</td><td>桩考/百米加减挡/坡起/连续障碍/限宽门/单边桥/曲线路/直角转弯</td></tr>
</table>

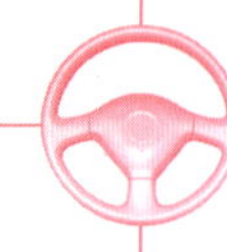

3. 测评标准

汽车驾驶技能动态测评系统的测评标准分为两部分，包括机测标准和目测标准。

汽车驾驶技能动态测评系统评价标准 V1.1（机测部分）

项目	分类	评测内容	评价标准	
			A级（正确）	B级（错误）
一、综合评判标准	（一）考试时出现下列情形之一的，考试不合格	1. 不按规定使用安全带或者戴安全头盔	起步前系安全带	不系安全带
		2. 不按交通信号灯、标志、标线或者民警指挥信号行驶	按指示行驶	不按指示行驶
		3. 车辆行驶中骑轧车道中心实线或者车道边缘实线	无骑轧实线现象	骑轧实线
		4. 车速超过限速规定	距指示点 10m 前降至限速内	超过限制速度
		5. 起步时车辆后溜距离大于 30cm	无后溜	后溜距离大于 30cm
		6. 车辆行驶方向控制差	连续变更车道 1 次以下	连续变更车道 3 次以上
		10. 制动、加速踏板使用错误	急踏制动踏板	急踏加速踏板
		11. 行驶中空挡滑行	无空挡滑行现象	行驶中，空挡 5s 以上
		13. 行驶中不能保持安全距离和安全车速	车速（m/s）×3 不小于车距（m）	车速（m/s）×3 不大于车距（m）
		14. 争道抢行，妨碍其他车辆正常行驶	距对面来车 50m 以上变更车道	距对面来车 20m 以内变更车道
		15. 因观察、判断或者操作不当出现危险情况	前后距离 5m 以上 左右距离 1.5m 以上	前后距离≤3m 左右距离≤0.5m
	（二）考试时出现下列情形之一的，扣 20 分	1. 起步、转向、变更车道、超车、停车前不使用转向灯	测试点 3s 前使用	不使用
		2. 将车辆停在人行横道、网状线内等禁止停车区域	无停车	有停车
		3. 起步时车辆后溜，但后溜距离小于 30cm	无后溜	后溜距离大于 30cm
		4. 长时间骑轧车道分界线行驶	无骑轧	骑轧车道分界线行驶 5s 以上
		5. 转弯时，转、回方向过早、过晚，或者转向角度过大、过小	在标准轨迹内	驶离标准轨迹 2 次以上

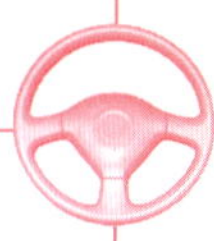

（续）

项目	分类	评测内容	评价标准	
			A级（正确）	B级（错误）
一、综合评判标准	（二）考试时出现下列情形之一的，扣20分	6. 不主动避让行人、非机动车	前后距离5m以上 左右距离1.5m以上	前后距离3m以内 左右距离0.5m以内
		7. 对可能出现危险的情形未采取减速、鸣喇叭等安全措施	2s内制动减速、鸣喇叭	未制动减速、鸣喇叭
	（三）考试时出现下列情形之一的，扣10分	1. 起步、转向、变更车道、超车、停车前，开转向灯少于3s即转向	测试点3s前使用	不使用
		4. 选择挡位不当，造成车辆低挡高转速行驶或者车辆抖动	3挡以下时发动机转速不超过1000转	3挡以下时发动机转速超过2000转
		5. 起步挂错挡，不能及时纠正	1挡或2挡起步	2挡以上挡位起步
		6. 换挡时发生齿轮撞击	逐级加挡，行驶中，空挡停留时间小于2s	越级加挡，行驶中，空挡停留3s以上
		7. 遇情况时不会合理使用离合器半联动控制车速	使用半联动控制汽车运行	未使用半联动控制汽车运行
		8. 因操作不当造成发动机熄火一次	无熄火	行驶中，发动机熄火一次以上
		9. 不能根据交通情况合理使用喇叭	2s内制动减速、鸣喇叭	未制动减速、鸣喇叭
		10. 不能根据交通情况合理选择行驶车道或者行驶速度	正确使用车道	未正确使用车道
		11. 制动不平顺	制动减速度小于$4m/s^2$	制动减速度大于$6m/s^2$
		12. 通过积水路面遇行人、非机动车时，有不减速等不文明驾驶行为	速度在20km/h以内	速度在40km/h以上
二、科目二考试项目分类评判标准	（一）桩考	1. 不按规定路线、顺序行驶，不合格	符合标准	出现一次
		2. 碰擦桩杆，不合格	符合标准	出现一次
		3. 车身出线，不合格	符合标准	出现一次
		4. 移库不入，不合格	符合标准	出现一次
	（二）坡道定点停车和起步	1. 车辆停止后，汽车前保险杠未定于桩杆线上，且前后超出50cm，不合格	符合标准	出现一次
		2. 车辆停止后，汽车前保险杠未定于桩杆线上，且前后不超出50cm，扣20分	符合标准	出现一次
		3. 车辆停止后，车身距离路边缘线30cm以上，扣20分	符合标准	出现一次

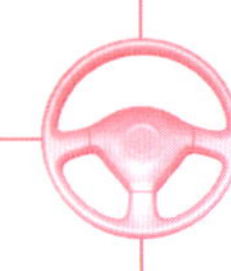

（续）

项目	分类	评测内容	评价标准	
			A级（正确）	B级（错误）
二、科目二考试项目分类评判标准	（三）侧方停车	1. 车辆在入库停止后，车身出线，不合格	符合标准	出现一次
		2. 碰擦桩杆，不合格	符合标准	出现一次
		3. 行驶中轮胎触轧车道边线，扣10分	符合标准	出现一次
	（四）通过单边桥	1. 其中有一车轮未上桥，每次扣20分	符合标准	出现一次
		2. 已骑上桥面，在行驶中出现一个车轮掉下桥面，每次扣10分	符合标准	出现一次
	（五）曲线行驶	1. 车轮驶出边缘线，不合格	符合标准	出现一次
		2. 车轮轧路边缘线，每次扣20分	符合标准	出现一次
	（六）直角转弯	1. 车轮触轧突出点或者驶出边缘线，不合格	符合标准	出现一次
		2. 车轮轧道路边缘线，每次扣20分	符合标准	出现一次
		3. 借助倒车完成，每次扣10分	符合标准	出现一次
	（七）限速通过限宽门	1. 车速低于20km/h通过，不合格	符合标准	出现一次
		2. 不按规定路线、顺序行驶，不合格	符合标准	出现一次
		3. 每碰擦一次限宽门悬杆，扣20分	符合标准	出现一次
	（八）通过连续障碍	1. 不按规定路线行驶的，不合格	符合标准	出现一次
		2. 车轮驶出边缘线，不合格	符合标准	出现一次
		3. 车轮轧路边缘线，每次扣20分	符合标准	出现一次
		4. 轧一个圆饼，扣20分	符合标准	出现一次
		5. 碰、擦一个圆饼，扣10分	符合标准	出现一次
	（九）百米加减挡	1. 在百米内未完成规定加、减挡的，不合格	符合标准	出现一次
		2. 越级换挡，扣10分	符合标准	出现一次
	（十）起伏路驾驶	1. 通过起伏路面时，车速控制不当，车辆严重跳跃，不合格	符合标准	出现一次
		2. 通过起伏路面前不减速，扣10分	符合标准	出现一次
		3. 通过起伏路面前过早减速，扣5分	符合标准	出现一次
三、科目三考试项目分类评判标准	（二）起步	1. 制动气压不足起步，不合格	符合标准	制动气压低于4kPa，起步
		2. 车门未关闭起步，不合格	符合标准	车门未关，起步
		4. 起动发动机时，变速杆未置于空挡（或者P位），扣10分	符合标准	点火时，变速杆未置于空挡

（续）

项目	分类	评测内容	评价标准	
			A级（正确）	B级（错误）
三、科目三考试项目分类评判标准	（二）起步	5. 发动机起动后，不及时松开起动开关，扣10分	符合标准	发动机转速500r/min以上时，点火开关至ACC超过2s
		6. 不松驻车制动器起步，扣10分	符合标准	驻车制动器置于ON，起步（发动机转动时，挂挡后抬离合器）
		7. 道路交通情况复杂时起步不能合理使用喇叭，扣10分	按喇叭	不按喇叭
		8. 起步时车辆发生闯动，扣10分	起步（车速从0至X）时>2s	起步（车速从0至X）时<2s
		9. 起步时，加速踏板控制不当，致使发动机转速过高，扣5分	起步（车速从0至X）时，发动机转速1500r/min以下	起步（车速从0至X）时，发动机转速1500r/min以上
	（三）直线行驶	1. 方向控制不稳，不能保持车辆直线运动状态，不合格	无压线	连续左右压线3次以上
		2. 遇前车制动时不采取减速措施，不合格	2s以内松加速踏板或制动减速	不采取措施
		5. 未及时发现路面障碍物，未及时采取减速措施，扣10分	2s以内松加速踏板或制动减速	不采取措施
	（四）变更车道	2. 变更车道时，判断车辆安全距离不合理，妨碍其他车辆正常行驶，不合格	>30m	<10m
		连续变更两条以上车道，不合格	未出现	变更车道后3s内再次变更车道
	（五）通过路口	1. 通过路口前未减速慢行，不合格	<20km/h	>20km/h
		4. 遇有路口交通阻塞时进入路口，将车辆停在路口内等候，不合格	未进入	超过停车线
		5. 不按规定避让行人和优先通行的车辆，不合格	避让	不避让
		6. 左转通过路口时，未靠路口中心点左侧转弯，不合格	车体转弯时距路口中心点1m以内	车体转弯时距路口中心点1m以上
	（六）通过人行横道线、学校区域和公共汽车站	2. 不按规定减速慢行，不合格	20m外降至规定车速	超过规定车速
		3. 遇行人通过人行横道不停车让行，不合格	人行横道前1m外停车	不停车

（续）

项目	分类	评测内容	评价标准	
			A级（正确）	B级（错误）
三、科目三考试项目分类评判标准	（七）会车	1. 在没有中心隔离设施或者中心线的道路上会车时，不减速靠右行驶，并与其他车辆、行人或者非机动车未保持安全距离，不合格	减速度大于 $1m/s^2$，车间横向距离 1m 以上	无减速，车间横向距离小于 1m
		2. 会车困难时不让行，不合格	让行	不让行
		3. 横向安全间距判断差，紧急转向避让相对方向来车，不合格	车间横向距离>1m	车间横向距离<1m
	（八）超车	2. 超车时机选择不合理，影响其他车辆正常行驶，不合格	变更车道时，距后方车辆 20m 以上（分向车道）	对面 100m 内有来车，未超越被超车即返回原车道
		3. 超车时未与被超越车辆保持安全距离，不合格	车间横向距离>1m	车间横向距离<1m
		4. 超车后急转向驶回本车道，妨碍被超车辆正常行驶，不合格	向右变更车道时，距被超车 20m 以上	向右变更车道时，距被超车 10m 以内
		5. 从右侧超车，不合格	无出现	从右侧超车
		6. 当后车发出超车信号时，具备让车条件不减速靠右让行，扣 10 分	向右变更车道，减速度>$3m/s^2$	不变更车道，减速度 $0m/s^2$
	（九）靠边停车	2. 停车后，车身超过道路右侧边缘线或者人行道边缘，不合格；	车速为 0 时，车体未超过道路右侧边缘线或者人行道边缘	车速为 0 时，车体超过道路右侧边缘线或者人行道边缘
		4. 停车后，车身距离道路右侧边缘线或者人行道边缘大于 30cm，扣 20 分	车速为 0 时，车身距离道路右侧边缘线或者人行道边缘在≤0.3m	车速为 0 时，车身距离道路右侧边缘线或者人行道边缘>0.3m
		5. 停车后，未拉紧驻车制动器，扣 20 分	靠路边线停车时，放松制动踏板前拉驻车制动器行程=1	靠路边线停车时，放松制动踏板前拉驻车制动器行程<1
		6. 拉紧驻车制动器前放松行车制动踏板，扣 10 分	靠路边线停车时，放松制动踏板前已拉驻车制动器	靠路边线停车时，放松制动踏板前未拉驻车制动器
		7. 下车后不关车门，扣 10 分	下车（引导语）时，关车门	下车（引导语）时，不关车门
		8. 下车前不将发动机熄火，扣 5 分	下车（引导语）时，发动机转速为 0	下车（引导语）时，发动机转速不为 0
		9. 夜间在路边临时停车不关闭前照灯或不开启警示灯，扣 5 分	靠路边线停车时，关闭前照灯或开启警示灯	靠路边线停车时，不关闭前照灯或不开启警示灯

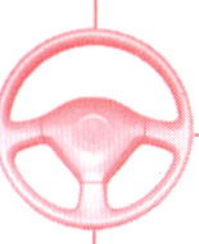

（续）

项目	分类	评测内容	评价标准	
			A级（正确）	B级（错误）
三、科目三考试项目分类评判标准	（十）掉头	2. 掉头地点选择不当，不合格	无进行掉头的	进行掉头的
		3. 掉头时，妨碍正常行驶的其他车辆和行人通行，不合格	避让预设情况	未避让预设情况
	（十一）夜间行驶	1. 不能正确开启灯光，不合格	车速＞0时，灯开	车速＞0时，灯未开
		2. 同方向近距离跟车行驶时，使用远光灯，不合格	距前50m以内，不使用远光灯	距前50m以内，使用远光灯
		3. 通过急弯、坡路、拱桥、人行横道或者没有交通信号灯控制的路口时，不交替使用远、近光灯示意，不合格	变换远、近灯光二次以上	未变换远、近灯光一次以下
		4. 会车时不按规定使用灯光，不合格	150m内，使用近光灯	150m内，不使用近光灯
		5. 在路口转弯时，使用远光灯，不合格	路口内未使用远光灯	路口内使用远光灯
		6. 超车时未变换使用远、近光灯提醒被超越车辆，不合格	距右侧车道中的前方车辆50m内，未变换远、近光灯二次以上	距右侧车道中的前方车辆50m内，未变换远、近光灯一次以下
		8. 在有路灯、照明良好的道路上行驶时，使用远光灯，不合格	使用近光灯	使用远光灯
四、道路交通安全违法行为	（二）机动车驾驶人有下列违法行为之一，一次记6分	5. 机动车行驶超过规定时速50%以上的	未超速	超过限速标准50%以上
		6. 在高速公路上不按规定停车的	无停车	车速为0，发动机转速为0
		7. 在高速公路上倒车、逆行、穿越中央分隔带掉头的	未出现	出现倒车、逆行、掉头
	（三）机动车驾驶人有下列违法行为之一，一次记3分	2. 违反道路交通信号灯通行的	按交通信号行驶	未按道路交通信号灯行驶
		3. 在高速公路上驾车低于规定最低车速的	进入高速公路行车道或超车道1km后，车速≥60km/h	进入高速公路行车道或超车道1km后，车速＜60km/h
		6. 低能见度气象条件下在高速公路上不按规定行驶的	1. 能见度小于200m时，车速≤60km/h 2. 能见度小于100m时，车速≤40km/h 3. 能见度小于50m时，车速≤21km/h	1. 能见度小于200m时，车速＞60km/h 2. 能见度小于100m时，车速＞40km/h 3. 能见度小于50m时，车速＞21km/h

（续）

项目	分类	评测内容	评价标准	
			A级（正确）	B级（错误）
四、道路交通安全违法行为	（三）机动车驾驶人有下列违法行为之一，一次记3分	8. 不按规定超车的	机动车超车时，应当提前开启左转向灯、变换使用远、近光灯或者鸣喇叭。在没有道路中心线或者同方向只有1条机动车道的道路上，前车遇后车发出超车信号时，在条件许可的情况下，应当降低速度、靠右让路。后车应当在确认有充足的安全距离后，从前车的左侧超越，在与被超车辆拉开必要的安全距离后，开启右转向灯，驶回原车道	未按规定超车
		9. 不按规定让行的	减速或停车礼让预设车辆先行	未减速或停车礼让预设车辆
		12. 机动车行驶超过规定时速未达50%的	未超速	超过限速标准0%～50%
		13. 逆向行驶的	无逆向行驶行为	分向车道：在左侧车道内行驶 混合车道：单行线逆向行驶
	（四）机动车驾驶人有下列违法行为之一，一次记2分	1. 在高速公路匝道、加速车道或者减速车道上超车的	未超车	超车
		2. 违反禁令标志、警告标志、禁止标线、警告标线指示的	按标志行驶	违反相应禁令标志、警告标志、禁止标线、警告标线的指示
		5. 行经交叉路口不按规定行车或者停车的	转弯时，未超出行驶轨迹区域；在停车线外停车，	转弯时，超出行驶轨迹区域；超过停车线停车
		7. 在同车道行驶中，不按规定与前车保持必要的安全距离的	车速（m/s）×3不小于车距（m）	车速（m/s）×3不大于车距（m）
		8. 行经人行横道，不按规定减速、停车、避让行人的	右前侧有进入人行横道的行人，停车	右前侧有进入人行横道的行人，未停车
		12. 机动车行驶时，机动车驾驶人、乘坐人员未按规定系安全带的	符合标准	未系安全带

（续）

项目	分类	评测内容	评价标准	
			A级（正确）	B级（错误）
四、道路交通安全违法行为	（五）机动车驾驶人有下列违法行为之一，一次记1分	1. 不按规定使用灯光的	1. 向左转弯、向左变更车道、准备超车、驶离停车地点或者掉头时，距测试点30m开启左转向灯 2. 向右转弯、向右变更车道、超车完毕驶回原车道、靠路边停车时，距测试点30m开启右转向灯 3. 夜间会车应当在距相对方向来车150m以外改用近光灯，在窄路、窄桥与非机动车会车时应当使用近光灯 4. 雾天开启防雾灯和示廓灯	1. 向左转弯、向左变更车道、准备超车、驶离停车地点或者掉头时，距测试点30m未开启左转向灯 2. 向右转弯、向右变更车道、超车完毕驶回原车道、靠路边停车时，距测试点30m未开启右转向灯 3. 夜间会车在距相对方向来车150m以外未改用近光灯，在窄路、窄桥与非机动车会车时未使用近光灯 4. 雾天未开启防雾灯和示廓灯
		2. 不按规定会车的	1. 减速靠右行驶，并与其他车辆、行人保持必要的安全距离 2. 在有障碍的路段，无障碍的一方先行，但有障碍的一方已驶入障碍路段而无障碍的一方未驶入时，有障碍的一方先行 3. 在狭窄的坡路，上坡的一方先行，但下坡的一方已行至中途而上坡的一方未上坡时，下坡的一方先行 4. 在狭窄的山路，不靠山体的一方先行	未按规定行驶

汽车驾驶技能动态测评标准 V1.1（目测部分）

项目	分类	评测内容	测试方式	备注
一、综合评判标准	（一）考试时出现下列情形之一的，考试不合格	7. 驾驶汽车双手同时离开转向盘	观察	
		8. 单手控制转向盘时，不能有效、平稳控制行驶方向	观察	

（续）

项目	分类	评测内容	测试方式	备注
一、综合评判标准	（一）考试时出现下列情形之一的，考试不合格	9. 换挡时低头看挡或者连续两次换挡不进	观察	若使用视线跟踪器则改为机测
		12. 视线离开行驶方向超过 2s	观察	
		16. 不按考试员指令驾驶	观察	
		17. 违反交通安全法律、法规，考试员认为影响安全驾驶的	观察	
		21. 不能熟练掌握牵引车与半挂车安全连接方法	观察	口述
		2. 驾驶姿势不正确	观察	
	（三）考试时出现下列情形之一的，扣 10 分	3. 操纵转向盘手法不合理	观察	
三、科目三考试项目分类评判标准	（一）上车准备	1. 不绕车一周检查车辆外观及安全状况，不合格	观察	
		2. 打开车门前不观察后方交通情况，不合格	观察	
	（二）起步	3. 起步前，未通过后视镜并向左方侧头观察左、后方交通情况，不合格	观察	若使用视线跟踪器则改为机测
		10. 起动发动机前，不调整驾驶座椅、后视镜、检查仪表，扣 5 分	观察	
	（三）直线行驶	3. 超过 20s 不通过后视镜观察后方交通情况，扣 10 分	观察	
		4. 不了解车辆行驶速度，扣 10 分	观察	口述
	（四）变更车道	1. 变更车道前，不通过内、外后视镜观察后方道路交通情况，不合格	观察	若使用视线跟踪器则改为机测
	（五）通过路口	2. 直行通过路口不观察左、右方交通情况，不合格	观察	
		3. 转弯通过路口时，未观察侧前方交通情况或未通过内、外后视镜观察侧、后方交通情况，不合格	观察	
	（六）通过人行横道线、学校区域和公共汽车站	1. 不观察左、右方交通情况，不合格	观察	
	（八）超车	1. 超车前不通过内、外后视镜观察后方和左侧交通情况，不合格	观察	
	（九）靠边停车	1. 停车前，不通过内、外后视镜观察后方和右侧交通情况，不合格	观察	
		3. 停车后，在车内开门前不侧头观察侧后方和左侧交通情况，不合格	观察	
	（十）掉头	1. 不能正确观察交通情况选择掉头时机，不合格	观察	
	（十一）夜间行驶	7. 对低能见度道路情况判断差，不合格	观察	

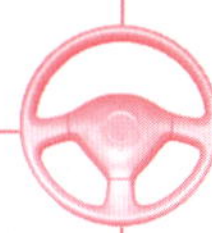

（续）

项目	分类	评测内容	测试方式	备注
四、道路交通安全违法行为	（一）机动车驾驶人有下列违法行为之一，一次记12分	1. 驾驶与准驾车型不符的机动车的	提问	大车型、小车型
		2. 醉酒后驾驶机动车或者饮酒后驾驶营运机动车的	提问	
		3. 驾驶公路客运车辆载人超过核定人数20%以上的	提问	
		4. 造成交通事故后逃逸，尚不构成犯罪的	提问	
	（二）机动车驾驶人有下列违法行为之一，一次记6分	1. 机动车驾驶证被暂扣期间驾驶机动车的	提问	
		2. 饮酒后驾驶机动车的	提问	
		3. 公路客运车辆载人超过核定人数未达20%或者违反规定载货的	提问	
		4. 货车载物超过核定载质量30%以上或者违反规定载客的	提问	
		8. 驾驶机动车载运爆炸物品、易燃易爆化学物品以及剧毒、放射性等危险物品，未按指定的时间、路线、速度行驶或者未悬挂警示标志并采取必要的安全措施的	提问	
		9. 连续驾驶公路客运车辆或者危险物品运输车辆超过4h未停车休息或者停车休息时间少于20min的	提问	
		10. 上道路行驶的机动车未悬挂机动车号牌的	提问	
		11. 故意遮挡、污损、不按规定安装机动车号牌的	提问	
		12. 使用伪造、变造机动车号牌或者使用其他机动车号牌的	提问	
	（三）机动车驾驶人有下列违法行为之一，一次记3分	1. 驾驶公路客运车辆以外的载客汽车载人超过核定人数20%以上的	提问	
		4. 在高速公路上违反规定拖曳故障车、肇事车的	提问	
		5. 在高速公路上货运机动车车厢、二轮摩托车载人的	提问	
		7. 驾驶禁止驶入高速公路的机动车驶入高速公路的	提问	
		10. 驾驶机动车违反规定牵引挂车的	提问	
		11. 在道路上车辆发生故障、事故停车后，不按规定使用灯光和设置警告标志的	提问	
		14. 上道路行驶的机动车未按规定定期进行安全技术检验的	提问	

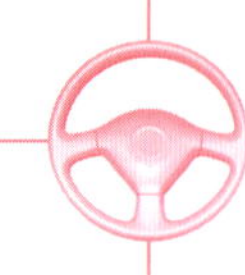

（续）

项目	分类	评测内容	测试方式	备注
四、道路交通安全违法行为	（四）机动车驾驶人有下列违法行为之一，一次记2分	3. 驾驶公路客运车辆以外的载客汽车载人超过核定人数未达20%或者违反规定载货的	提问	
		4. 货车载物超过核定载质量未达30%的	提问	
		6. 有拨打、接听手持电话、观看电视等妨碍安全驾驶的行为的	提问	
		9. 在实习期内驾驶公共汽车、营运客车或者执行任务的警车、消防车、救护车、工程救险车以及载有爆炸物品、易燃易爆化学物品、剧毒或者放射性等危险物品的机动车的，或者驾驶的机动车牵引挂车的	提问	
		10. 不按规定牵引故障机动车的	提问	
	（五）机动车驾驶人有下列违法行为之一，一次记1分	4. 其他违反机动车载物规定的	提问	
		5. 上道路行驶的机动车未放置保险标志，未随车携带行驶证、机动车驾驶证的	提问	

4. 系统的特点

(1) 测量结果客观真实　汽车驾驶动态测评系统完全不同于传统意义上的静态测评系统，它不仅可以完成对主车相对于静态目标的行驶状况进行测量。更重要的是，它可以完成对主车相对于动态目标的行驶状况进行测量。这样，就能适用于测量汽车在任何道路与天候条件下学习者驾驶技能的运用情况，满足了测评系统客观真实地反映驾驶技能的要求。

(2) 测量过程缜密精细　由于该系统采取计算机管理系统，完成对驾驶操作的结果指标与标准指标之间的差异进行比对的测评过程。因而，测量的内容与结果完全取决于测评系统的标准指标的设计要求，理论上说，可以达到计算机所能达到的任何精细程度。这就为进一步深层次地分析研究个性化的驾驶技能相关特征奠定了基础。

(3) 测量内容适应面广　该系统是基于3D互动驾驶模拟场景而实施测量的，这就为测量系统应用于各种道路和天候条件下完成测量任务创造了条件。随着3D技术的日渐成熟和适应范围的不断扩大，汽车驾驶动态测评系统将会逐渐扩大其应用领域。

(4) 测量标准调整简便　标准指标体系是评价测评结果的依据，标准体系的建立与调整直接关系到测评结果。因此，系统设计时就考虑了建立操作简便的标准体系设定结构，便于使用者在实际应用中，根据不同要求，适时地调整标准指标体系。

学习过程与学习结果的评价旨在利用心理学的方法，在模拟环境中，测量学习者的各项指标，使学习者了解自己的学习情况，并针对自己的薄弱环节，更改学习计划，以期提高学习效率。根据教练员评价和自我测评的结果，应为学习者设计出一套可供选择并有一定针对性的补充学习材料和强化练习。这类材料和练习应经过精心的挑选，既要

反映基本概念、基本原理，又要能适应不同学习者的要求，以便通过强化练习纠正原有的错误理解或片面认识，最终达到符合要求的意义建构。

三、事故倾向性测评系统设计

1. 测评目标的设计

根据文献调研及以往研究经验，事故倾向性和驾驶人的自然属性（如年龄性别等）、人格特点、安全态度、驾驶技能等因素有关。本测评任务即据此分别对驾驶人进行测试，并给出具有一定信度的测评成绩。

自然属性是指性别、年龄、职业、学历、婚姻状况、驾龄、驾驶公里数等。研究表明驾驶事故倾向性和人的自然属性有关，例如，事故倾向性和年龄的关系为 U 字形曲线，即年轻人和老年人都容易出事故，而中年人不容易出事故，性别则和年龄有交互作用。

人格特点和安全态度是指认知思维方式及对驾驶安全的态度。例如，处事谨慎的人相对处事冒进的人不容易出事故，重视安全的人比不重视安全的人不容易出事故。

驾驶技能不足也是引发驾驶事故的主要原因之一。驾驶技术不熟练，行车经验不足，对车辆性能道路情况不熟悉，出现险情时发生操作失误，有的实习驾驶人过早单独驾驶车辆等均有可能引发事故。

让驾驶人在模拟器道路场景中进行驾驶操作，收集驾驶人在每条道路上的驾驶时间、出路面次数、撞车次数、偏移中线次数等多个数据，带入安全性测评分析模型进行分析，以此测量驾驶人的驾驶技能。因此，测试驾驶技能也是事故倾向性测评的重要内容之一。

本系统阐明如何通过测试驾驶人的这几种特点从而得出驾驶人的事故倾向性量度。测评主要包括驾驶人基本信息分析、驾驶认知能力测评、驾驶技能测试及驾驶安全态度问卷调查等。

2. 测评方法的设计

驾驶人基本信息分析是指驾驶开始时输入驾驶人基本信息，根据已有的回归方程模型进行分析得出事故倾向性的一个维度；心理测评问卷调查主要是进行驾驶人人格及安全态度调查；驾驶人认知能力测试主要是测试驾驶人的注意广度、注意分配等方面能力；驾驶技能测试约 15min，主要任务是驾驶并进行突发事件反应。综合上述四个维度进行分析，最后给出驾驶人总的驾驶事故倾向性量度。

每个参加测试的驾驶人必须在互动型汽车驾驶模拟器上完成以下三部分测试，如图 3-21 所示。

图 3-21 测试流程图

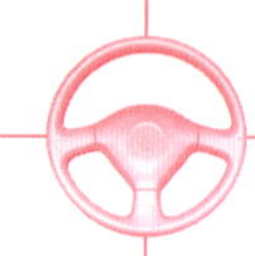

其中电子化问卷收集的是被测评者的人口学属性、人格特征以及安全态度等信息；认知心理学任务主要测查被测评者驾驶相关认知能力；互动型汽车驾驶模拟器则用以考查和实车驾驶相似的能力和技能。

（1）驾驶人基本信息分析

1）开始时，输入驾驶人基本信息，并记录。

2）个人信息：姓名、年龄、性别、婚否、职业、学历等。

3）驾驶信息：有无驾照、驾龄、驾驶公里数、驾驶车辆型号等。

4）信息记录后，输入已有的回归方程模型进行分析。

（2）心理测评问卷调查　完成系统制定的驾驶人人格测试、安全态度测试问卷，并进行分析。

（3）驾驶认知能力测评　我国交通事故统计结果表明，由驾驶人引起的事故为74%，相比路况19%，汽车技术状况7%。可见人因是事故发生的主要原因，对驾驶相关的认知能力考察有利于预测驾驶人的驾驶安全性。日本一项研究对38 625例交通事故中的人因进行进一步统计，结果表明，感知错误是肇发交通事故的主要原因，占总事故的53.7%，判断错误占37.2%，操作错误及其他仅为9.1%。这说明，良好的驾驶能力并不能保证安全驾驶，对感知和判断能力的测量，才是预测驾驶人安全性的重要指标。

驾驶人的情境意识包含了驾驶人感知和理解特定时间地点下的环境要素，以及对随后状态进行预测的能力，可以作为测查驾驶人安全性的一个指标。情境意识高的驾驶人将具有更高的驾驶安全性。下面将选取和情境意识相关的一些认知能力，通过非驾驶任务测量，间接地反应驾驶人的行车安全水平。

1）注意广度。注意广度可以衡量驾驶人在同一时间内知觉的范围大小。当路况信息复杂的时候，一瞬间进入注意的信息多少将影响驾驶人对全局的监控。能够注意的目标越多，觉察到危险的可能性也就越大。

典型的注意广度测验是让被试者观看仅呈现100ms的汽车图片或与驾驶相关的图片，要求被试者报告看见的刺激物数目。使用刺激材料类型、排布方式都会影响测出的注意广度。

2）注意分配。汽车驾驶是一个需要内外多项注意分配的任务，驾驶人既要完成对转向盘、加速踏板、制动踏板等机件的操作，又要掌握仪表、路况等信息，对注意分配的要求很高。一个熟练的驾驶人可以花费更少的注意在驾驶操作本身，而将更多的资源用于监控周围情境，对突发事件进行处理。

注意分配可以通过注意分配仪来测量。其中一个任务是听觉方面的，让被试者用左手食指、无名指、中指对三种不同喇叭进行一对一的按键反应；另一个任务是视觉方面的，让被试者用右手食指对被点亮的任意一个红绿黄信号灯做出反应。两个任务都要求被试者尽快反应。

被试者正式测试前先进行练习。

正式测试时，先进行单独的听觉方面的测试，即被试者仅用左手食指、无名指、中指对三种不同喇叭进行一对一的按键反应，记录正确率 A_1 和反应时间 TA_1。

之后，是单独的视觉方面的测试，即被试者用右手食指对被点亮的任意一个红绿黄

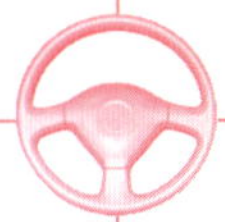

信号灯做出反应，记录正确率 O_1 和反应时间 TO_1。

然后，再让被试者同时完成两种任务，分别记下正确次数 A_2 和 O_2，以及反应时间 TA_2 和 TO_2，通过注意分配公式算出注意分配值，同时也能测试被试者的反应能力。

3）视空工作记忆广度。驾驶人常常需要对注意到的大量视觉信息做一个整合加工，这就需要很大的视空工作记忆广度。

给驾驶人呈现一个被划分成很多小格的方形空间（图 3-22），顺序填充其中的一些格子（可用驾驶标志等相关图片填充），然后填充消失，让驾驶人指出曾被填充的格子。空间的大小不断增大，驾驶人所能完成任务的最大空间就是其视空工作记忆广度。

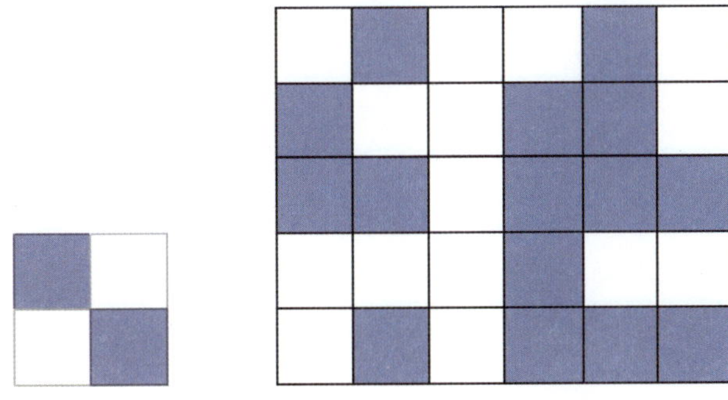

图 3-22 视空工作记忆广度测试

4）二维空间的运动测量能力。对距离和速度估计不准确，是引发交通事故的一个重要原因。

碰撞预测任务让驾驶人观看两辆从以特定速度驶向不同方向的车辆，报告是否会发生碰撞。车辆从屏幕外不同方向驶来，出屏幕时两车运动轨迹不相交。只有当 $S_1/V_1=S_2/V_2$ 时两车才会相碰，所以该任务可以考查驾驶人对距离和速度估计的准确性，如图 3-23所示。

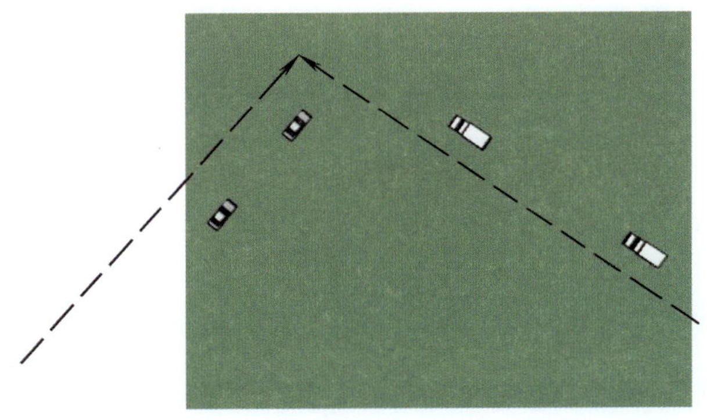

图 3-23 二维空间运动测量能力测试

（4）驾驶技能测试

1）道路设计。

◆ 天气照明：晴天、夜间、雨天、雪天、雾天。各量度应可调至合适。

◆ 道路类型：城市、乡村、山区、高速。

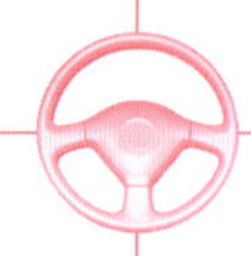

◆ 交通状况：简单、一般、复杂。

◆ 驾驶条件：常规驾驶、险情驾驶。

测试道路分为十组，每组有一条道路，长 10km。道路类型有城市公路、乡村公路、山区公路、高速公路，每种道路类型又包含晴天、夜间、雨天、雪天、雾天等不同的天气情况，每种天气状况还包含简单路况、一般路况、复杂路况，每条路况内又有常规条件驾驶（即不包含各种程序设计产生的突发事件）及险情驾驶（程序设计产生 5～6 次突发事件），如图 3-24 所示。各种道路类型、天气情况、交通状况应考虑拉丁方匹配，避免顺序效应等。

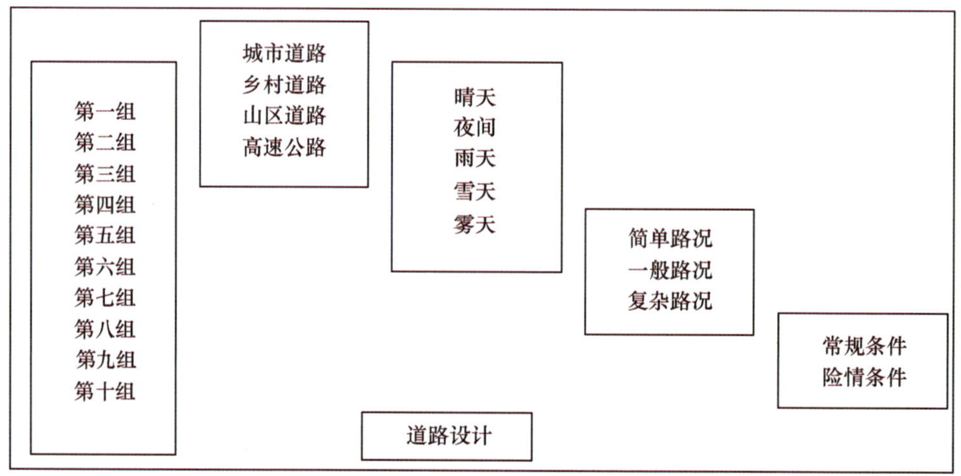

图 3-24 测试道路类型

初期，第一版测试包含十组道路，每组有一条混合道路，由一定长度的城市、乡村、山区、高速路拼接而成。天气状况均为晴天，路况固定为简单路况，每组道路包含常规条件驾驶及险情驾驶，如图 3-25 所示。十组道路根据道路类型等分成不同的难易程度。测评时可根据需要选择特定的几组。

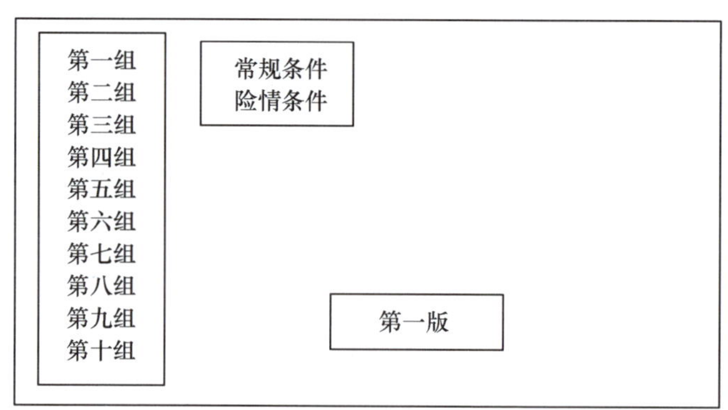

图 3-25 测试道路分类

2）驾驶技能测试任务。驾驶技能测试即为驾驶人在驾驶模拟器上驾驶汽车，记录反应驾驶技能的各种变量，并进行分析得出驾驶事故倾向性的一个维度。

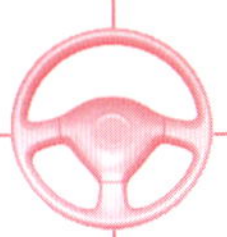

◆ 任务设计。测试开始时，先进行练习约 3min，熟悉驾驶模拟器。之后进行正式测试约 12min，常规驾驶 6min，险情驾驶 6min。

主任务为驾驶任务，驾驶人驾驶车辆（以下简称“主动车”）尽可能快的完成一圈道路驾驶，同时尽可能减少错误。期间主动车周围有数目不定的被动车行驶（被动车即由程序控制无需驾驶人驾驶的车辆，为简化实验，被动车除数量多少外，均以固定的速率距离主动车一定的距离匀速前进，程序控制，尽量不要与主动车引导车碰撞）。

常规驾驶时程序并不产生一些突发事件（即“险情”），只需要驾驶人尽快且尽可能不犯错的完成整条道路。

险情驾驶则有一定数量的突发事件需要驾驶人进行反应。突发事件包括：①机动车突发事件。一机动车原本在驾驶人车辆右侧的非机动车道停泊，在驾驶车距其 30m 处突然切入车道，切入时速度为 40km/h，并在向前行驶一段距离后，以更高车速开走。②行人突发事件。一行人在距驾驶人车辆前方 20m 处突然从右侧冲出，以 4m/s 速度横穿马路。还可以根据需要设计其他的突发事件。

◆ 数据记录。

① 道路状态。

编号	项目	内容
1	道路类型	城市、乡村、山区、高速
2	天气照明	晴、夜、雨、雾、雪
3	交通路况	简单、一般、复杂
4	驾驶条件	常规驾驶、险情驾驶

可以将记录项目的内容编号，记录编号即可。例如，天气条件可以将晴、雨、雪编号为 1、2、3，记录天气状态时记录数字即可。在测试开始设置状况时同时记录即可。

第一版测试由于是四种道路类型拼接而成，均为晴天，简单路况，一组测试可能为常规驾驶或险情驾驶。因此只需要记录道路类型设置序列，以及驾驶条件即可。

② 时间记录。常规驾驶及险情驾驶均需要记录驾驶人从起点到达终点所需要的总时间。

③ 事件记录。记录驾驶人出错次数。

常规驾驶中的“出错”是指与车辆、建筑物、树木、行人等发生碰撞。

险情驾驶中的“出错”除了常规驾驶中的碰撞之外，还包含程序设计的突发事件。两种出错应该分开记录，即程序设计的突发事件应有所标记。

④ 主动车状态记录。测试全部时间内，每 5s 记录一次。

编号	项目	内容
1	车道位置	道路多车道，记录其在哪一个车道
2	偏离本车道中心的距离	
3	速度	
4	转向盘转角	

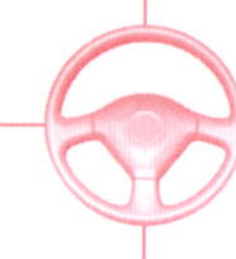

（续）

编号	项目	内容
5	加速踏板	
6	变速器挡位	
7	制动踏板状态	制动踏板是否踩下
8	离合器	分离或接合
9	转向灯	左转、右转、未开
10	安全带	是否使用
11	与引导车之间的距离	

3. 测评结果的设计

当被试者完成所有任务后，会有“请打印报表”的提示。这时选择“打印当前报表”即可生成当前编号测试人员的 word 文档供打印，文档中包含有总体评价及其各任务相关指标的数据记录。

如果，测试人员报表丢失想重新打印，或者未单击“打印当前报表”就开始了下一人员的测试，可以选择“打印历史报表”并在下拉列表框中选择对应编号以生成 word 文档供打印，如图 3-26 所示。

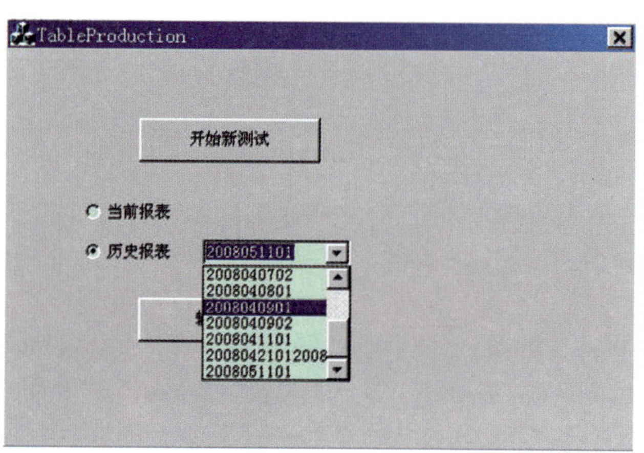

图 3-26　打印历史报表

报表样例：

驾驶人事故倾向性测评结果

编号：xxxxxxxxxx　　　　　　　　　　　　日期：xxxx 年 x 月 xx 日

经过综合评测，您的驾驶事故倾向性为：√低　较低　中　较高　高

建议：1. 您驾驶时候需要特别耐心和冷静。您平时需要多留意对自己驾驶技术的训练，不断提高自己的驾驶水平。

2. 您的综合驾驶认知能力优秀，为了保证您的行车安全，请在驾驶过程中注意以下事项：在行车的过程中，除了随时把握前方路况，您还应多观察后视镜，尤其当道路拥

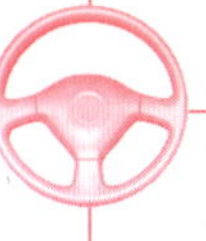

挤、路况复杂时，请注意和周围车辆行人保持一定距离。当行驶到路口附近时，请及早注意交叉路口的路况，以防和突然出现的车辆或行人相撞。

3. 您对交通规则的理解很不到位，安全意识非常薄弱，不能把握安全的方法。

4. 您驾驶技能正常！

宣爱智能评测系统

各项指标如下所示：

测试项目	编号	项目名称	测试结果	正常参考值
基本信息	1	人口学信息	1	1月5日
驾驶认知能力	2	注意广度	12	5.96～10.27
	3	成绩 1	0.92	
		成绩 2	0.9	
		成绩 3	0.88	
		成绩 4	1	
		成绩 5	0.9	
		成绩 6	0.91	
		成绩 7	894.8	
		成绩 8	629.7	
		成绩 9	1130	
		成绩 10	671.8	
		注意分配	1.04	0.64～0.98
	4	记忆广度	7.2	4.99～9.71
	5	监控能力	1	0.50～0.98
	6	维度 1	53.33	
		维度 2	46.33	
		维度 3	36.33	
		速度知觉 1	低估速度	
		速度知觉 2	51.54	33.86～87.86
	总分：5			1月5日
驾驶态度	7	责任感和生活态度	1	≥5
	8	情绪稳定性	0	≥4
	9	环境适应性	0	≥3
	10	攻击性	4	≥3
	11	心理紧张度	2	≥3
	12	冒险性	0	≥3
	13	遵守规则	0	≥5
	14	安全意识	4	≥4
	总分：1			1～5

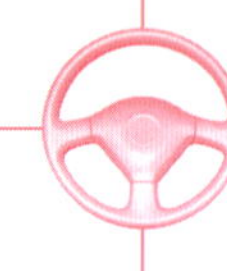

（续）

测试项目	编号	项目名称		测试结果	正常参考值
驾驶技能	15	成绩 1	Rivirea 混合路 1	501.161	192.602～550.266
	16		盘山路 1	205.161	222.203～546.754
	17		城市高速混合 1	155.161	240.007～854.310
	18	成绩 2	Rivirea 混合路 1	5	0～2
	19		盘山路 1	8	1～5
	20		城市高速混合 1	2	0～1
	21	成绩 3	Rivirea 混合路 1	4	1～8
	22		盘山路 1	3	0～5
	23		城市高速混合 1	2	0～2
	24	成绩 4	Rivirea 混合路 1	25	5～38
	25		盘山路 1	16	11～23
	26		城市高速混合 1	14	7～33
	27	成绩 5	Rivirea 混合路 1	12	1～26
	28		盘山路 1	5	0～15
	29		城市高速混合 1	2	1～27
	总分：3				1～5

第四章 电子学习室教学的组织与实施

第一节 模块化教学的组织与实施

一、理论知识课程的组织与实施

电子学习室理论知识教学内容主要包括法律法规理论知识、汽车构造与保养理论知识、汽车驾驶理论知识三个方面。其中，前两部分可通过试题模拟考试，直接可以检验当期的学习效果，但后一部分没有相应的理论试题，则是通过模拟驾驶练习和实车练习，来间接地检验学习效果。因此，在前两部分的学习中，要特别注重内容的理解与记忆，而在后一部分的学习过程中，则应注重对学习内容的熟知。

1. 理论知识教学的步骤

所有的教学活动应该参照前面制定的教学计划，分步展开。当然，也可以根据不同情况作适当的调整，但都应该有步骤地进行。通常采取“十步教学法”，下面以全课程教学计划中的“第一日学习内容”为例，说明“十步教学法”的应用方法。

第一步，系统把握教学内容与目的。了解当日教学计划规定的教学内容与教学目的。

日期	科目	模块编号	模块名称	教学目的	教学时间	模拟类型
第1日	科目一 道路交通安全法律、法规和相关知识	模块1	车辆和驾驶人	通过本单元的教学，了解道路、车辆、机动车、机动车驾驶人的定义并能熟练掌握机动车驾驶人管理规定	0：30：31	
		模块2	道路及机动车通行规定	通过本单元的教学，充分认识自觉遵守道路通行规定、高速公路行车特别规定的重要意义，准确理解和牢记各种道路条件下的通行规则，并在行车实践中严格贯彻落实 应准确理解和熟记机动车通行速度、车间安全距离、车辆装载、超车、让超车、会车以及一些特殊路段通行的具体规定和要求	0：38：37	
		模块3	《道路交通安全法》试题	通过本单元的教学，应了解理论考试的范围和答题思路	1：17：20	

第二步，确定当日的各教学小节。熟知各模块具体内容与时间安排，确定教学小节与课间休息点。

科目	模块号	教学内容		时间/min	教学模块时间	模拟方式
		模块名称	模块对应小节			
科目一道路交通安全法律、法规和相关知识	模块 1	车辆和驾驶人	1. 机动车	0：10：05		
			2. 机动车驾驶人	0：20：26	0：30：31	
	模块 2	道路及机动车通行规定	道路通行规定	0：07：19		
			机动车通行规定	0：23：03		
			高速公路的特别规定	0：08：15	0：38：37	
	模块 3	《道路交通安全法》试题	《道路交通安全法》判断题	0：16：20		
			《道路交通安全法》选择题	1：01：00	1：17：20	

第三步，选择教学内容。按教学计划，顺序单击相应教学内容，可进入该课程的视频教学环节。其中，单击“上一页”或“下一页”，可实现更多课程模块的选择，如图4-1所示。

图 4-1　电子学习室模块选择界面示意图

第四步，进入教学环节。单击“播放”，观看教学视频内容，如图 4-2 所示。

第五步，反复组织学习重点内容。对重点和不理解的部分，按“上一段”或“下一段”键，或拖动操作面板上的进度条，反复观看，如图 4-3 所示。

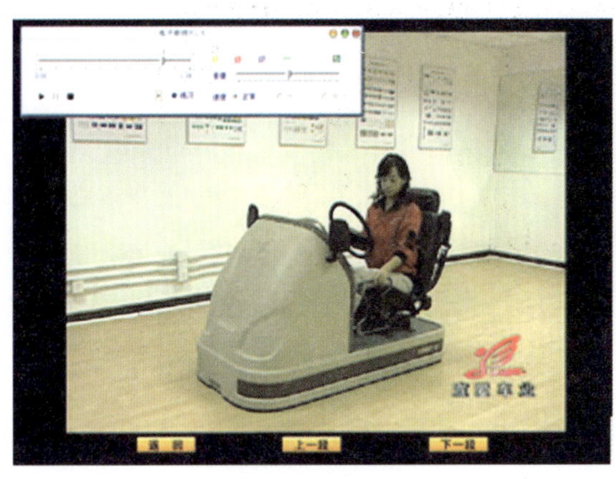

图 4-2 电子学习室视频教学界面示意图

图 4-3 电子学习室视频教学界面示意图

第六步，跳过熟悉的内容。对已经熟悉的部分，也可以使用按“下一段”键，或使用拖拉操作窗上的进度条直接跳过，如图 4-4 所示。

第七步，理论试题教学。选择进入试题库，观看试题讲解，如图 4-5 所示。

图 4-4 电子学习室视频教学界面示意图

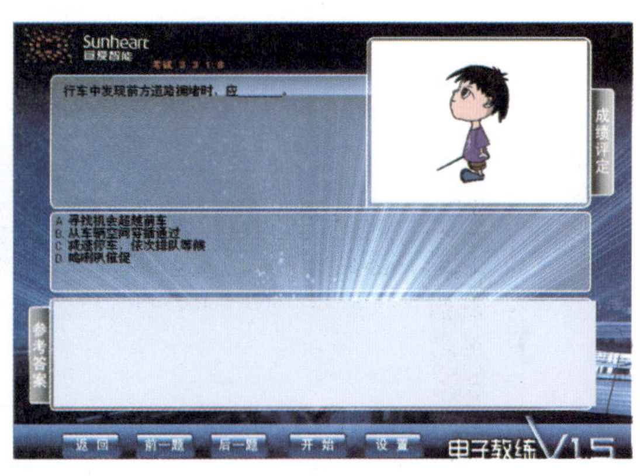

图 4-5 电子学习室理论试题讲解界面示意图

其中，单击相关按钮，可实现如下操作：

单击“开始”按钮，可进行相关试题的讲解。

单击“返回”按钮，可回到上一界面。

单击“前一题”按钮，可回到当前题目的上一题。

单击“后一题”按钮，可进入到当前题目的下一题教学。

单击“设置”按钮，可进行“手动讲解”、“自动讲解”、“测验模式”等选择，然后单击“确定”即可进行相应设置的播放。

第八步，理论试题模拟考试。选择进入与所学模块相对应的试题组中的一个组试题，进行模拟考试，如图 4-6 所示。

图 4-6　电子学习室模拟理论考试试题组选择界面示意图

第九步，分析考试结果。如果学习成绩合格，可转入下一个模块的教学。如果学习成绩不合格，应确定补学内容，如图 4-7 所示。

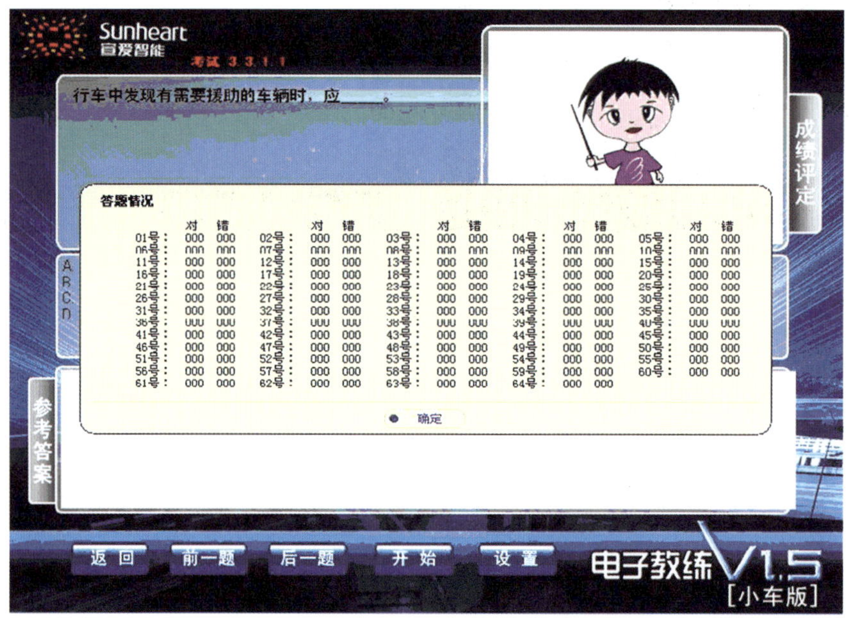

图 4-7　电子学习室模拟考试成绩界面示意图

第十步，进行补充教学。根据补充教学计划，进行相应内容的补充教学，并再次通过模拟考试检验合格后，便可转入下一个模块的教学，如图 4-8 所示。

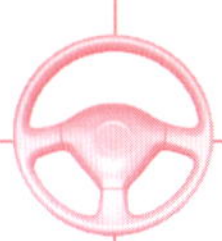

2. 教学过程的控制

图 4-8　电子学习室视频教学界面示意图

（1）依据教学计划，提前预习　在组织教学活动前，应了解交通部《机动车驾驶人培训大纲》的教学要求和公安部《机动车驾驶人考试标准》的相关内容，严格执行预定的教学计划。在进行每次教学活动前，应安排学员对照教学的内容事先预习，了解课程内容，把握学习重点与难点，最好做到“带着问题”学习，以加强学习的针对性，提高学习效果。

（2）注重理论与实际相结合　在教员讲解的情况下，应注意理论与实际相结合，在电子学习室视频教学过程中，将画面内容与现实生活中的交通法规宣传应用相结合，将理论上讲解的车辆使用要求与身边车辆运行状况相结合，启发性的学习和思考，对照视频片段与画面讲解，判定在现实生活中，自身交通意识、交通行为的正确与否，可有效地提高学员的综合交通素质，大大提高学习的兴趣与学习效果。

（3）进行试题模拟，帮助理解记忆　在理论学习过程中，要反复进行相关理论试题的模拟考试练习。一是在电子学习室的教学软件中，进行模拟练习。可通过软件系统对试题的讲解，准确把握相关知识点的精髓，加强对试题的理解。二是通过上网学习，利用网络模拟理论考核，提高答题速度与强化实战感受。

（4）认真备课，准备解答　教员应对照“培训大纲”的教学要求，对照“电子教练”相关内容讲解的情况，认真备课，明确教学重点和主要方法，就学员可能提出的问题与应该重点讲解的问题，准备相关知识与讲解技巧，在不影响“电子教练”自动授课的情况下，简明扼要地解答或讲解重点问题，维持理论课讲授的顺利进行。

（5）认真观看“电子教练”内容，善用教学视频亮点　教员应在实施教学活动前，对“电子教练”的内容进行反复观看，尽量找出每单元课程中能够启发学员思考、帮助学员快速理解的视频片段与画面，在实际教学过程中加以灵活运用，进行精妙点评，可有效地提高学员的综合素质，大大提高学员的学习兴趣与学习效果。

（6）严格仿真训练，掌握规范操作　在跟随“电子教练”引导模拟练习中，教员应注意如下控制：首先要让学员认可手中的模拟器，相信通过模拟练习可以快速、规范、有效地掌握驾驶操作技能；其次要严格规范操作，注意模拟练习的动作顺序、幅度、节奏等要素，规范地掌握正确动作要领；注意纠正错误动作，杜绝任意草率的操作恶习，从模拟练习时就培养严谨、认真的驾驶作风，培养良好的驾驶习惯。

（7）组织反复练习，形成动作定式　任何操作动作的掌握与熟练应用，都必须经过大量的练习和认真的体会。教员应清楚的认识到学员要经过一定量的模拟练习和思考，才能掌握基础驾驶操作技能。这里要特别提醒教员们：一是练习时，每一次操作要规范到位，讲究训练质量，防止养成痼癖动作；二是要反复大量的练习，保证训练的数量，形成正确的动作定式；三是要注意练习节奏，练习一组动作后，要停下来思考、理解和

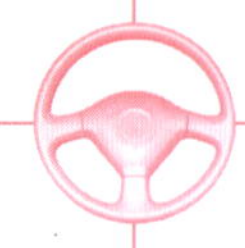

回味一会儿，然后再组织练习。

二、实际操作课程的组织与实施

实际操作课程是学习汽车驾驶的重点内容，电子学习室的实际操作课程就是模拟练习，内容主要包括基础驾驶、场地驾驶和道路驾驶三类。

电子学习室为之配套设计了非互动引导驾驶模拟练习，包括基础动作模拟练习、场地驾驶模拟练习、道路驾驶模拟练习等三项模拟组训内容，供教员选择组训，以加速学员掌握驾驶技能的进程。模拟练习结果的测定，只能在以后的实车练习中得到检验。

模拟练习内容应参照教学计划，分步组织与实施。模拟练习区别于理论学习之处，在于其更多地强调动手能力，以及手、脑配合的能力；同时，模拟练习也是为实车驾驶奠定基础的，因此，模拟练习应严格按照实车驾驶的要求进行操作，不得有半点懈怠。虽然汽车驾驶模拟练习课的教学程序都是一样的，但由于模拟练习是汽车驾驶学习的重点课程，为了充分说明模拟练习在各种驾驶练习环境下的组织与实施方法，下面将分别介绍。

1. 基础驾驶模拟练习

第一步，视频教学，熟知动作要领。观看相关视频教学内容，明确所学技能的动作要领、练习标准、动作重点和错误操作，如图 4-9 所示。

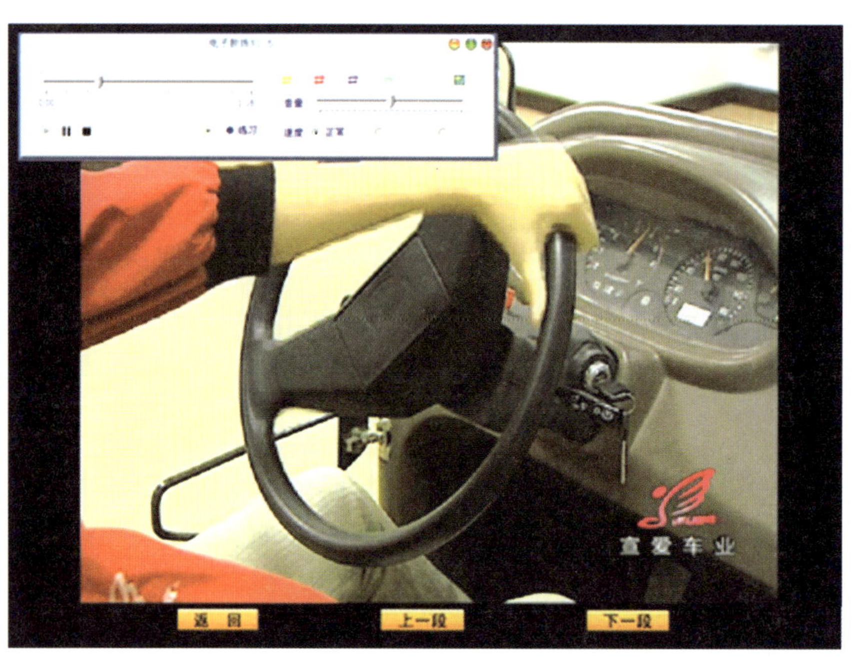

图 4-9 电子学习室基础动作讲解界面示意图

第二步，视频引导，动作分解练习。在相关视频引导下，按“一步一动”的方法进行练习，确实理解每一个动作的操作方法与要点，如图 4-10 所示。

图 4-10 电子学习室基础动作分步讲解示意图

第三步，视频引导，动作连贯练习。在相关视频引导下，按“一步全动”的方法进行连贯动作练习，每组动作的掌握，一般练习 6 次左右即可，若感觉不好，也可增加训练次数，如图 4-11 所示。以能准确自如地跟上“视频引导练习”的节奏为标准。经过反复强化动作记忆，形成操作动作定势。

图 4-11 电子学习室基础动作连贯练习示意图

2. 场地驾驶模拟练习

第一步，视频教学，熟知场地科目通过要领。观看相关视频教学内容，明确所学技

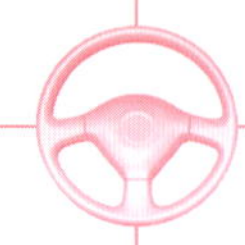

能的动作要领、练习标准、动作重点和错误操作，如图 4-12 所示。

图 4-12　电子学习室场地科目边讲边做示意图

第二步，视频引导，熟知动作要领。在相关视频引导下，熟知每一个动作的操作要领，特别是观看的标志点的位置，这对下一步实车练习非常重要，如图 4-13 所示。

图 4-13　电子学习室场地科目边讲边做示意图

第三步，视频引导，熟记动作要领。在相关视频引导下，按“一步全动”的方法进

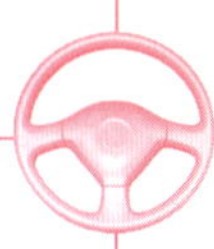

行连贯的心智练习，每组动作的掌握，一般练习 6 次左右即可，若感觉不好，也可增加训练次数，如图 4-14 所示。以能准确自如地跟上“视频引导练习”的节奏为标准。经过反复强化心智动作记忆，形成心智动作定势。

图 4-14 电子学习室场地科目引导驾驶模拟练习示意图

3. 道路驾驶模拟练习

第一步，视频教学，熟知道路驾驶常识。观看相关视频教学内容，明确所驾道路的特点、驾驶图式和相关的驾驶要求，如图 4-15 所示。

图 4-15 电子学习室道路驾驶讲解界面示意图

第二步，视频引导，熟知心智动作与操作动作的分解练习。观看相关道路视频引导内容，熟悉在“指定的道路情况——原形定向”的前提下，教练语所表述的“相应的驾驶动作——原形操作”的全过程，如图 4-16 所示。

图 4-16　电子学习室实际道路引导驾驶示意图

第三步，视频引导，体悟道路驾驶中的心智活动，内化专家经验。在相关道路视频引导下，按照教练语的提示，进行相应的驾驶操作，熟知驾驶专家在实际驾驶过程中，面对各种道路情况，所采取不同的心智动作和操作动作，从中体悟出驾驶专家的驾驶思维过程，达到内化专家经验的目的，如图 4-17 所示。

图 4-17　电子学习室实际道路引导驾驶模拟练习示意图

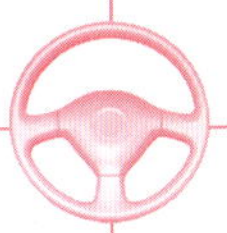

第二节　案例式教学的组织与实施

通过软件引导，进入主界面—教学实施—案例式教学，进入案例式教学模式，然后根据教学计划的安排，单击十条道路中的某一条，然后单击进入“X字第XX案例”，即可开始这一条道路的第XX案例的教学。每一个案例教学都是按六个步骤（或十个步骤）依次单击进行播放教学和模拟练习，必要时教员可根据教学内容的需要进行提示、点评、强调和归纳。

一、教学准备

1. 制定培训计划

（1）教学内容　驾驶安全教育培训通常按以下四个培训阶段进行。

第一阶段：系统简介。让参与培训的所有人员全面了解动电子学习室的组成、功用与使用注意事项。时间安排0.5～1天。

第二阶段：组织适应练习。在进行正式训练前要组织适应性练习，在适应练习引导视频的指导下，进行操作机件的适应练习与模拟器驾驶的适应练习，以消除学员心理与动作上的不适应，减轻或消除眩晕感，为正式训练奠定良好的基础。时间安排每天10～15人。

第三阶段：组织前测。为了更好地掌握学员驾驶技能情况，利用电子学习室的诊断性评测软件与驾驶人事故倾向性测评软件，对学员进行驾驶技能测评与事故倾向性测评，查找其存在的驾驶技能缺陷，并生成其个性化培训计划，给出安全驾驶操作的建议，以实施有针对性的科学组训，为提高训练效率奠定良好的基础。时间安排每天20人左右。

第四阶段：组织案例教学与模拟训练。这是电子学习室的主要功能，利用系统软件的引导，进行经典交通事故的案例教学与任务引导性的模拟训练，解决实车驾驶不能进行的紧急情况处置训练与危险情况避险训练的问题，在短时间内迅速提高学员的安全驾驶意识与操作能力，达到综合驾驶技能的全面提高。时间安排每天10人左右。

（2）时间安排　紧急避险模拟培训教学日的安排，一般每天计划6个学时，可安排20人次左右的训练。

（3）组训方式

1）单个训练。即按学习者的个性化培训计划，进行单个学员的相应训练。

2）集中训练。即按单位培训计划，选定某个或某类案例，组织多人进行同一训练。

2. 教员备课

教员的备课，始于课程设计，在课程设计中选择并确定案例展示的序列，这在前面已有所论述。在完成课程设计后，教员就要着手做教学前的其他准备工作了，其中主要是教学过程的安排。课前的准备工作没有固定的程式，但一般说来，教员的准备工作可能会涉及以下几个方面：

1）确定教学目标，找准教学重点、难点，确定课时数。仔细地通读案例，分析案例材料，找出案例中的关键性问题或者说独一无二的问题。判断出展示的案例是否只存在

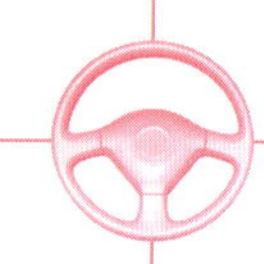

一种分析序列，是否可以认同其他的序列。如果只有一种序列，那么就可以依此组织教学；如果不只一种，接下来面临的问题就是：如何帮助学员形成对案例严密的逻辑分析序列。

2）认真分析学员的学习态度、基础知识、理解能力、驾驶经历、驾驶技能等教学要素，做到因人施教，提高教学效果。从对学员已有技能及背景等的了解中，思考他们在这个特定案例上到底能做些什么。如果案例对学员来说过于复杂，可能就要准备对他们予以引导；如果不是太复杂，可能就要更多地督促学员进行多种多样的参与。

3）备课全面，做到既备教材、案例知识点，又备学习者情况；既备各种模拟教学方法，又备引导学员学习的方法。评估一下在课堂讨论中，是否会出现一种观点占上风的现象，或是否会展开真正的讨论。如果是一边倒，就要想办法扭转，扮演起与学员的观点相对立的角色；如果在一些重要问题上，不能引发起讨论，就要从案例中的某些材料出发激发起学员的思维。

4）根据教材与模拟培训系统教学内容的选择教法，合理安排教学进程，组织好适应练习、教学前测等准备工作。

5）编写教案要规范，这类教案与一般的学科教学的教案不同，主要反映的是教员打算如何组织教学，设计了哪些问题引导学员讨论等。在教案中，应写出课次、课题、教材分析（教学目的、重点、难点、关键）、课时计划、教学过程、作业设计等内容。

6）认真设计好课堂教学中的讨论、练习等活动形式与教学秩序和安全管理。

7）认真准备教学信息反馈的形式与进行矫正的途径。

8）总结教学得失，在相应的教案后面做好记录备查。

3. 设备准备

教员与助教应定期组织教学设备的维护。每次上课前，应提前 0.5h 到场准备。具体工作按设备使用与维护部分的要求进行。

（1）开机前的检查　如图 4-18 所示，检查顺序如下：

1）检查动感座舱。

各部连接是否牢固。检查各部机件联接螺栓是否可靠，螺栓的拧紧力要适中，以管材发生微量变形，连接件相互无移动为准，座舱固定是否牢固，位置调整是否合适。

各活动部位是否有异响。主要包括转向机、离合器踏板、制动与加速踏板、离合器踏板与变速器间的联锁装置、变速器等。

2）检查电控柜。确认各电源线连接正确，固定可靠。

3）检查计算机。电源是否连接可靠，电动幕固定是否正确。

4）检查投影机。首先检查通往计算机的连接线是否连接可靠，将投影机的交流电源线连接至电源插座，LAMP 指示灯呈红色亮，READY 指示灯呈绿色亮。

注意： 当“开机（ON START）”功能设置为 ON 时，将电源插头连接至交流电源插座时，投影机可自动开启。

5）检查辅助设备。确认线路连接正确，功放调音开关至最低位。

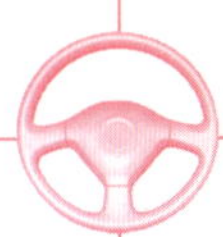

图 4-18　电子学习室开机前的检查操作顺序示意图

（2）开机后试运行检查

序号	检验项目	检验标准
1	计算机	根据计算机的配置，使用随机附带的键盘、鼠标、显示器进行测试，各功能均能正常使用，显示器无偏色，花屏等现象
2	投影机	保证开机 30min 无自动关机现象，画面无变形，图像清晰，遥控器使用灵敏
3	音响系统	声音无啸声，发音不失真，各按钮调节灵活
4	教学软件	检验软件是否能正常使用
5	转向机构	1. 转向机机构各连接部件不松旷 2. 游动间隙 4°±1°
6	变速器	1. 外观无瑕疵、挡位操作正常，不发卡，定位牢固 2. 受离合器踏板控制的互锁装置工作可靠
7	离合器踏板	1. 离合器踏板自由行程 20～30mm 2. 离合器踏板总行程在 50～120mm
8	制动踏板	1. 制动踏板的自由行程 10～15mm 2. 制动踏板最大行程在 50～135mm
9	加速踏板	1. 自由行程 4mm±1mm 2. 踏板活动灵活，无发卡 3. 加速踏板总行程在 50～100mm
10	喇叭	音量适中，工作正常
11	仪表	1. 仪表板背景灯能够开启，仪表指针能够转到固定位置 2. 左右转向指示灯正常工作
12	安全带	1. 快速用力拉伸时将处于锁止状态 2. 缓慢用力时可以伸长

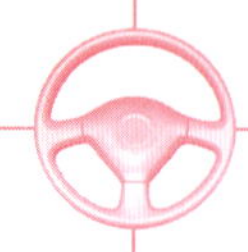

4. 适应练习

为了正确的使用汽车驾驶模拟器，防止错误操作损坏教学培训设备，真正发挥模拟器的训练功效，在初次接触模拟器时，要认真组织“模拟器驾驶适应练习”，通过观看视频、视频引导操作等方式，让大家全面了解模拟器的基本知识，熟练掌握模拟器的操作使用方法。具体组织与实施如下：

（1）主要操作机件适应练习　通过软件引导单击教学准备——适应练习——操作机件适应练习——选择某视频进入，跟随视频引导进行适应训练。练习时，应注意严守操作规程，在助教的帮助下，按视频引导认真操作，尽快掌握模拟器操纵机件的操作，适应模拟器的使用要求。

1）首先学习上下模拟器的方法。通过视频讲解，自行练习两次，注意不要踩在电动伺服器上。

2）下面我们学习模拟器操作机件的名称、位置与使用注意事项。通过视频讲解，跟随操作，熟悉机件位置，明确操作要求，掌握操作方法。

3）现在我们开始转向盘的操作练习：预备——开始！

4）现在我们开始换挡的操作练习：预备——开始！

5）下面我们学习模拟器仪表、灯光、开关等部件的名称与操作方法。通过视频讲解，跟随操作，熟悉仪表、灯光、开关等部件的位置，明确操作要求，掌握操作方法。

6）下面让我们学习起动发动机和起步的操作方法。跟随视频引导，掌握起动发动机和起步等动作的正确操作方法与注意事项。

7）现在我们开始起动发动机的操作练习：预备——开始！

8）现在我们开始起步的操作练习：预备——开始！

（2）模拟道路驾驶适应练习　通过软件引导单击教学准备——适应练习——模拟道路——选择正向或反向——选择简单、一般、复杂路型——选择某训练道路进入，实施模拟道路的驾驶适应训练。

1）驾驶训练中，应注意观察场景中部，尽量看远一些。

2）行驶速度应放慢，速度太快时场景变化快，可能会导致眩晕。

3）放松心情保持乐观心态，遇有眩晕或呕吐感时，应停车休息一段时间或下车休息。

4）必要时服用抗眩晕药物或嚼口香糖。

5. 教学前测

1）驾驶技能诊断性测评。进行教学前测时，教员一般不做解释或指导性引导。

2）驾驶人事故个性化测评，如图 4-19 所示。

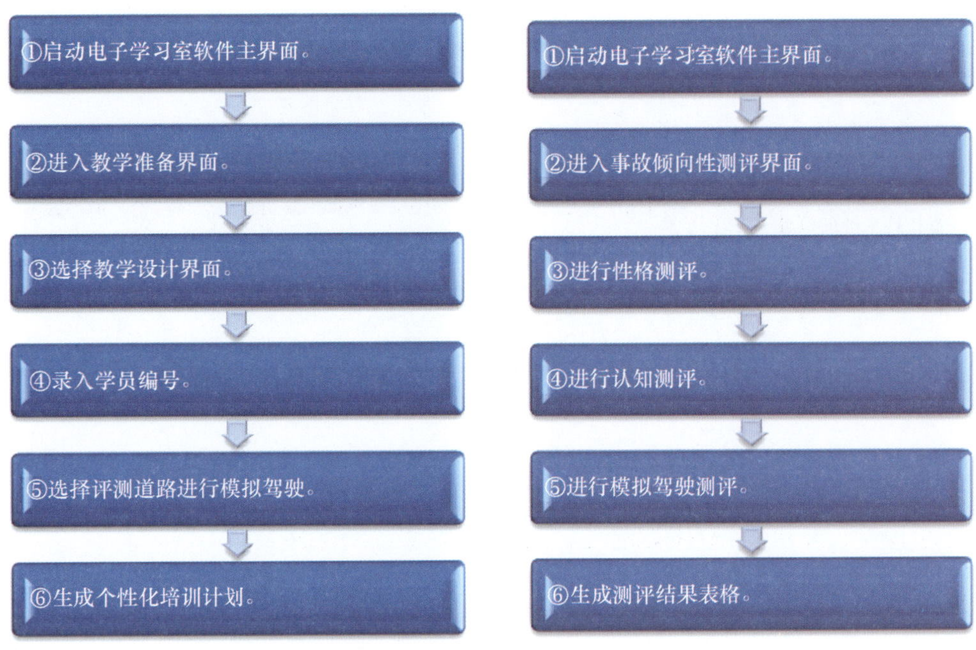

图 4-19　事故个性化测评过程

二、案例教学的过程

根据案例教学的理论和实施要求，结合经典交通事故案例与模拟器训练相适应的教学特点，我们采用视频演示、分析讨论、模拟练习等方式，完成案例教学任务，下面以十步案例教学法为例介绍案例教学各环节的教学目标，如图 4-20 所示。

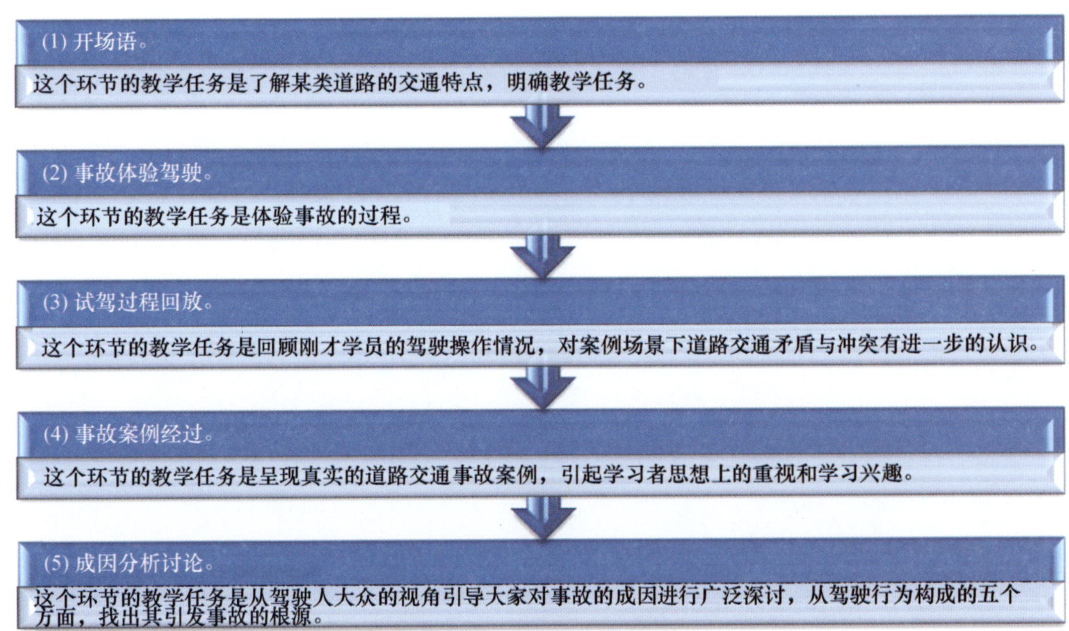

图 4-20　十步案例教学法流程

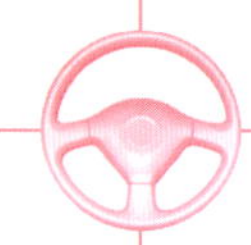

(6) 成因要点提示。

这个环节的教学任务是从专家的视角对事故成因的主要方面进行总结性的深入剖析，引导大家把握事故成因的主要环节，构建正确的安全意识。

(7) 避险措施讨论。

这个环节的教学任务是从驾驶人大众的视角引导大家对事故案例场景下如何规避危险进行讨论，调动大家进进驾驶操作技术性的探讨。

(8) 避险措施要点提示。

这个环节的教学任务是从专家的视角对事故案例场景下避险的正确驾驶操作方法进行归纳，熟知正确的驾驶避险措施与操作方法。

(9) 紧急避险模拟练习。

这个环节的教学任务是通过在事故案例场景下正确操作的反复模拟驾驶练习，在短时间内建立一种正确的案例意识与动作习惯，积累在常规驾驶训练中无法实现的事故场景下的驾驶经验。

(10) 单元小结。

这个环节的教学任务是全面总结了本案例的知识点和训练目标，明确学习者应在思想上构建的安全意识和在技能上构建的操作方法，以提高学习者的综合素质。

图 4-20　十步案例教学法流程（续）

1. 案例引入

教员所教的案例，从其来源来讲，无外乎两类，一类是自己编写的案例，另一类是他人编写的案例。

对于第一类案例，教员可以介绍一些有关写案例时的趣闻、轶事，以引起学员的注意，并使学员意识到教员本人在这个案例上的权威性。

对于第二类案例，教员可以运用其他一些手段来提醒学员予以认真注意的必要性，例如，可以回顾一下前几次在其他学员讨论这个案例时的情形及展开的序列；也可以揭示一下这个案例讨论的难度，告诉学员“去年在讨论这个案例时，其他学员没有能够很好地解决这个案例本身所蕴涵的难题，我来看看你们是不是可以做得更好一些”；也可以向学员讲解一下这个案例在整门课程中所占的位置，以及这个案例需要达到的目标；同样也可以介绍一下接下去如何进行讨论，大致的要求有哪些，花费多少时间等。

2. 案例讨论

典型的案例讨论一般总是与下列问题的探讨联系在一起的：

1）案例中的疑难问题是什么？

2）哪些信息至关重要？

3）解决问题的方法有哪些？

4）作出决策的标准是什么？

5）什么样的决策是最适宜的？

6）如何选择采取安全措施？

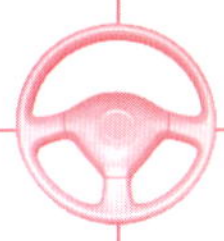

7）什么时候将执行措施以及如何执行？

8）如何进行整体评价？

既然大多数重要信息已经包含在案例之中了，因而，问题 2 一般是与问题 1、3、5 和 6 联系起来考虑的。同时，许多学员喜欢在一开始就讲出自己的决定，所以，课堂讨论并不一定总是按照从 1 到 8 的序列展开。

在许多案例讨论中，居核心地位的是解决案例中所包含的疑难问题或作出具体的决定，所以案例讨论可分成四个不同的阶段：开始、讨论疑难问题、提供备择方案、讨论如何实施。

开始进行案例讨论，也就意味着教员向学员提出问题，并给学员一定的时间去思考。确定案例中的问题所在，也常放在案例讨论的前期，一般要花费一定的时间来甄别出案例中疑难问题的特征或要作出的决定。如果没有对案例中的论题予以必要的分析，往往使后面所提供的解决问题的种种备择方案以及事实变得毫无意义。

几乎任何案例教学中都有这样一个重要的组成部分，那就是对备择方案的讨论，有时甚至在问题还没有得到澄清之前，课堂上就有同学已经提出解决问题的备择方案或方法了。一般地说，在讨论一个案例时，至少要有两种不同的解决问题的备择方案出现，有时也会多至 10 余种。备择方案或方法的数目越大，在认真讨论最重要的或最适宜的方案的优越性前，就越需要削减掉其中一些不适宜的方案。

有这样一些方式可以减少方案的数目：其一，要求全班对每一个备择方案进行表决；其二，要求学员分析不同方案间的区别；其三，教员可以促使学员分析哪一种方案成功的可能性较小，淘汰其中的一些方案或方法。经过一番斟酌、思考之后，留下的备择方案可能就只有 2 到 3 个了。这时教员可以和学员一个一个地进行讨论，在黑板上写出每种方案的优点与缺点，然后进行对比分析，最后在此基础上确定出一个最佳的方案。

索尔蒂斯等人也曾对案例教学中的讨论环节提出这样一些建议：

确定一个良好的讨论氛围，使得每个人都可以诚实地表达自己的想法，同时也对别人的看法提出挑战；在全班讨论前，学员需要阅读案例并且考虑他们自己对案例该如何反应；从不同角度使用同一案例，帮助学员认识实际情景的多维性，当学员注意到多种不同的利益以及指出各种不同的问题时，不同的论题也就出现了；对关键性的论题进行汇总，导引出与论题相关的理论知识，把讨论引导到问题的解决上去。

3. 概括总结

这个阶段属于过渡性阶段，它通过从案例讨论中引申出一定的结论，为后续的课堂教学提供准备。在这个阶段，可以让学员来做总结，也可以由教员总结，讲明案例中的关键点，以及该案例讨论当中存在的不足和长处。

在这个阶段，往往要揭示出案例中包含的理论，强化以前所讨论的内容，提示后续的案例，给参与者以鼓舞。许多从事案例教学的教员认为，在案例讨论即将结束的时候，没有做出任何结论就下课是不适宜的，此时教员可以帮助学员对案例产生进一步的认识和理解，增进他们的学习经历。例如，教员可以以讲解的形式引入某些概念来考察案例讨论中的一些重点，着重强调案例的某些方面，指出在讨论中忽视的问题，或者点明每一个解决问题的备择方案隐藏着的陷阱。

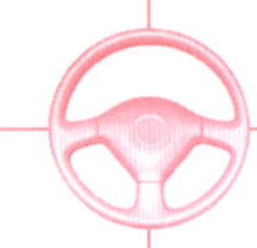

4. 模拟练习

（1）选择相应教学案例进行模拟练习

1）启动紧急避险模拟培训系统软件主界面。

2）进入案例教学界面。

3）进入模拟练习界面。

4）选择“城市、村镇、山区、分向、混合、高速、夜间、雨天、冰雪、雾天”等道路类型中的某个案例。

5）单击某案例编号，开始模拟练习教学。

（2）按照任务引导性进行模拟训练　这个教学环节的主要任务是体验特定驾驶情境下的特定任务的驾驶过程与对车辆驾驶的特殊要求，以整合驾驶基本技能、习惯和安全意识，达到快速构建某一类驾驶操作正确思维与操作习惯的目的。这里以山区道路驾驶为例进行说明：

1）开场语。同学们，我们今天进行的训练是山区道路的驾驶，目的是让大家了解山区道路的交通特点，掌握其判断处理情况的要领，养成合理控制车速和提前处理情况的习惯，为下周执行山区运输任务奠定良好的基础。

2）有引导的驾驶。请同学上车做好准备，在模拟练习中按屏幕或教员的提示引导操作，注意体会山区道路驾驶的特点，注意运行路线，注意速度控制。

3）试驾过程回放。同学们，刚才那位同学的驾驶操作还是不错的，但有几个小问题需要大家注意：一是下坡转弯时速度控制不够，引起转向操作过大；二是下坡制动时，在踩制动踏板的同时，把离合器也踩下去了，这样操作对不对呢？三是冲坡过度，车辆到坡顶了没有及时松加速踏板减速。

4）教员示范驾驶。同学们，下面由助教为我们示范正确的驾驶方法，请大家认真学习助教的操作方法，同时我们也帮助教找找问题！

5）独立模拟练习。同学们，刚才一位同学和助教分别进行了驾驶操作，大家也分析了他们驾驶操作的优缺点。下面，我们按训练前的安排，轮流进行模拟驾驶练习，每人练习 15min 换人。下面由 XX 开始操作，其他同学注意观看和总结驾驶经验。

6）学习情况总结。同学们，今天大家进行了山区道路的驾驶模拟训练，充分体验了山区道路驾驶中在速度控制、挡位运用、转向操作、制动方法上的突出特点，大家总结了注意观察、中速运行、右侧行驶、提前处理、准确操作的驾驶经验，希望大家尽早习惯这样的操作要求，全面提高自己的综合驾驶能力。

三、实施案例教学应把握的基本原则

1. 从理论出发，精选案例

案例教学效果如何，在很大程度上取决于教员能否选择恰当的案例，精选出的案例应当是典型的、有代表性的，最能揭示所学理论的案例。精选案例要求教员必须吃透教材，不仅要弄懂教材的每个概念原理，而且要弄懂知识之间的内在联系，即知识结构体系，这是精选案例的基础。要选择与教学内容和教学目的密切相关的正面与反面的典型案例，寓理论于案例之中。

2. 情景描述，介绍案例

最简单的情景描述，是将编写的文字资料，提供给学员自行阅读。就内容来说，要求有比较完整的情景过程，有时还运用小标题将其分成若干部分。就表现形式来说，单纯的文字介绍最常见，也可辅以表格和示意图等形式。在文字处理上，以第三人称或旁观者的记叙式最为多见，也可采用第一人称自述或采访对话形式的记录。总之，这些以文字叙述为主，图表、视频说明为辅的案例，应当让人阅读之后对整个事件概况有清楚而具体的认识。有时为了加强这种认识，还可以将幻灯、录像片等视听手段结合使用，或单独使用。应注意长篇叙述综合案例，需在教员指导下阅读，否则不易抓住重点。对图文并茂这类案例应先布置，安排充足的阅读时间，提出相应的阅读要求。

3. 提炼理论，分析案例

这是案例教学最重要的一步。通过师生共同对案例的分析，总结归纳出带有普遍规律性的理论。搞好此项工作要求精心设计所提问题。提出什么样的问题关系到能否总结归纳出要学的理论，因此要求教员一方面在吃透教材和案例的基础上，依据教材内容的逻辑结构，针对案例所提出具有相应逻辑结构的问题，使师生双方通过对这些问题的分析，一步步地得出所学的理论。问题要一个一个地提出，并引导学员渐次分析。另一方面要引导学员总结归纳出相应的理论，使学员切实体会到理论是如何来自于实践，分析过程中要充分发挥教员的引导作用，对学员的各种回答做恰当的评价，以保证分析沿着预定的目标进行，逐步接近案例所包含的理论实质，使理论的提炼自然贴切，切忌强拉硬扯，牵强附会。

4. 应用理论，审视案例

这一环节就是让学员通过案例分析得出理论，反过来站在理论的高度，重新审视案例，分析案例正确应用理论的成功所在，或没有正确应用理论的失败之处。也可分析在改变案例客观环境的假设条件下，可能出现的另外结果。由此使理论回到实践，使理论指导实践，这样还可以进一步加深学员对理论的理解，巩固所学的理论知识，在此教员还可以改变角度，就当前的案例，从多方面向学员提出新的问题。通过学员的分析，使他们进一步明确理论的效力；教员也可展示新的案例，让学员运用提炼的理论去分析，进一步调动其思维活动，增强其理论应用的机会。

5. 总结归纳，形成体系

案例教学起始于“实践”，这样它得出的理论往往是独立的。因此每堂课，教员最后必须归纳总结，形成一个具有内在逻辑联系的知识体系。总结归纳可由教员进行，也可引导学员来进行。

四、案例教学中教员的主要任务

在案例教学中，教员的作用是很大的，他既是教学的组织者，更是教学的引导者，他要完成的主要任务有：

1）使讨论井然有序。在讨论继续开展之前，必须要明确每一个观点，黑板可以帮助学员注意并记住其他同学提出的观点。

2）提出切中要害的问题和关键性的问题。这些问题可以促使学员对某一问题进行更

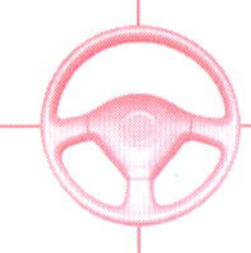

深入的思考，也可以让他们调整自己的视角，注意那些更为重要的问题。

3）把学员个体的讨论意见集结在一起。对学员认识的重新表述、鼓励或汇总，可以帮助他们继续思考和改进他们的观点，也可以帮助他们更清晰地认识案例中的疑难问题，把有关解决问题的方案更加具体化。

4）要具有时间概念。小组讨论的时间至关重要，教员要注意运用这种形式，有效地加以控制，要根据讨论问题的重要性来分配时间。

5）要将自己置身于讨论之外。教员的任务是促成讨论，在讨论过程中，要尽可能让学员去发言、思考，做出决定。

6）避免总是使用同样的案例。新奇和改进可以增加学员的学习经历，而千篇一律总是使得参与者大倒胃口。

7）协助学员理清思路，使他们的观点更能站得住脚。如果学员的观点有一定的形成逻辑但不甚明确，教员可以通过提问、总结、鼓励同伴对他给予支持的方式，帮助他将自己的观点建立在更为扎实的基础之上。

8）不要批评不同的意见。如果学员的看法不合逻辑，教员可以要求其他学员谈谈他们的看法，认识上的不同是正常的，应该让所有学员都有展示观点的机会，并了解其他人的不同观点。

9）当学员向教员提问时，教员不要回避问题。

10）如果教员经常对讨论予以总结的话，会增进学员的学习过程，这样的总结如果放在讨论的最后，效果会更明显。

11）要完全掌握案例中所展示的全部事实。教员应该对案例一读再读，并作出笔记，以便把握案例的重点内容，只有这样，才是对如何引导讨论做好了准备。

12）仔细考虑教学参考书中给出的建议，如对案例的教学目标、案例中的难点和重点以及教学技巧等进行分析。

第三节　个性化教学的组织与实施

个性化教学（一对一教学）是一种因人施教的教学方法，在技能训练中显得尤为重要。这种教学模式可以完全按照每个人的实际需要进行，缺什么，补什么，需要什么，练什么，完全摆脱机械和教条式的教学模式。个性化教学模式的教学设计如图 4-21 所示。

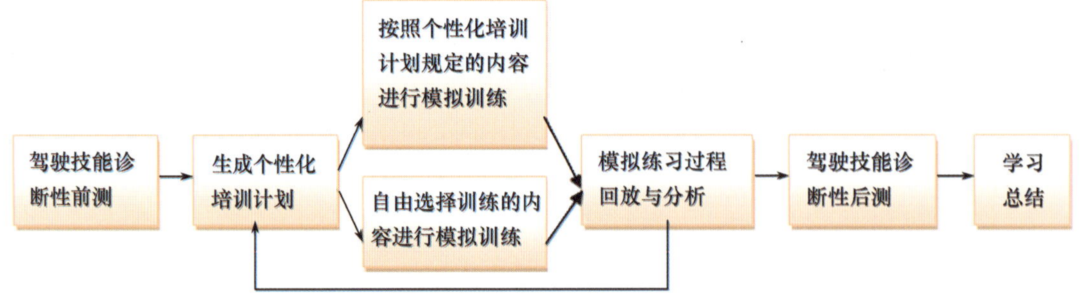

图 4-21　个性化教学流程示意图

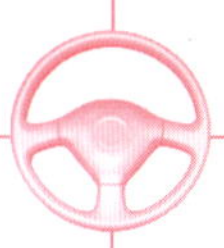

一、个性化教学的前提条件

1）实施案例教学之前必须完成适应性练习。

适应性练习是为防止学员在使用驾驶模拟器时误操作或进行模拟驾驶出现眩晕现象而专门设计的学习内容。包括操作机件的适应练习、道路驾驶适应练习两部分。

① 操作机件适应练习。通过跟随“模拟器驾驶适应练习”视频引导下的练习，主要掌握汽车驾驶模拟器操纵机件的使用方法和注意事项。

② 道路驾驶适应练习。是新接触动感型汽车驾驶模拟器的驾驶人，在进行正常训练之前，通过在专门设计的简单道路上的驾驶适应练习，熟悉模拟器的操作动感与视景互动的双重体验，并逐步达到生理上适应模拟器动态，消除眩晕感的目的。

2）实施案例教学之前必须完成驾驶技能诊断性评价，并已确定个性化的培训计划。

驾驶技能诊断性评价：是指教学过程中对学员驾驶技能总体情况的了解性评价。目的在于确认学员驾驶技能的掌握水平和技能缺陷，以便及时地指出其进步、问题、发展趋势与可能价值等评价，帮助学员自我反思，自我体验，自我调控，自我矫正，是教学评价的重要形式之一。

驾驶技能诊断性评价的方式是通过对驾驶人在模拟器上操作情况指标与操作标准指标之间的差距的测评，系统自动对驾驶人原有驾驶技能缺陷做出记录，并根据其技能缺陷选定相应训练案例，生成个性化的培训计划。

汽车驾驶操作标准指标，是依据公安部 91 号令的考核内容和驾驶人违法扣分项标准，而设定在虚拟模拟路段上的标准操作要求。

二、个性化教学的进程

该系统个性化教学功能的实现基于两个方面的原因，一方面系统提供了丰富的开展个性化教学的素材，另一个方面是系统提供了一套科学的测评体系，通过系统的测评体系对驾驶人进行相关测评，生成一个有针对性的个性化教学计划。

在进入个性化教学之前，需要通过系统的测评体系对驾驶人进行相关测评，生成一个有针对性的个性化教学计划。这个针对驾驶人个体的个性化教学计划包含有案例教学的内容与紧急避险模拟练习的内容，应按计划分别组织教学。

1. 个性化案例教学

个性化案例教学的组织与实施方法与案例式教学的组织与实施方法相同。界面的进入方法也相同，其不同之处在于，个性化教学中的教学案例是根据个性化教学计划的安排，直接进入对应的道路和气候条件下的特定案例进行的教学。

2. 个性化紧急避险模拟练习

这个教学环节的主要任务是体验特定驾驶情境下的特定任务的驾驶过程，以整合驾驶基本技能、习惯和安全意识，达到快速构建某一类驾驶操作正确思维与操作习惯的目的。个性化紧急避险模拟练习课的实质是，按个性化教学计划的安排直接进入案例式教

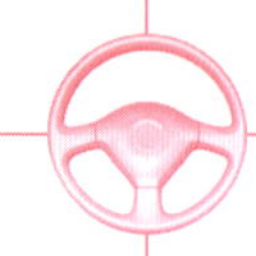

学10个环节中的第9个环节，而进行教学的组织与实施。其基本过程如下：

(1) 按个性化培训计划选择某个紧急避险模拟练习　进入主界面——教学实施——个性化教学——紧急避险模拟练习——XX道路——X字第XX案。其中“XX道路——X字第XX案”是按照个性化教学计划的安排来选择的。

(2) 进行有引导的试驾　学员（驾驶人）在模拟练习中按屏幕或教员的提示引导操作，注意体会该种道路驾驶的特点，注意运行路线，注意速度控制，注意路面行人及车辆情况。

(3) 进行试驾过程回放　对学员（驾驶人）的模拟试驾过程进行回放并讲评，指出做的好的方面，更要详细指出驾驶过程中存在的不足和错误。

(4) 由教员进行示范驾驶　由教员示范正确的驾驶方法，让学员（驾驶人）注意观察学习，同时也可指出教员在驾驶中存在的问题，相互交流学习。

(5) 独立进行模拟练习　由学员（驾驶人）独立进行模拟练习，重点放在克服教员指出的问题上。如果是一个训练小组，可以轮流让每一个学员（驾驶人）进行独立模拟训练，当其中一个人进行模拟训练时，其他人可以注意观看和总结驾驶经验。

(6) 训练情况总结　由教员对模拟训练的情况进行总结，也可适当布置一些有针对性的作业。

三、实施个性化教学应把握的原则

1. 教学目标要指向学员综合素质的全面发展

目标要做到知识与技能、情感态度与价值观、过程与方法三方面的内在统一；要因材施教，按照多元智能理论制定不同层次的教学要求；目标要有弹性，给学员留有其发挥主体性的空间和时间；以创新能力与个性发展作为教学目标中的重点。

2. 教学内容组织得当

内容要体现现实性、现代性、综合性的统一；作为教的内容的教材、软件与作为学的内容的学材、训练要规划好。

3. 教学方式方法选择运用要贴切

选择的标准要以自主、合作、探究作为基本参照；运用上要强调科学化、艺术化、个性化。注意区别个性化教学、案例教学、模拟训练的不同特点与所解决问题的针对性。

4. 教学评价要完善

一切评价围绕“促进学习者发展”这一宗旨；对学员在学习过程中表现出的情感、意志、人格等方面的发展及成长的需求、潜能等也需要评价；评价的方法与手段要多元化；让学员以主体身份参与教学的评价。

5. 完成教学任务

要认真落实紧急避险模拟培训教学计划，保证教学质量和教学效果，对教学效果要进行横向与纵向的比较，考查其整体提高与个体进步，通过一个阶段的教学训练，达成参训人员综合素质的全面提高。

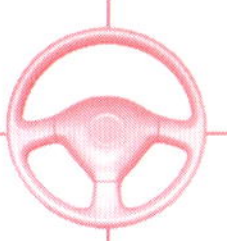

第四节 汽车驾驶技能综合评价的方法与步骤

一、汽车驾驶技能动态测评系统

1. 诊断性测评功能

诊断性测评主要适用于训练实施前的测评，也称为前测（或称摸底测验），是在教学之前对学员驾驶技能总体情况的了解性评价，以便制定相应的个性化训练计划。

（1）进入诊断性测评模块 在测评体系界面上，单击“诊断性测评”，可进入诊断性测评道路选择界面，如图 4-22 所示。

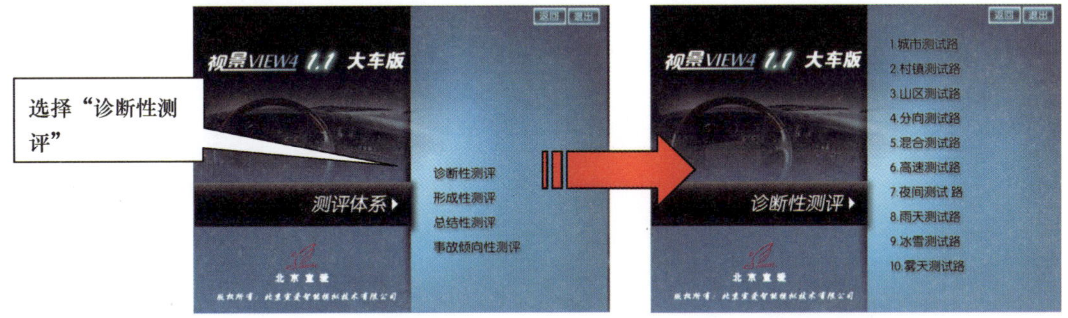

选择“诊断性测评” 进入诊断性测评道路选择界面

图 4-22 进入视景 VIEW4 V1.1 诊断性测评道路选择界面示意图

（2）选择测评道路 在诊断性测评道路选择界面上，单击任意一个测评道路选择按钮，可进入相应的测评道路，如图 4-23 所示。

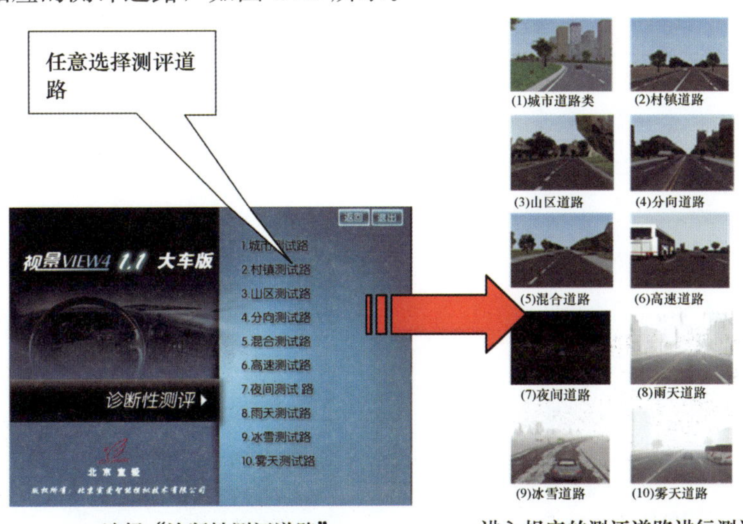

选择“诊断性测评道路” 进入相应的测评道路进行测评

图 4-23 进入视景 VIEW4 V1.1 诊断性测评道路示意图

（3）自动生成测评记录 驾驶活动完成后，单击“下一步”模拟训练场景之后，系统自动弹出的“驾驶技能测评记录”，如图 4-24 所示。

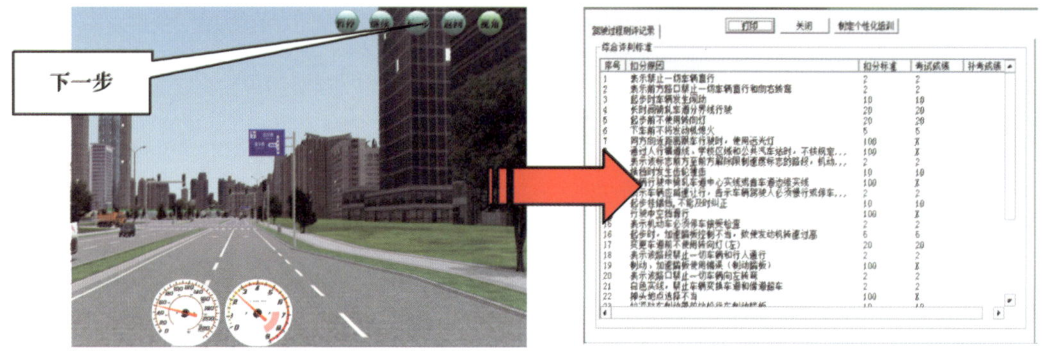

单击“下一步”　　自动弹出“驾驶技能测评记录”

图 4-24　视景 VIEW4 V1.1“驾驶技能测评记录”示意图

（4）制定个性化培训计划　单击“制定个性化培训”，系统自动生成《案例教学个性化培训计划表》，单击“保存”，如图 4-25 所示。

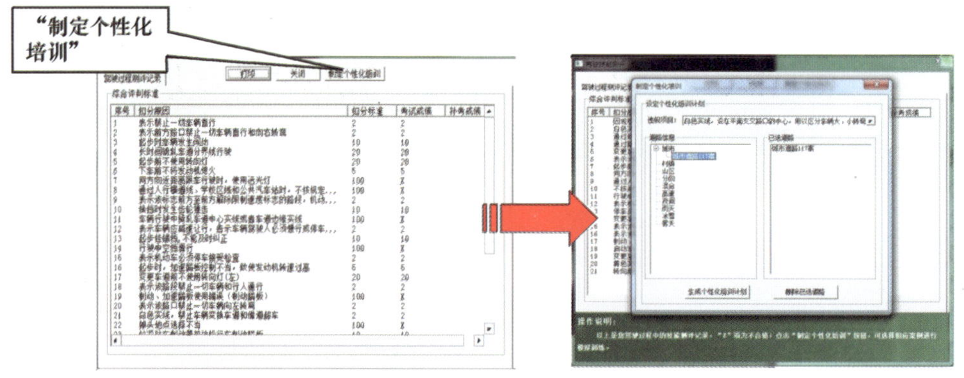

单击“制定个性化培训”　　自动生成“案例教学个性化培训计划表”

图 4-25　视景 VIEW4 V1.1 自动生成“案例教学个性化培训计划表”示意图

2. 形成性测评功能

形成性测评主要适用于训练各阶段结束时的测评，也称为阶段考试，是经过一段时间的训练后进行的测评，也可为重新修订个性化培训计划提供参考。

（1）进入形成性测评模块　在测评体系界面上，单击“形成性测评”，可进入形成性测评道路选择界面，如图 4-26 所示。

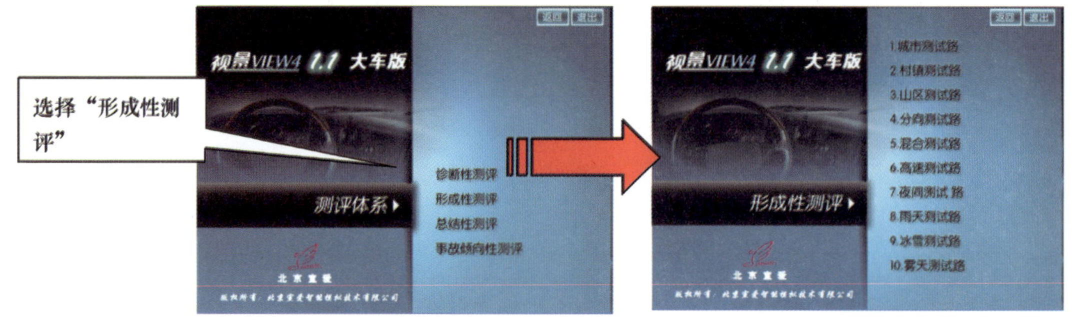

选择“形成性测评”　　进入形成性测评道路选择界面

图 4-26　进入视景 VIEW4 V1.1 形成性测评道路选择界面示意图

（2）选择测评道路　在形成性测评道路选择界面上，单击任意一个测评道路选择按钮，可进入相应的测评道路，如图 4-27 所示。

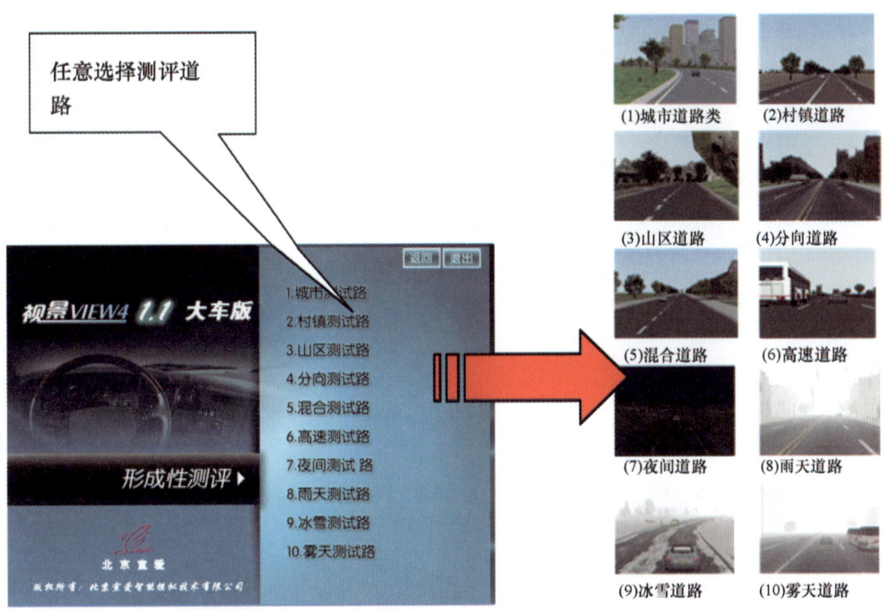

选择“形成性测评道路”　　进入相应的测评道路进行测评

图 4-27　进入视景 VIEW4 V1.1 形成性测评道路示意图

（3）自动生成测评记录　驾驶活动完成后，单击“下一步”模拟训练场景之后，系统自动弹出的“驾驶技能测评记录”，如图 4-28 所示。

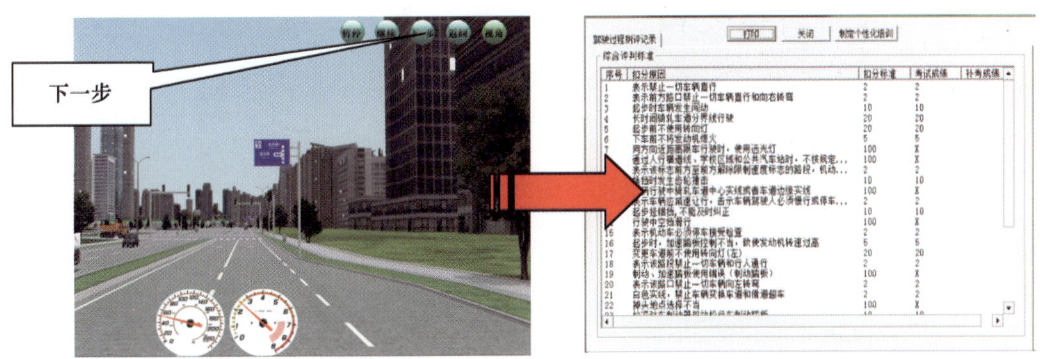

单击“下一步”　　自动弹出“驾驶技能测评记录”

图 4-28　视景 VIEW4 V1.1“驾驶技能测评记录”示意图

（4）制定个性化培训计划　单击“制定个性化培训”，系统自动生成“案例教学个性化培训计划表”，单击“保存”，如图 4-29 所示。

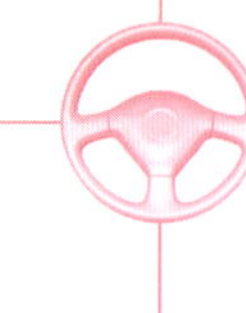

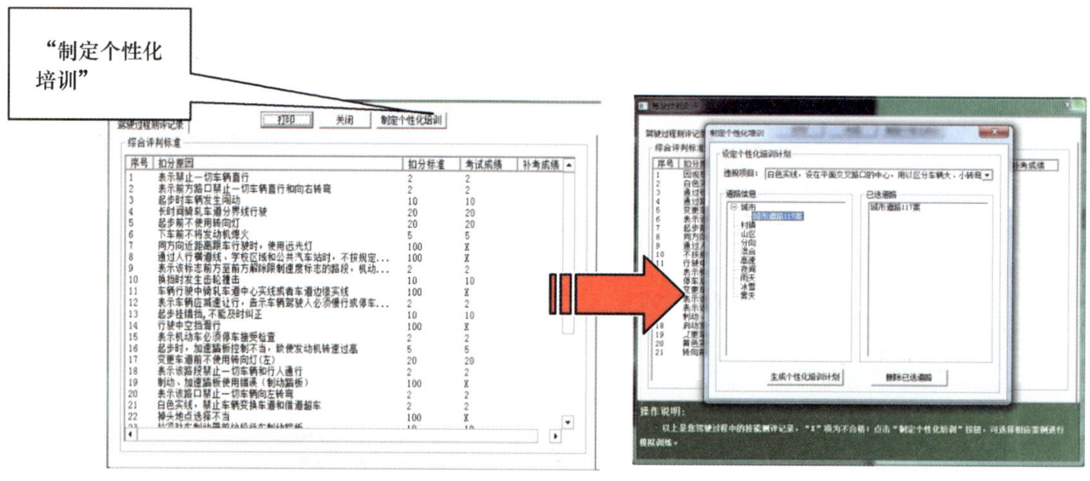

单击“制定个性化培训”　　自动生成“案例教学个性化培训计划表”

图 4-29　视景 VIEW4 V1.1 自动生成“案例教学个性化培训计划表”示意图

3. 总结性测评功能

总结性测评主要适用于全期训练结束时的测评，测评的结果可作为训练结束考试的成绩。

(1) 进入总结性测评模块　在测评体系界面上，单击“总结性测评”，可进入总结性测评道路选择界面，如图 4-30 所示。

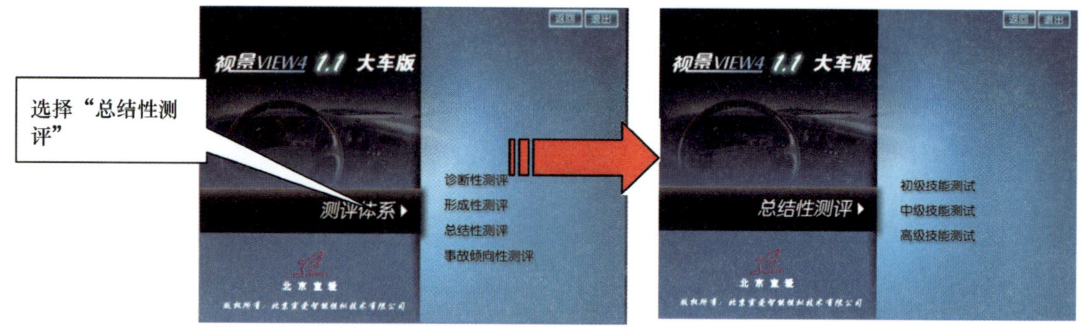

选择“总结性测评”　　进入总结性测评级别选择界面

图 4-30　进入视景 VIEW4 V1.1 总结性测评选择界面示意图

(2) 选择测评级别　在总结性测评级别选择界面上，单击任意级别，进入相应级别的组合测试路选择界面，选择组合测试路。在组合测试路选择界面上，选择任意“组合测试路”按钮，可进入相应的组合测试路，如图 4-31 所示。

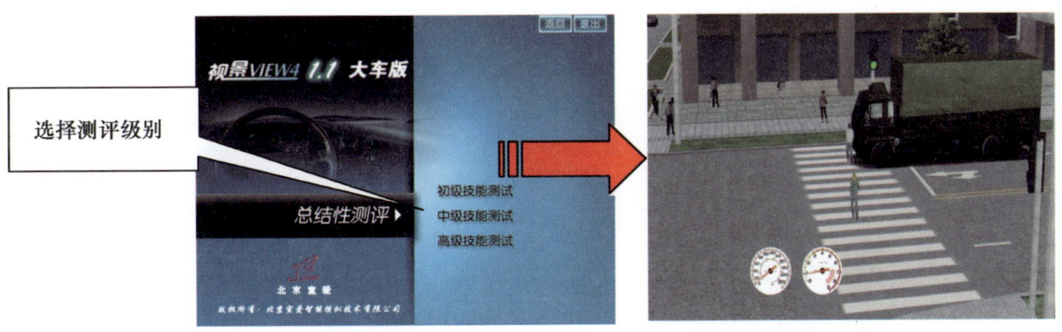

选择测评级别　　　　进入相应的组合测试路进行测评

图 4-31　进入视景 VIEW4 V1.1 总结性测评道路示意图

（3）自动生成测评记录　驾驶活动完成后，单击“下一步”模拟训练场景之后，系统自动弹出的“驾驶技能测评记录”，如图 4-32 所示。

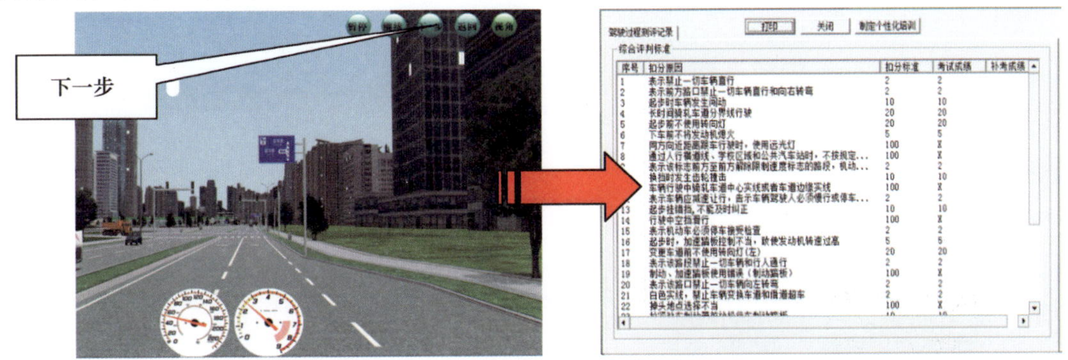

单击“下一步”　　　　自动弹出“驾驶技能测评记录”

图 4-32　视景 VIEW4 V1.1 “驾驶技能测评记录”示意图

（4）制定个性化培训计划　单击“制定个性化培训”，系统自动生成“案例教学个性化培训计划表”，单击“保存”，如图 4-33 所示。

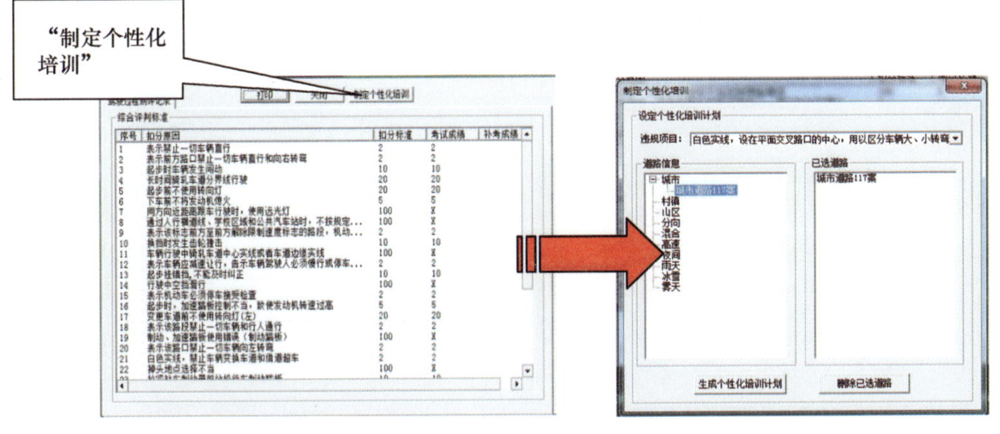

单击“制定个性化培训”　　　　自动生成“案例教学个性化培训计划表”

图 4-33　视景 VIEW4 V1.1 自动生成“案例教学个性化培训计划表”示意图

二、事故倾向性测评

事故倾向性测评是通过对驾驶人的自然属性、性格特点、认知能力以及驾驶技能进行分析，鉴定驾驶人潜在的事故倾向性。在测评体系界面上，单击“事故倾向性测评”，可进入事故倾向性测评道路选择界面，如图 4-34 所示。

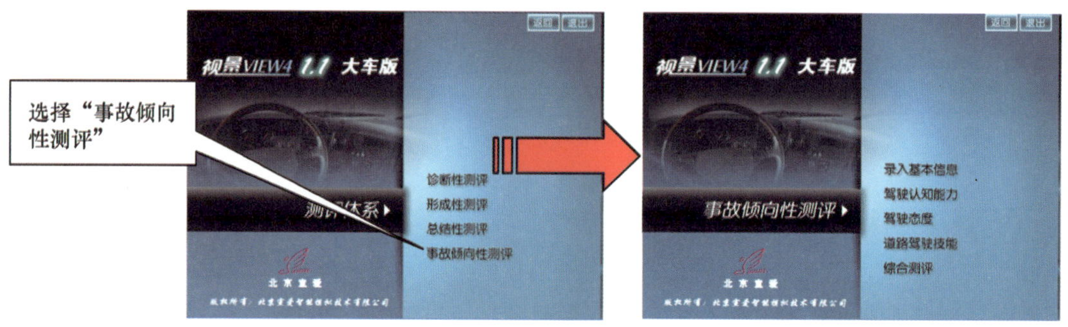

选择“事故倾向性测评”　　进入事故倾向性测评选择界面

图 4-34　进入视景 VIEW4 V1.1 事故倾向性测评选择界面示意图

1. 录入基本信息

在事故倾向性测评界面上，单击“录入基本信息”，打开“人员基本情况信息调查表”对话框，填写所有的调查项，保存入库，如图 4-35 所示。

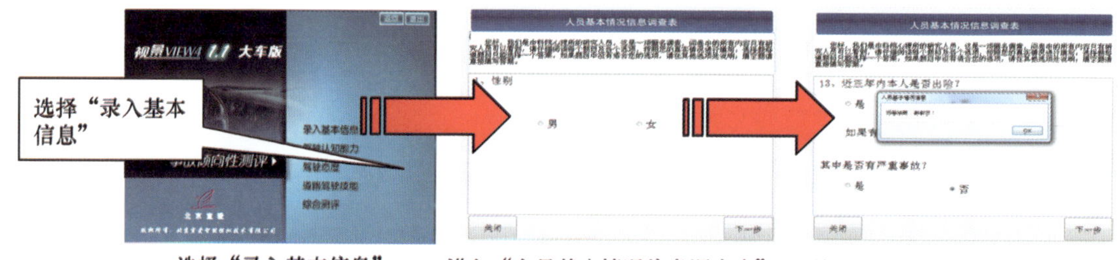

选择“录入基本信息”　　进入“人员基本情况信息调查表”　　填写所有的调查项，保存入库

图 4-35　进入视景 VIEW4 V1.1“人员基本情况信息调查表”示意图

在选择完成后，单击“提交”选项以记录填写的数据。如此时仍有题或者文本框未填写则会出现图 4-36 所示提示。

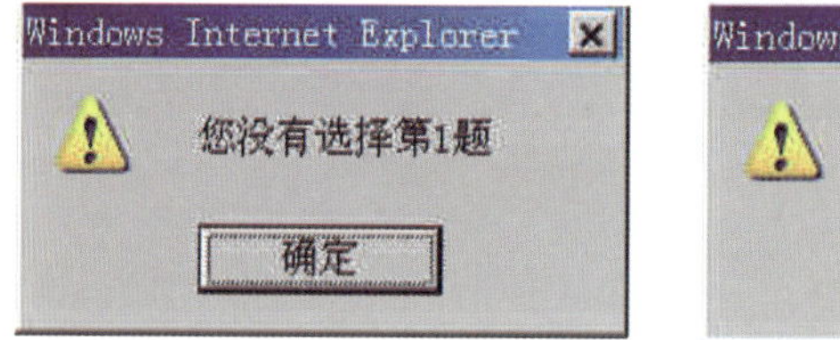

图 4-36　错误提示

注意事项：填写完毕后浏览器可能会出现提示“在此页上的 ActiveX 控件和本页的其他部分的交互可能不安全，你想允许这种交互吗?”，这时请选择“是”，否则无法记录

数据。

2. 驾驶认知能力的测试

驾驶认知能力的测试任务共为注意广度，注意分配，多目标追踪和速度估计等四个任务，其中，注意分配又包括三个分任务，分别为追踪、判断和双任务。在事故倾向性测评界面上，单击“驾驶认知能力”，打开“驾驶认知能力测试”对话框，填写所有的调查项，保存入库，如图 4-37 所示。

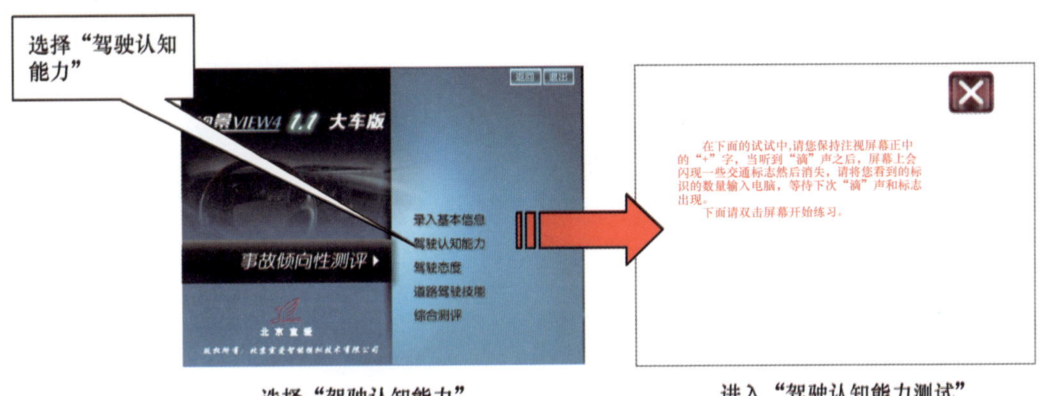

图 4-37　进入视景 VIEW4 V1.1“驾驶认知能力”示意图

根据对话框中的提示信息“双击屏幕”，开始测试。

（1）注意广度的测试　在任务中，注视屏幕正中的“+”字，当听到“滴”声之后，屏幕上会闪现一些交通标志然后消失，时间很短，用户需要记忆它们的数量，然后将数目输入计算机，且按回车键确认，等待下次“滴”声和标志的出现，如图 4-38 所示。

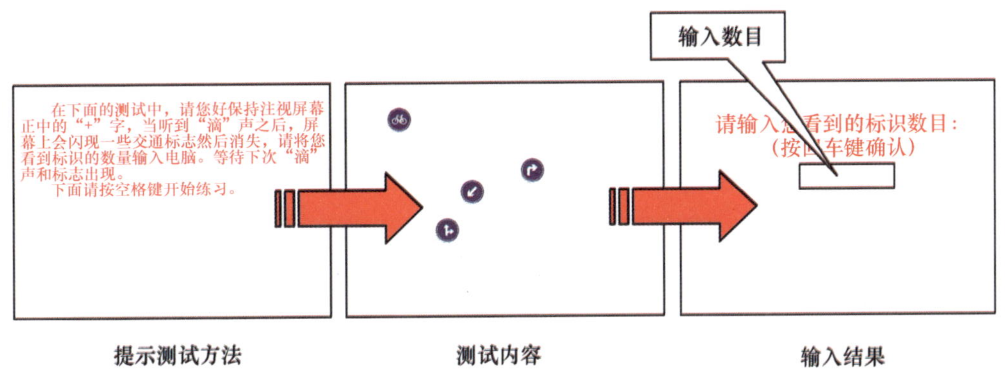

图 4-38　视景 VIEW4 V1.1 注意广度的测试示意图

在练习阶段，如果数据输入的正确则会出现“正确”二字，反之则出现“错误”。在正式实验阶段时，就没有关于输入的反馈了。

（2）注意分配的测试

1）追踪任务的测试。你将驾驶一辆小车，你可以按方向键让小车向“上”、“下”、“左”、“右”移动，每次只能移动一格。你的任务是将车尽快地开到红点所在的地方，同时记住每次走过的路。在练习阶段会有反馈（正确路径以红线表示），如图 4-39 所示。

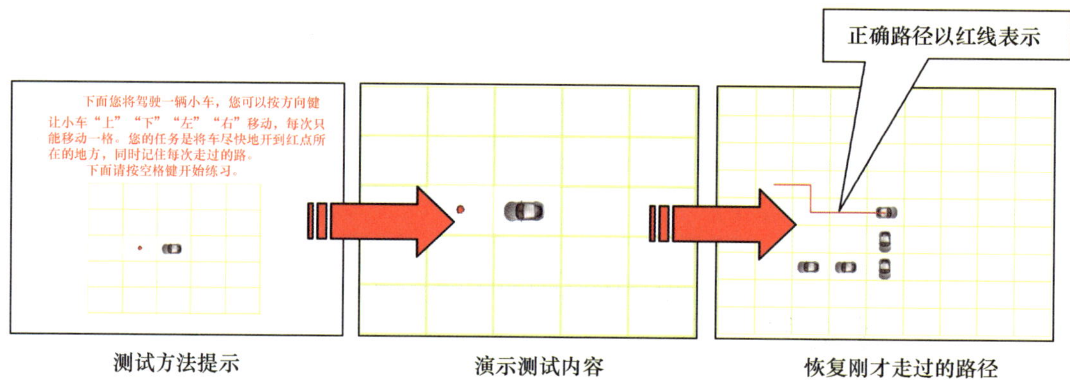

图 4-39 视景 VIEW4 V1.1 注意分配测试的“追踪任务的测试”练习示意图

在正式测试时，就没有红线反馈了。如图 4-40 所示。

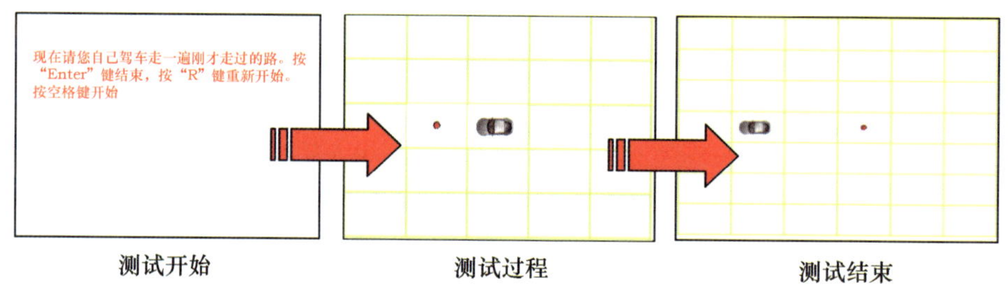

图 4-40 视景 VIEW4 V1.1 注意分配测试的“追踪任务的测试”示意图

2）判断任务的测试（图 4-41）。首先将左手食指和中指分别放在“F”键和“D”键上。在任务中，你将会看到屏幕正中有一辆小车，请始终注视着这辆车。一段时间后，屏幕上会出现一些物体，请判断其中是否有完整的交通标志，如果有，请迅速按下“F”键，如果没有，则按下“D”键。

在练习阶段，如果判断正确则会出现“正确”二字，反之则出现“错误”。在正式实验阶段没有反馈。

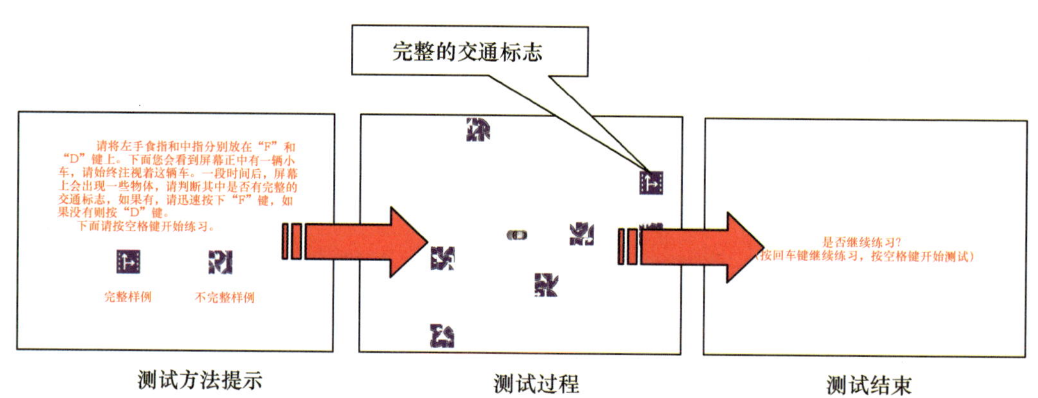

图 4-41 视景 VIEW4 V1.1 注意分配测试的“判断任务的测试”示意图

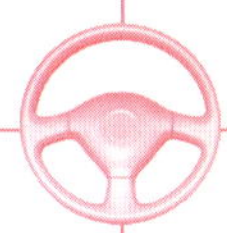

3）双任务的测试（图 4-42）。双任务的测试是同时完成刚才做过的两个任务。将左手食指和中指分别放在“F”键和“D”键上，右手食指放在方向键。尽快将小车移动到红点所在位置，在移动过程中，若出现其他物体，请判断其中是否有完整的交通标志，如果有按“F”键，没有按“D”键。只有做完判断之后，才可以继续追踪任务。

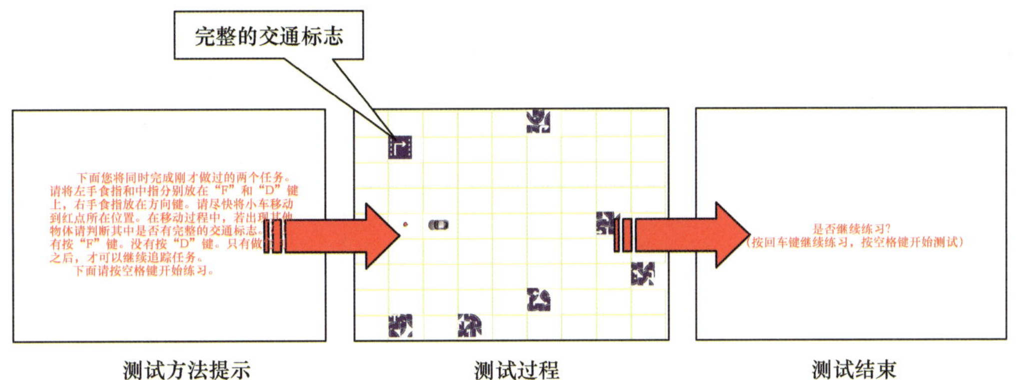

图 4-42　视景 VIEW4 V1.1 注意分配测试的“双任务的测试”示意图

追踪的过程画面同追踪任务，但被试者追踪到特定步数时，会出现判断任务，只有判断任务完成以后，才可以继续追踪任务。练习时，反馈及恢复路径同追踪任务部分。

（3）多目标追踪的测试　在测试中，屏幕上会再现一个十字路口和 8 辆汽车，请你注意其中被红圈圈中的目标汽车。随后所有汽车将开始匀速运动，一段时间后汽车全部消失。请判断目标汽车的速度是否发生了变化，如图 4-43 所示。

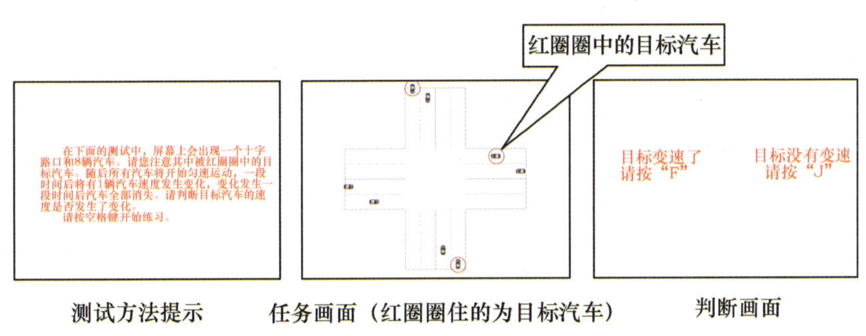

图 4-43　视景 VIEW4 V1.1 注意分配测试的“多目标追踪的测试”示意图

在练习阶段，如果判断正确则会出现“正确”二字，反之则出现“错误”。在正式实验阶段没有反馈。

注意事项：此项任务要求屏幕分辨率能够达到 1280×1024，否则无法正常显示。

（4）速度估计的测试　在任务中，你将看到一辆小车停在屏幕左侧，当你按下空格键，小车将从左到右匀速行驶，当小车驶入屏幕右侧的蓝色护栏后，你将无法看到它，但它的速度不会发生变化。请判断小车何时撞上红线，并按下空格键，如图 4-44 所示。

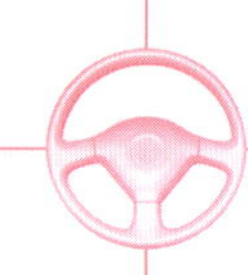

下面您将看到一辆小车停在屏幕左侧，当您按下空格键，小车将从左到右匀速行驶，当小车驶入屏幕右侧的蓝色护栏后，您将无法看到它，但它的速度不会发生变化。请判断小车何时撞上红线，并按下空格键。

这时小车将回到屏幕左侧，等待下次出发。下面请做两组练习。

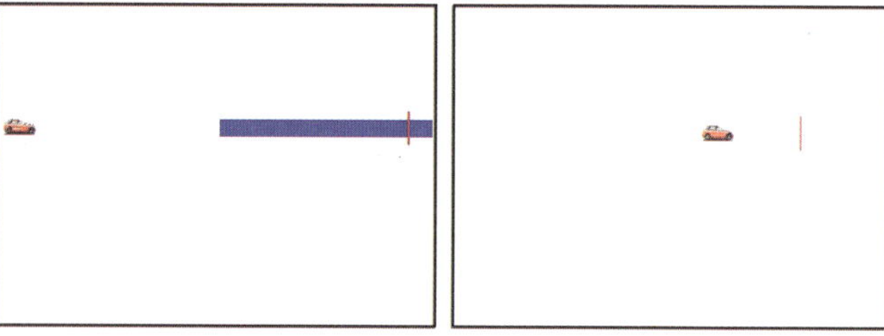

测试方法提示　　当车运动到蓝条后即不可见　　练习时，车停止后，会显示实际位置

图 4-44　视景 VIEW4 V1.1 注意分配测试的“速度估计的测试”示意图

当车运动到蓝条后即不可见。练习时，车停止后，会显示实际位置，正式测试中不会有此反馈。

3. 驾驶态度的测试

驾驶态度是指认知思维方式及对驾驶安全的态度，测试包括驾驶人人格测试、安全态度测试两部分的问卷。人员基本情况信息提交完毕以后，浏览器自动关闭并打开“驾驶人个性测验”问卷供用户填写。在事故倾向性测评界面上，单击“驾驶态度”，打开“驾驶态度测试”对话框，填写所有的调查项，保存入库，如图 4-45 所示。

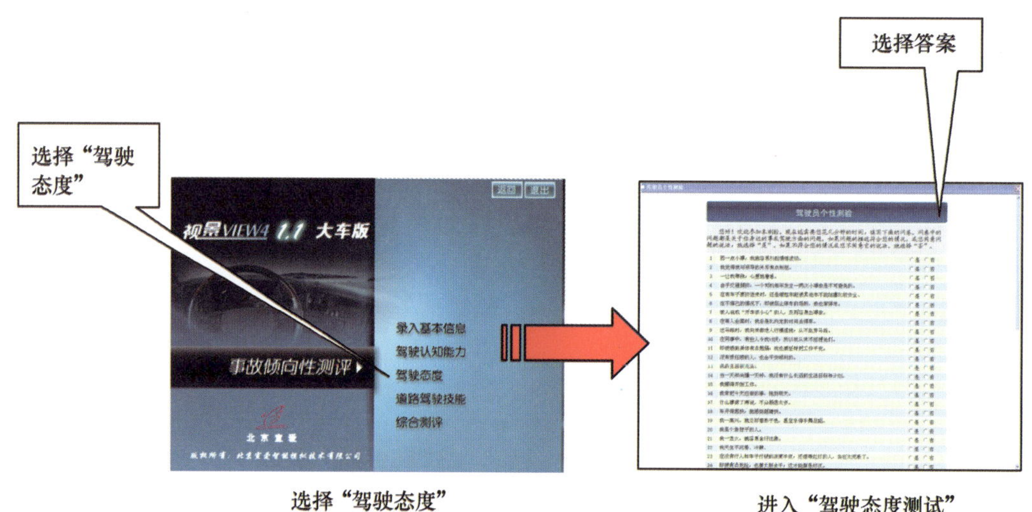

选择“驾驶态度”　　进入“驾驶态度测试”

图 4-45　进入视景 VIEW4 V1.1 驾驶态度测试示意图

在选择完成后，单击“提交”选项，以记录填写的数据。如此时仍有题未填写则会出现图 4-46所示提示。

注意事项：填写完毕后，浏览器可能会出现提示“在此页上的 ActiveX 控件和本页的其他部分的交互可能不安全，你想允许这种交互吗?”，这时请选择“是”，否则无法记录数据。

图 4-46　视景 VIEW4 V1.1 驾驶态度测试“提示窗”示意图

4. 驾驶模拟的测试

驾驶模拟在宣爱 QJ－4b 动感型汽车驾驶模拟系统上完成（图 4-47）。利用 Evaristev4.6 设计了 10 组道路；利用 ScanerII－v1.0 在 10 组道路上设计了相应的事故点（3～5 个）。因此，最后呈现的 10 组道路，每组包括有事故路和无事故路，加上训练路共计 21 条道路，也就是说 10 条无事故道路，10 条有事故道路，一条训练路，测试道路如下：

事故倾向性测试路一览表（21 条道路 含训练路）

编号	道路名称	是否有事故
0	训练道路	无
1	高速路 1	有
11	高速路 2	无
2	乡村路 1	有
12	乡村路 2	无
3	盘山路 1	有
13	盘山路 2	无
4	山区路 1	有
14	山区路 2	无
5	Rivirea 混合路 1	有
15	Rivirea 混合路 2	无
6	城市路 1	有
16	城市路 2	无
7	乡村城市混合 1	有
17	乡村城市混合 2	无
8	山区乡村混合 1	有
18	山区乡村混合 2	无
9	城市高速混合 1	有
19	城市高速混合 2	无
10	山区城市混合 1	有
20	山区城市混合 2	无

注：道路编号 1～10 为事故道路，11～20 为无事故道路，1 与 11 为一组，2 与 12 为一组，其他同理。

10 条事故道路为高速路、城市路、乡村路、山区路及其混合路（还包括 Rivirea 数据库提供的一条道路），每条事故路根据路面类型包括 3～5 个设置的事故，事故一般为前面

的车辆阻拦、紧急制动等，侧面的车辆超过，堵车，行人横穿等，均为简单路况。

道路天气均为晴天白天，道路平整，除了山区路、盘山路等部分路面外，均无起伏。

驾驶人在加载模拟道路后即可开始驾驶，若驾驶出路面，则屏幕中央会提示“驾驶出路面了！”；若撞车或被撞车，则屏幕中央提示“撞车熄火了！”；在道路的终点处有一个“stop”标志的指示牌（Rivirea 混合路等除外），同时屏幕中央会显示“此条道路测试完毕，请刹车”。

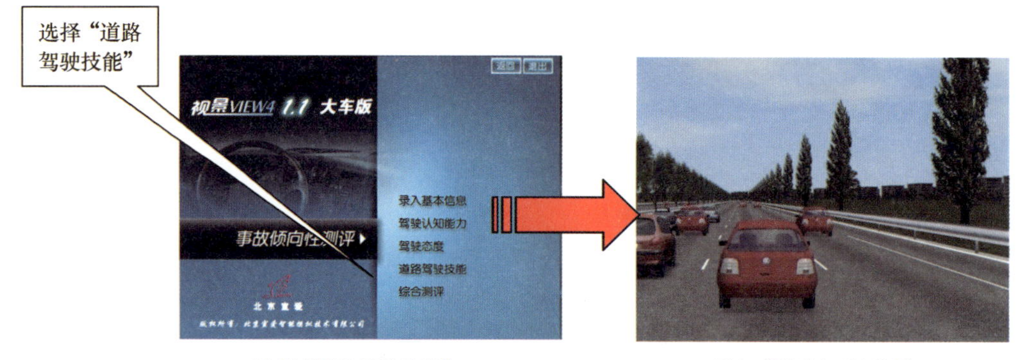

图 4-47　进入视景 VIEW4 V1.1 道路驾驶技能测试示意图

5. 综合测评

综合测评是专门用于输出被试者测试结果的文档，文档中包含有总体评价及其各任务相关指标的数据记录。详见报表范例。在事故倾向性测评界面上，单击“综合测评”，打开“综合测评输出”界面，如图 4-48 所示。

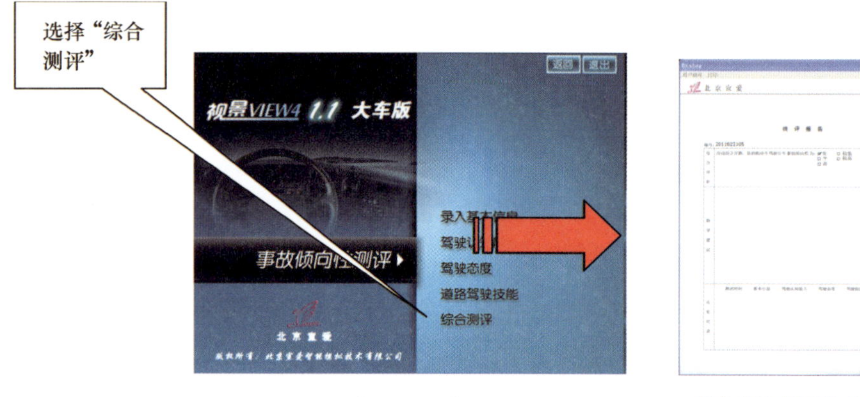

图 4-48　进入视景 VIEW4 V1.1 综合测评界面示意图

1）选择“打印当前报表”并在下拉列表框中选择对应编号以生成 word 文档供打印。也可在被试者完成所有任务后，当有“请打印报表”的提示时，选择“打印当前报表”，即可生成当前编号测试人员的 word 文档供打印。测评结果报告如图 4-49 所示。

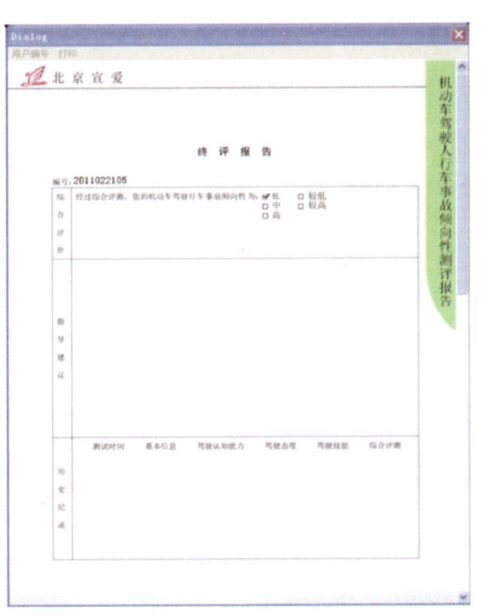

正面

背面

图 4-49 视景 VIEW4 V1.1 事故倾向性测评结果报告示意图

2）选择“打印历史报表”并在下拉列表框中选择对应编号以生成 word 文档供打印。可重新打印测试人员报表。

报表范例：

驾驶事故倾向性测评结果

日期：2008 年 5 月 11 日

编号：2008042101

经过综合评测，您的驾驶事故倾向性为：√低　　较低　　中　　较高　　高

建议：

1. 您驾驶时候需要特别耐心和冷静。您平时需要多留意对自己驾驶技术的训练，不断提高自己的驾驶水平。

2. 您的综合驾驶认知能力优秀，为了保证您的行车安全，请在驾驶过程中注意以下事项：在行车的过程中，除了随时把握前方路况，您还应多观察后视镜，尤其当道路拥挤、路况复杂时，请注意和周围车辆行人保持一定距离。当行驶到路口附近时，请及早注意交叉路口的路况，以防和突然出现的车辆或行人相撞。

3. 您对交通规则的理解很不到位，安全意识非常薄弱，不能把握安全和危险的方法。

4. 您驾驶技能正常！

宣爱智能测评系统

各项指标如下所示：

测试项目	编号	项目名称	测试结果	正常参考值
基本信息	1	人口学信息	1	1月5日
驾驶认知能力	2	注意广度	12	5.96～10.27
	3	成绩1	0.92	
		成绩2	0.9	
		成绩3	0.88	
		成绩4	1	
		成绩5	0.9	
		成绩6	0.91	
		成绩7	894.8	
		成绩8	629.7	
		成绩9	1130	
		成绩10	671.8	
		注意分配	1.04	0.64～0.98
	4	记忆广度	7.2	4.99～9.71
	5	监控能力	1	0.50～0.98
	6	维度1	53.33	
		维度2	46.33	
		维度3	36.33	
		速度知觉1	低估速度	
		速度知觉2	51.54	33.86～87.86
	总分：5			
驾驶态度	7	责任感和生活态度	1	≥5
	8	情绪稳定性	0	≥4
	9	环境适应性	0	≥3
	10	攻击性	4	≥3
	11	心理紧张度	2	≥3
	12	冒险性	0	≥3
	13	遵守规则	0	≥5
	14	安全意识	4	≥4
	总分：1			

（续）

测试项目	编号	项目名称		测试结果	正常参考值
驾驶技能	15	成绩 1	Rivirea 混合路 1	501.161	192.602～550.266
	16		盘山路 1	205.161	222.203～546.754
	17		城市高速混合 1	155. 161	240.007～854.310
	18	成绩 2	Rivirea 混合路 1	5	0～2
	19		盘山路 1	8	1～5
	20		城市高速混合 1	2	0～1
	21	成绩 3	Rivirea 混合路 1	4	1～8
	22		盘山路 1	3	0～5
	22		城市高速混合 1	2	0～2
	23	成绩 4	Rivirea 混合路 1	25	5～38
	24		盘山路 1	16	11～23
	25		城市高速混合 1	14	7～33
	26	成绩 5	Rivirea 混合路 1	12	1～26
	27		盘山路 1	5	0～15
	28		城市高速混合 1	2	1～27
	总分：3				

第三篇　安装维护篇

第五章　电子学习室的安装与调试

电子学习室的安装工作应该在“电子学习室安装技术管理规范”（简称：安装规范）的指导下进行，安装规范中明确规定了安装组织设计、安装方案和技术交底等三个层次的内容。

1）安装组织设计是对安装过程实行科学管理的重要手段，是编制安装预算和安装计划的重要依据，是安装管理的重要组成部分。安装组织设计根据电子学习室安装的特点，从人力、资金、材料、机械和安装方法等五个主要因素进行科学合理的安排，使之在一定的时间和空间内得以实现有组织、有计划、有秩序的安装，以及在整个工程安装上达到相对的最优效果。即：时间上耗工少，工期短；质量上精度高，功能好；经济上资金省，成本低。安装组织设计是一种指导性文件。

2）安装方案是依据安装组织设计，针对重点、特殊、关键的工艺给出的方案，使用者为专业管理者。一般有电子学习室基本安装方案，以及在“质量计划”中界定为关键工序和特殊工序的分项工程安装方案。

3）技术交底是使参与安装的人员熟悉和了解电子学习室安装工程的特点、设计意图、技术要求、安装工艺、材料要求和应注意的问题、质量标准、成品保护，以及质量检验与管理的要求。它是依据国家标准、规范、规程、现行行业标准、上级技术指导性文件和企业标准制定的，具有可操作性的技术支持性文件。

电子学习室安装工程的质量目标：按标准安装，一次试机成功。安装工程调试部分是关键过程，难度很大，需要在安装上富有经验的机械技师与软件工程师密切配合完成。

第一节　安装前的准备工作

电子学习室安装工程前的准备工作主要包括技术准备、材料准备、机具准备、人员安排、作业条件等内容。

一、技术准备

1）安装工程执行的国家标准与技术文件

①《电气装置安装工程施工及验收规范》GB50254～50257—1996。

②《电气装置安装工程接地装置施工及验收规范》GB 50169—2006。

③《电气装置安装工程电气设备交接实验标准》GB 50150—2006。

④《施工现场临时用电安装技术规范》JGJ 46—2005。

⑤《电子学习室产品检验标准》QB 3A1—2010。

⑥ 安装工程安装组织设计。

2）熟悉安装工程设计图样，按设计要求准备相应的安装工艺规程、安装验收规范、安装质量检验评定标准及图集等。电子学习室安装前，应根据教室的场地情况，首先进行各类设备的布置预案，确定设备的摆放位置与线路的布置，并绘制相关的设备布置平面图，如图 5-1 所示。

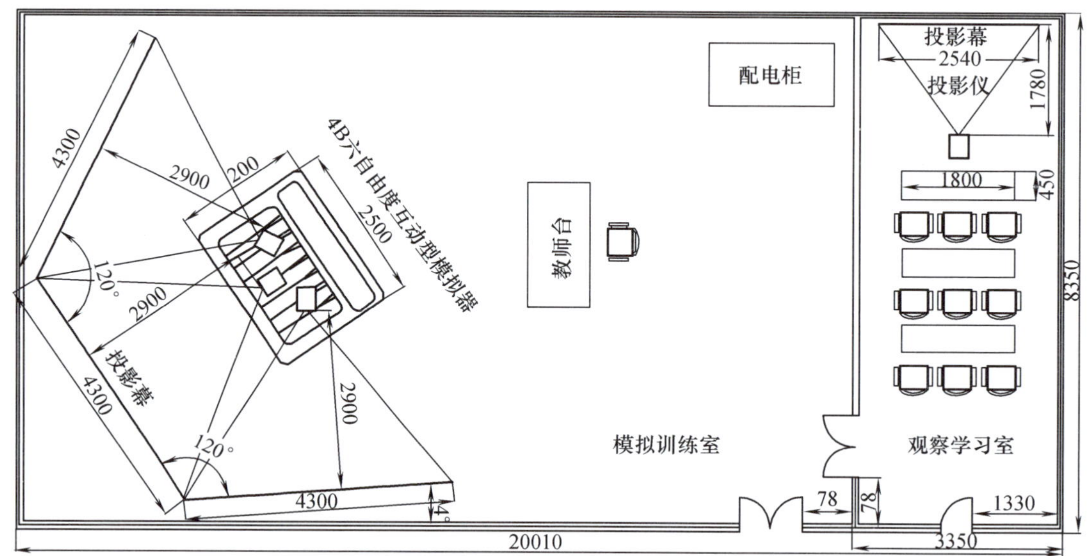

图 5-1　48 座电子学习室设备布置平面图

3）提供安装技工用工手续，备齐相应的上岗证及培训证书。

4）备齐安装中所需的计量、测量器具，并要经检测部门检测合格，有合格证书。

5）检查主要机具是否完好，能否满足正常安装使用。

6）工种交接检查记录应齐全，并有交接双方签字认可。

二、材料准备

1）电线电缆的规格应与设计一致，要有出厂合格证。

2）各种线槽应符合设计要求。

序号	材料名称	规格型号	数量	备　注
1	电源插座	220V　30A 三孔	若干	
2	PVC 电线槽	10×20	若干	
3	PVC 地槽	12×35	若干	
4	电线电缆	RVVP　3 芯 铜芯聚氯乙烯绝缘屏蔽 聚氯乙烯护套软电缆	若干	

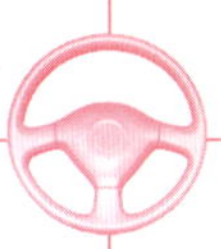

三、机具准备

序号	材料名称	规格型号	数量	备注
1	套筒扳手/通用工具		1套	
2	电控系统检测维修工具	V1.1	1套	
3	水平尺		1个	
4	接地电阻测试仪	3235型	1台	
5	机油壶		1把	

四、人员安排

序号	工　种	数量	备注
1	机械技师	2	以10台/套计算
2	软件工程师	2	以5台/套计算
3	合　计	4	

五、作业条件

1. 场地要求

1）场地空间，长不小于13m，宽不小于9m，高不小于3.6m。

2）货物通道门，宽不小于2m，高不小于2.3m，门向里开（方便座舱的搬运）。

3）行人通道门，宽不小于1.5m，高不小于2m。

4）地面硬化。

5）主副教室相邻。

2. 配电条件要求

1）电动伺服运动平台配电。

① 380V动力电源，波动范围小于±10V。

② 允许通过120A以上电流，电缆截面不小于15mm^2。

③ 备有开关和熔断器。

2）其他设备配电。

① 220V标准电源，波动范围小于±10V。

② 允许通过30A以上电流。

③ 备有熔断器。

3. 其他条件要求

1）窗户配有遮光窗帘，且遮挡严实，流明度小于0.3lm，室内通风良好。

2）室内配有火警检测设备和灭火装置。

3）配有空调与暖气设备，可常年保证室温在15～25℃。

4）下雨和融雪时，不会形成积水。

5）室内地面为坚实的水泥地面，水泥厚度达100mm以上，可预置固定螺栓。

六、设备接收的流程及注意事项

1. 勘察现场

及时与用户联系，安排相关工作人员勘察现场，进行相应的安装设计。

2. 公司收货

1）编制分类发运明细表，确定从生产厂家运输的产品及数量。

2）编制总的发运明细表，确定单套相关产品运输数量。如果分类包装时应有分类包装明细单。

3. 发运控制

1）生产厂家运输控制。根据质检组检验情况，提前2～3天通知生产物流组进行运输协调，并最终确定运输时间、发运数量，到京时间，以便落实整体发运计划。

2）集合整装确认。运输前最终确定产品名称、件数，核对与发运明细是否一致。并准备发运。

3）物流公司发运控制。运输公司进行运输后，确定包装、数量是否与发运明细单一致，进行运输时间的控制，落实到货具体时间。

4. 货运跟踪

货物运输后及时与物流公司联系，确保运输物资安全，包装完好。

5. 接货

1）运输公司在确定到货时间后，提前2～3天通知应用事业部、客服部安排相关人员进行到场接货。并办理好公司、运输公司及客户的货物交接手续。

2）到场后，需要客服部人员先进行运输物品包装、数量的确认。

3）与运输公司协调客户进行数量、包装交接，并要求客户在发运清单上签字盖章并留存，返回公司后交到部门经理处。

4）客户延后安装的产品应告知客户妥善保管，不要随便打开包装。

5）客服工程组人员应将延后安装的设备进行封存，与客户一同封箱，并做好交接手续，填写延后安装交接清单，客户签字盖章后带回公司交到部门经理处备案存档。

6. 设备开箱检验

1）设备开箱点件应由安装单位、收货单位共同进行，并做好记录。

2）依据装箱单，核对设备、附件、备品备件和随带技术文件，查验合格证和出厂试运行记录。

3）外观检查，应有铭牌，机身无缺件，涂层完整。

4）附属设备应符合设计要求。

第二节　设备的安装

由于电子学习室是一套集机电一体化、高端电子技术为一体的综合设备产品，为了保证设备的安装顺利，正常运行，特制定系统流程，工程安装工程师在安装实施过程中

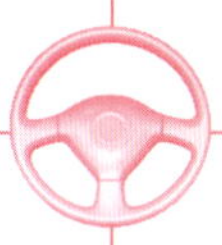

应严格按照此流程操作执行。电子学习室系统安装的工艺流程应按照以下顺序进行，如图 5-2 所示。

图 5-2 电子学习室安装工艺流程示意图

一、设备安装的作业流程

1. 安装前的预备工作

（1）受理工程

1）工程人员根据公司通知，领取工程通知单，与客户联系工程安装事项，确定人员出发时间。

2）工程人员到达工程现场，根据设备清单逐件清点设备，为工程安装做好准备。

（2）工程设计 及时和客户沟通，制定安装方案，确定设备安装方位。

（3）配电柜的调试

1）搬运配电柜到指定位置固定，不得出现晃动现象，配电柜背面板与墙之间的距离不得小于 20cm。

2）检查机柜内部的所有线束，防止在搬运过程中发生振动出现松动。

3）调整外部 380V 电缆到机柜指定位置，做好线路连接准备。

4）按照电气图接线，电缆穿过底部出线口进入电气柜。做好相应的检查，确保接线正确无误。连线端子螺钉紧固无松动。

2. 安装屏幕

1）搬运屏幕支架进入场地，根据场地设计要求进行安装，支架要与地面保持垂直。平板幕应使三个支架的衔接处距离均匀、上下一致，使用万用角度尺测量角度，保证两支架之间夹角为 120°。环形幕应确保环形支架弧线过渡平滑。

2）检查支架安装的牢固情况。

3）固定幕布，幕布安装要求幕面平整，无褶皱出现。

3. 安装投影机

1）确定安装位置。每台投影机的镜头中心到幕布中心的垂直距离应达到 2.9m。

2）安装投影机。使用冲击钻按已确定位置打孔，固定膨胀螺栓，膨胀螺栓力度应能承受投影机的重量。

3）连接电源和信号线路。开启投影机，调整图像画面使之与幕布的大小吻合，图像的画面不得超出幕布边缘。

4）调整吊架云台。图像全部达到要求范围后，紧固云台螺钉。

5）电源线和信号线的布线。线束平行整铺，电源线和信号线之间距离不得小于 2cm。

4. 安装动感座舱

1）安装座舱下支架，搬运座舱下支架到指定位置，支架中心位置到中间幕布中心位置的距离为 3m；底座应紧贴地面，间隙不大于 1cm，保持水平，稳固不晃动。

2）移动安装驾驶室与电动伺服缸。

① 搬动驾驶室平放在地面上，使用扳手转动联接万向轮的丝杠，直到把驾驶室支离地面 20cm 为止。推动驾驶室到达安装位置。

② 转动升降丝杠，使驾驶室上升到能够安装伺服缸的位置，进行伺服缸安装工作。安装过程中注意信号线端口的方位；保证缸体传感器孔向上，固定螺钉紧固、无松动。

③ 检查驾驶室已经安装的电路板是否松动，线路连接是否牢固，连接伺服缸传感器信号线，动力线与控制线连接对应的航空插头，应旋紧无松动。

④ 传感器固定于对应的缸体传感器孔上，传感器探进缸体的深度应保持在距离缸体内壁 1mm 位置。

⑤ 检查驾驶室线路整体连接情况，整理线束。

5. 安装主控制台

1）组装工作台。按照要求正确安装工作台。

2）组装监控主机。显示器整齐成一定角度摆放在桌面之上，主机和显示器线路完成连接。

3）整理线束。视景输出视频线经 VGA 一分为二分成两个线束，再分别经过三分屏器连接到三台投影机和三台视景显示器，三个信号要与投影机和显示器相对应。

4）监控器信号线分别连到视频采集卡对应的接头上。

5）右视镜、左视镜、下视镜液晶屏视频信号由控制计算机经三分屏器分屏得到。

6. 线路连接

检查并连接设备的所有线路。线路连接要求正确，接口牢固，强电和弱电分辨清楚，线路标签准确。

7. 系统测试

对设备各部进行系统全面的检查。无误后，通电试运行，严密观察设备的运行情况，如图像显示是否正确，信号线路是否正常传输，伺服缸是否正常工作。依据“电子学习室系统检验项目与检验标准”，完成系统测试的所有项目，根据测试情况再进行微调。

1）模拟座舱的检验项目与检验标准。尽管模拟座舱出厂时，制造厂已对模拟座舱进行过严格检验，但从工厂到现场的运输过程中，可能会出现各种问题，如外表损伤等。因此，在模拟座舱到达安装现场时，必须验证模拟座舱是没有问题的。此项工作通常由工程安装技工负责实施。具体项目与标准见下表。

电子学习室系统检验项目与检验标准 1

序号	项目	检验标准	检验方法
1	装配总要求	装配的零部件、总成和附件应符合相应的技术条件。各项装备应齐全，并按原设计的装配技术标准安装	目视检查
2	外观	外饰件固定可靠，配合间隙正确，表面无划痕，喷涂颜色协调、均匀、光亮，漆层无裂纹、剥落、起泡、流痕、皱纹等现象。不需涂漆的部位，不得有漆痕	目视检查
3	座椅	座椅的颜色、形状、尺寸、座间距及调节装置应符合原设计要求	目视检查
4	转向机构	1. 转向机机构各连接部件不松旷	实际操作检查
5		2. 游动间隙应为 4°±1°	角度尺测量
6	变速器	1. 外观无瑕疵、挡位操作正常，不发卡，定位牢固	目视检查，实际操作检查
7		2. 受离合器踏板控制的互锁装置工作可靠	
8		3. 变速杆操纵力应在 10～50N	弹簧测量仪
9	离合器踏板	1. 离合器踏板自由行程应在 20～30mm	金属直尺
10		2. 离合器踏板总行程应在 50～120mm	
11		3. 离合器踏板力应在 20～150N	弹簧测量仪
12	制动踏板	1. 制动踏板的自由行程应在 10～15mm	金属直尺
13		2. 制动踏板最大行程应在 50～135mm	
14		3. 制动踏板力应在 100～500N	弹簧测量仪
15	加速踏板	1. 自由行程应在 4mm±1mm	金属直尺
16		2. 踏板活动灵活，无发卡	实际操作检查
17		3. 加速踏板总行程应在 50～100mm	金属直尺
18		4. 加速踏板力应在 20～100N	弹簧测量仪
19	组合开关及罩	1. 固定牢靠	实际操作检查
20		2. 组合开关与仪表罩缝隙均匀且不大于 5mm，罩上端面与转向盘下端面平行，间隙不大于 5mm	
21		3. 灯光开关柄处于罩孔中央位置	
22	喇叭	音量适中，工作正常	目视检查，实际操作检查
23	仪表	1. 仪表板背景灯能够开启，仪表指针能够转到固定位置	
24		2. 左右转向指示灯正常工作	
25	安全带	1. 快速用力拉伸时将处于锁止状态	
26		2. 缓慢用力时可以伸长	
27	各部润滑	各润滑点润滑适当	
28	商标铭牌	位置正确，固定牢靠	目视检查

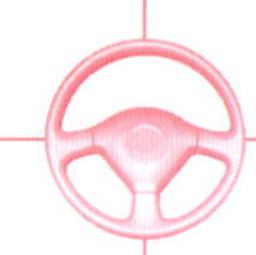

2）视景系统的检验项目与检验标准。视景系统全部使用外采设备，因此应依据生产单位的技术要求进行检验；同时，对重点项目应该着重进行抽检。见下表所示。

电子学习室系统检验项目与检验标准 2

序号	检验项目	检验标准
1	计算机	1. 计算机按正常操作步骤开机三次（关机后至少间隔 30s 以上再开机），每次均能正常启动并引导操作系统
		2. 根据计算机的配置，使用随机附带的键盘、鼠标、显示器进行测试，各功能均能正常使用，显示器无偏色，花屏等现象
		3. 视景 VIEW4 V1.1 软件系统：安装软件后开关机速度正常，无死机现象，软件能正常使用，无卡壳现象
2	投影机	加电检查：保证开机 30min 无自动关机现象，画面无变形，图像清晰，遥控器使用灵敏
3	音响系统	加电检查：声音无啸声，发音不失真，各按钮调节灵活
4	教学软件	检验软件是否能正常使用

8. 安装踏台

运行正常后，将大小 8 块地板按编号铺于对应位置，地板铺于电缆上方，不能压住电缆。保证地板平铺于地面，与地面间隙不大于 5mm。

9. 清理现场

工程完成以后，清理工程现场，保持现场清洁。

10. 系统联调与试运行

设备安装连接完成后，通电进行拷机运行工作，保证所有设备不间断运行 5h 以上，在运行过程中注意检查各个部位的工作情况，如发现异常情况要及时关闭电源，寻找产生问题的原因，及时排除解决。

11. 设备的验收

1）对客户进行操作规程培训，明确注意事项。

2）设备的交接。完成工程验收。

3）信息反馈。工程验收完成后，工程验收单及时反馈公司。

二、电子学习室设备使用注意事项

1）严格按使用要求操作设备，不许将模拟器当游戏机操作，不许违规操作。

2）不踏下离合器踏板，不得移动变速杆，严禁硬拉猛踩。离合器至变速器之间装有联锁装置，未踏下离合器踏板时，变速杆始终处于锁止状态，不能纵向移动，因此，在使用中必须踏下离合器踏板后再移动变速杆，否则，将加速联锁装置的磨损。

3）转动转向盘时，用力要均匀，左右打至满幅后，严禁过力强打。阻尼转向机左右设计转幅为 2.5 圈，且能自动回正。使用中，如果左右打至满幅后继续强打，极易造成机件的损坏，甚至整机报废。

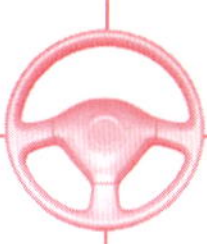

4）要保持正确的驾驶姿势，按照规范的动作要领进行练习。要按照与实车相同的动作要领进行操作，不得用脚踢踹转向盘、变速杆、座椅。

5）各用电设备不易长时间使用。连续使用喇叭每次不得超过 1s，严禁长鸣喇叭；转向灯使用不得超过 10s。

6）调整座位时，严禁强拉硬踹。

7）当设备工作出现异常状态时，立即按下急停开关，将设备断电。

第六章　电子学习室设备的使用与维护

电子学习室的正确使用是保证系统正常运行和延长其使用寿命的关键环节，加强设备的日常维护和保养至关重要，日常维护主要包括清洁、检查、紧定、润滑等四项工作。

1）清洁。要经常保持驾驶座舱的清洁，清洁时，严禁用水冲洗，应用干布擦拭。

2）检查。主要检查各连接部位有无松动，活动部位运动是否正常，电气设备的工作情况，蓄电池的存电量发现问题应及时处理。

3）紧定。紧定所有连接部位。

4）润滑。应定期对驾驶座舱的各润滑部位进行润滑（图 6-1），经常使用的通常每月进行一次。

图 6-1　模拟座舱润滑部位示意图

第一节 视景系统的使用与日常维护

一、计算机的使用与维护

本系统采用当前配置最高的 3 台计算机完成系统工作的支持。其中，软件平台使用 2 台，另外 1 台用于处理监控设备。计算机的性能稳定与运行环境和使用操作有直接的关系，正确存放与使用、良好的工作环境有利于计算机的正常运行，可以延长计算机的使用寿命。

1. 计算机的工作环境

（1）空间环境 室内要有良好的采光环境和通风条件，应避免阳光直射，并保持空气新鲜，最好有专门的计算机工作台。计算机不宜与其他电器混放在一起，以避免相互干扰。

（2）温度和湿度 计算机工作时温度限制在 14～30℃，最佳室温为 22℃±2℃；相对湿度应保持在 40%～60%之间；存放时，温度应在 0～40℃之间，相对湿度应保持在 10%～80%。温度和湿度过高或过低，都会使计算机难以正常工作。

（3）清洁度 环境要保持干净，减少灰尘。尘土多带酸性，与空气中的水分子相互作用，会腐蚀计算机内部的元器件，且灰尘常带有静电荷，粘附在硬盘上会使硬盘出错，甚至划伤。

2. 首次使用计算机的注意事项

（1）检查外观 计算机主机包装箱上贴有专有封箱标识，在主机箱的后部贴有专用防伪标签，我们的产品都有品牌标识，请检查产品的外观是否有明显的外伤，如有明显外伤可以换货。

（2）检查资料 请您根据产品“计算机出厂标准配置单”的内容检查资料盒中的随机资料和附品是否齐全。如有不符请与经销商联系。

（3）检验性能 经销商在安装好计算机之后，应该加电对计算机进行初步调试。基本步骤如下：

1）计算机按正常操作步骤开机三次（关机后至少间隔 30s 以上再开机），每次均能正常启动并引导操作系统。

2）加电后计算机屏幕显示的配置情况（CPU 频率，内存容量，硬盘容量，显卡类型等）应该与我们的配置一致。如果不一致，而您与经销商又没有特殊约定，您有权拒收计算机。

3）根据您计算机的配置，使用随机附带的软盘、光盘对软驱、光驱进行测试。对键盘、鼠标、音箱、显示器进行测试，各项功能均应能正常使用。如果您购买的这款计算机还有调制解调器，经销商应对上网功能进行测试，访问网站的费用由用户承担。

4）如果您在购买计算机时选购了其他相关产品和设备，应您的要求，经销商对这些产品也应该提供相应的免费调试。

（4）填写销售服务卡 如果我们的产品已经通过了上述内容的初步检测，请您填写

销售服务卡，服务卡上的内容仅供我公司做回访和技术支持使用。我们承诺为您保密。

（5）保存资料　请保管好您的三包凭证、购机发票、各种资料及随机的全部光盘、软盘，以备解决故障时使用。

3. 开（关）机步骤

（1）开机的步骤

1）确认各电源线连接正确。

2）打开显示器的电源开关。按“POWER 开”键启动计算机。

（2）关机的步骤

1）关闭所有使用中的界面窗口。

2）在“开始”菜单栏中选择“关闭计算机”，系统会提示您“待机”、“关闭”、“重新启动”三个选项，请您选择“关闭”。

3）计算机关闭。

（3）热启动的步骤　所谓热启动是指计算机在已加电情况下的启动，通常是在计算机运行中异常停机，或死锁于某一状态中时使用。操作方法就是同时按下“Ctrl＋Alt＋Del”组合键，系统将重新启动计算机。

4. 计算机安全使用的注意事项

1）仔细阅读随机提供的所有用户资料，全面了解计算机的使用方法和注意事项。

2）核对计算机的配置状况与装箱单是否一致，如有异议马上与经销商联系。

3）严格按照随机提供的用户资料上的连线方法安装您的计算机；系统加电时，先接通显示器的电源，最后再打开主机开关。

4）一定不要随便删除硬盘上您不了解的文件，否则容易使计算机运行异常，甚至造成不可挽回的严重后果。

5）不稳定的电压会对计算机产生干扰。电压过高，电源部件的正常工作状态可能被破坏，将导致电源部件和计算机主机的损坏；电压过低，电源部件就无法将输出电压稳定在正常值，整个系统就会陷入混乱状态。另外，瞬间干扰和电源突然断电将影响系统信息的正常传递，造成某些文件的丢失，甚至导致电路中某些元器件的损坏。因此，应了解计算机系统对供电的基本要求。

① 电网电压的稳定度在任何情况下，偏差不超过额定值的 10％。

② 要求电网供电：电压杂波少、干扰少。

③ 电网在规定时间内应连续供电。

④ 计算机系统的供电，最好不要与带有大容量负荷的电器并联运行。

⑤ 电源线接地良好。

⑥ 为了防止掉电和加电，请选购使用 UPS 电源。

⑦ 对电压忽高忽低，电流增加或减弱等现象，需用稳压电源来解决。

6）计算机采用 AC 220V 电源。

7）为了保证计算机能够正常工作，必须使用标准的带有接地保护的三相电源插头和插座。如果缺少了接地保护线，擅自更换标准电源线，都可能会带来严重后果。

8）计算机的某些部件如显示器等对磁体比较敏感，强磁场对这些部件有很强的破坏

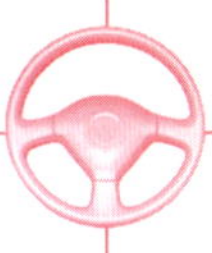

作用。因而建议您不要将计算机和软盘放在靠近磁体热源的地方（厨房溢出的油烟、烟筒排出的废气、高压线、大功率变压器和电动机产生的电磁场等都会对计算机产生干扰和损害）。音箱与显示器的距离不小于10cm。

9）在生活环境中，计算机可能会造成无线电干扰。在这种情况下，可能需要用户对其干扰采取切实可行的措施。

10）使用音箱时注意音量不可过大，否则可能损坏功率放大电路和扬声器。

11）勿将手或其他物品插入音箱的开孔或撑架连接处，应避免损坏扬声器的共振膜。

12）为减少对计算机的冲击和延长计算机寿命，尽量避免频繁开、关机；关机以后，应至少等待30s再开机。

5. 计算机的移动

如果需要将计算机移动或搬运时，必须预先保护好全部设备器件，并在操作前，完成以下步骤。

1）数据、资料存盘。

2）关掉主机电源，并从插座上拔下电源线。

3）拆开系统的各个独立外部设备。

6. 计算机的正确使用与维护

1）在短时间内不要频繁地开关主机，关机和再次开机之间应有一定的时间间隔，最好在30s以上。

2）加电后，不要随意搬动机器，不要带电插拔各种接口卡、外部设备和主机的信号电缆，一定要在关机的情况下装卸。

3）键盘的正确使用与维护。按键时，动作要轻捷、适当，不要用力过猛，以防机械部件受损失效。要经常保持键盘的清洁，不要将水或其他污物滴入键盘内；严禁将重物放在键盘盘体上，以防键体变形。

4）显示器的正确使用与维护。显示器容易吸附灰尘，在不使用时最好用专用的防尘罩盖好，应常用软布或棉花擦净荧光屏和机壳上的灰尘。为防止显像管被磁化，不要将带有磁性的物体靠近显示器。

5）光盘驱动器的正确使用与维护。注意光驱磁头的清洁，可定期用清洗盘进行清洗。光驱内的灰尘可用吸尘器吸出，或用光盘清洗盘对激光头进行清洗。

7. 计算机一般故障的排除

序号	故障现象	处置方法
1	开机无显示	此类故障一般是因为显卡与主板接触不良或主板插槽有问题造成的。对于一些集成显卡的主板，如果显存共用主内存，则需注意内存条的位置，一般在第一个内存条插槽上应插有内存条。由于显卡原因造成的开机无显示故障，开机后一般会发出一长两短的蜂鸣声（对于AWARD BIOS显卡而言） 如果机箱启动正常，但显示器无显示。需重新找一台显示无误的显示器，直接接到显卡输出处，看是否为显卡问题 如显示正常，则有可能是VGA延长线的问题。然后再逐步排查是否为显示器故障

（续）

序号	故障现象	处置方法
2	显示花屏，看不清字迹	此类故障一般是由于显示器或显卡不支持高分辨率而造成的。花屏时可切换启动模式到安全模式，然后在 Windows 下进入显示设置，在 16 色状态下点选“应用”、“确定”按钮。重新启动，在 Windows 系统正常模式下删掉显卡驱动程序，重新启动计算机即可。也可不进入安全模式，在纯 DOS 环境下，编辑 SYSTEM. INI 文件，将 display. drv＝pnpdrver 改为 display. drv＝vga. drv 后，存盘退出，再在 Windows 里更新驱动程序
3	颜色显示不正常	此类故障一般有以下原因： ① 显卡与显示器信号线接触不良 ② 显示器自身故障 ③ 在某些软件里运行时颜色不正常，一般常见于老式机，在 BIOS 里有一项校验颜色的选项，将其开启即可 ④ 显卡损坏 ⑤ 显示器被磁化，此类现象一般是由于与有磁性能的物体过分接近所致，磁化后还可能会引起显示画面出现偏转的现象
4	死机	出现此类故障一般多见于主板与显卡的不兼容或主板与显卡接触不良；显卡与其他扩展卡不兼容也会造成死机
5	屏幕出现异常杂点或图案	此类故障一般是由于显卡的显存出现问题或显卡与主板接触不良造成。需清洁显卡金手指部位或更换显卡
6	显卡驱动程序丢失	显卡驱动程序载入，运行一段时间后驱动程序自动丢失，此类故障一般是由于显卡质量不佳或显卡与主板不兼容，使得显卡温度太高，从而导致系统运行不稳定或出现死机，此时只有更换显卡

此外，还有一类特殊情况，以前能载入显卡驱动程序，但在显卡驱动程序载入后，进入 Windows 时出现死机。这时可更换其他型号的显卡在载入其驱动程序后，插入旧显卡予以解决。如若还不能解决此类故障，则说明注册表故障，对注册表进行恢复或重新安装操作系统即可。

二、投影机的使用与维护

本系统主教室采用三台投影机，副教室采用一台投影机。

1. 温度警告指示灯

1）当投影机的内部温度超过正常温度时，温度警告指示灯将呈现红色闪烁。当投影机的温度恢复正常，指示灯停止闪烁。

2）当温度警告指示灯持续闪烁，检查下列各项：

① 投影机的通风口可能被堵。这种情况下，重新放置投影机，以使通风口不被堵。

② 空气过滤器被灰尘等物阻塞。清洁空气过滤器。

③ 如进行了上述检查后，温度警告指示灯依然闪烁，则冷却风扇或内部电路可能出现故障，请联系供应商或维修站。

2. 清洁投影镜头

1）将非磨性的照相机镜头清洁剂涂于一块柔软洁净的干布上。避免使用过多的清洁剂。磨性清洁剂、深剂或其他粗糙的化学制品会划伤镜头表面。

2）用清洁布轻擦镜头。

3）不使用投影机时，盖上镜头盖。

3. 灯泡更换

当投影机的投影灯泡寿命将至时，灯泡更换指示灯呈黄色。当投影的图像变暗或图像的色彩变得不自然时，需要更换投影灯泡，如图 6-2 所示。

警告：为保证安全，请更换相同型号的灯泡配件。在打开灯泡盖前，请让投影机至少冷却 45min。投影机内部很热。不要将灯泡组件摔落或触摸玻璃灯泡，以免玻璃破碎导致伤害。

按以下步骤更换灯泡组件：

1）关闭投影机，取下电源插头。让投影机至少冷却 45min。

2）取下螺钉，将灯泡盖取下。

3）取下 3 个螺钉，握住手柄，拉出灯泡组件。

4）更换一个新的灯泡组件，拧紧 3 个螺钉；确保灯泡组件设置正确；合上灯泡盖，拧紧螺钉。

5）接好投影机交流电源线，打开投影机电源。

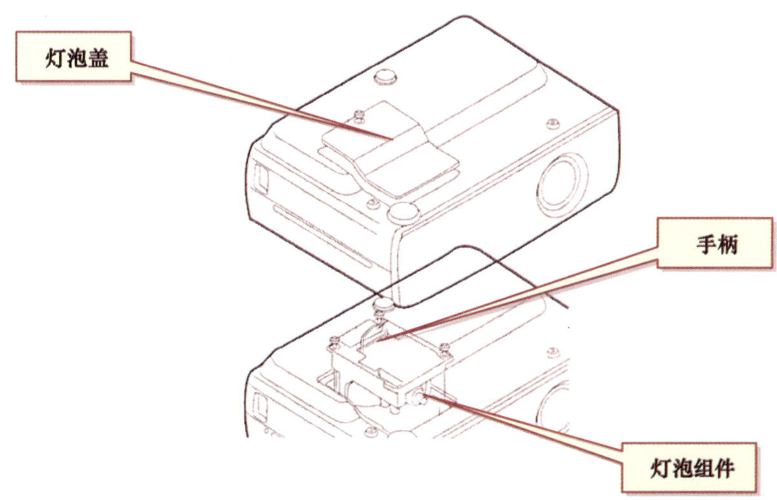

图 6-2 投影机灯泡更换示意图

6）复位灯泡更换计数器。

注意： 不更换投影灯泡时，请勿复位灯泡更换计数器。

4. 灯泡更换计数器

当更换灯泡组件时，一定要复位灯泡更换计数器，当灯泡更换计数器复位后，灯泡更换指示灯停止发亮。

1）打开投影机，按 MENU 键，出现屏幕菜单。按左/右指示键，将红色指示框移至设置菜单图标。

2）按指示下键，将红色指示框移至“Lamp counter reset”，然后按选择键。“Lamp replace counter reset?”出现。将指示框移到“YES”然后按选择键。

3）一个确认对话框出现，选择“YES”，复位灯泡更换计数器。除非灯泡被更换，否则不要复位灯泡更换计数器。

5. 投影机除尘事项

投影机的空气过滤器用于防止灰尘在投影镜头与投影反射表面的堆积。如空气过滤器被灰尘等物阻塞，将降低冷却风扇的效力，使内部热能聚集，对投影机的使用寿命产生不利影响。按下列步骤清洁空气过滤器，如图 6-3 所示。

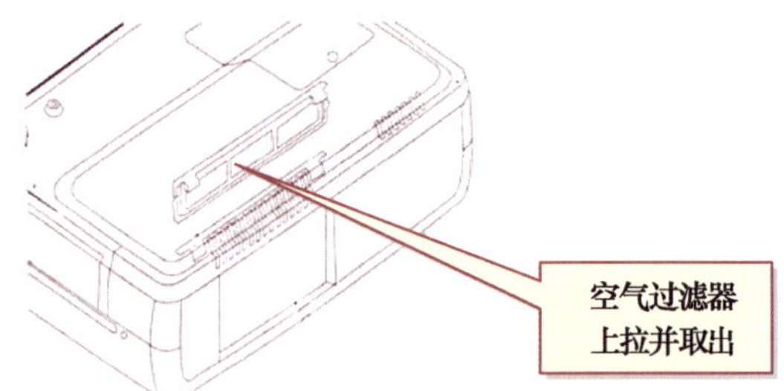

图 6-3　投影机除尘示意图

1）关闭电源，从电源插座中拔下电源线插头。

2）将投影机翻过来（底部向上），向上拉开锁键，取下空气过滤器。

3）用刷子清洁空气过滤器，或将灰尘等物清洗掉。

4）正确装上空气过滤器，确保空气过滤器完全插入。

警告：取下空气过滤器后，不要操作投影机。如灰尘附着在液晶仪表盘和反射镜上，将有损图像的质量。勿将小物件放入通气孔，否则将导致投影机故障。

三、投影幕的使用与维护

投影幕是 PVC 材质，遇到刮、碰时容易破损，平时维护时，应注意防止用硬质物品刮碰投影幕或用力过大，对屏幕造成损伤。

1. 投影幕的维护

本系统采用的三折平板幕或环形幕完整幕布约为 12.9m×3m，其中三折平板幕的两块连接幕之间夹角为 120°，总合成视角达到 180°，如图 6-4 所示。

1）屏幕使用增益小、视角大的 PVC 白塑正投幕，增益在 1.0～1.2 之间，视角为 40°～50°。

2）有足够宽的视角和成像效率。处理后整个幕面平整，不会因为温度和湿度的关系引起幕面的变形。

3）屏幕使用棉绳绑定在屏幕支架上，方便维护、拆装，如图 6-5 所示。

三折平板幕

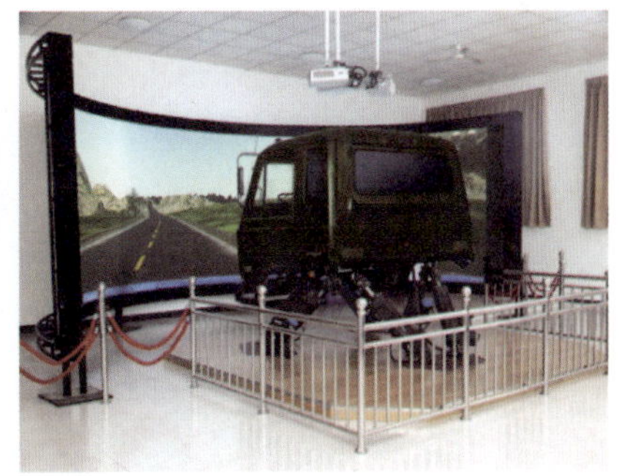

环形幕

图 6-4 投影幕展开示意图

4）投影幕最常见的问题是容易松动，此时将棉绳重新缠绕绷紧即可。

5）日常使用投影幕时，支架螺钉每隔一周进行一次检查和紧定，防止松动后引起屏幕的变形。

2. 投影幕的除尘处理

1）幕面积尘宜用鸡毛帚拂拭，污迹较重的，可用棉花球蘸清水轻轻擦洗。

2）布基白塑幕如有污痕，可用湿布轻轻擦拭。

3）屏幕表面沾污的处理方法。

① 使用风枪或吸尘器除去表面的沾污，若无适当的工具，请用干净柔软的绸布轻轻擦拭。

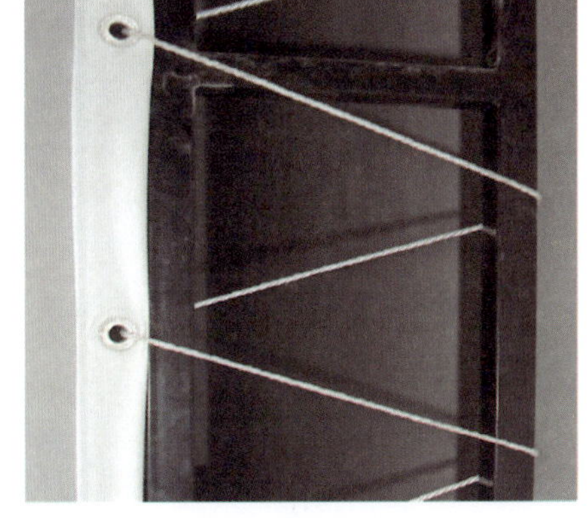

图 6-5 投影幕的固定方式示意图

② 如果屏幕沾有难于擦拭的油污，可用绸布蘸蒸馏水或含有阿摩尼亚（氨水）的玻璃清洁剂小心清洗，清洁剂的用量一定要严格控制，避免清洁剂沿背投幕的光路形成大面积的渗透。

③ 擦拭背投幕正面的柱状透镜时，应顺着它的纹路按上、下顺序擦拭。

④ 擦背投幕背面的菲涅耳透镜时，应顺着它的纹路，以同心圆的方向进行擦拭。

3. 投影幕破损的处理

若幕布被划破，可在背面使用白色绝缘胶布进行粘贴和修补，需两人配合，一人在前，一人在后同时挤压。

修补后，需定期进行检查，防止开胶；不可使用热物靠近粘贴部分，否则破损口容易变形，导致幕布不平整。

四、音响系统的使用与维护

1. 功放的安全使用

1）阅读使用说明：在使用本机前，要阅读所有安全和操作事项。

2）保存好说明书：此安全使用事项说明，要保存好以备今后参考。

3）留意警告：所有放大器和使用说明书上的警告标识要粘附其上，不要撕下。

4）领会说明：所有安装和使用操作事项必须清楚。

5）水和潮湿：放大器不能用在靠近水的地方，例如：浴缸、洗面盘、厨房、洗衣盘、潮湿的地下室或靠近泳池的地方。

6）支承架和承托台：此机可用本设备说明使用的一种支承架。

7）机体及支承体应小心搬动。过快和过度压迫或表面不平会使机体及构件表面变形。

8）装置说明：安装在墙上或高度适中的地方。

9）通风：安放在通风条件较好的地方。

10）散热：放大器必须远离热源，如散热器、热处理器、炉子及其他发热装置（包括放大器）。

2. 传声器的使用注意事项

1）口到手握传声器的距离为5～10cm。

2）为确保声音清晰，传声器和头部应保持一定距离。

3. 音响系统的安全使用注意事项

1）在使用期间发现杂响或有异味，立即关掉电源并拔下插头，并送供货商维修。

2）不要拆开机器。本机内设高压装置，切勿乱拆下机盖检查，否则会发生电击事故。

3）当本机长时间放置不用时，为安全起见，须将整机电源关掉，并拔下插头，这可防止突发火患危险。

4）将本机与水和杂物隔开放置。请勿放置或掉入金属物品，诸如发夹、小钉、金属线圈，或易燃品，如纸张和火柴枝。这些将对本机产生不良影响，可能导致火患和触电事故。如机内有水或杂物漏入，宜送售后服务商或供货商检查。

5）不要损坏电源线。电源插头接触或分离电源线要处理好。手湿过水切勿拉或接触电源线，以免产生短路触电危险。同样不要将电线和其他线系在一起或打结，或将电源线放在人常经过的地面。

6）音箱总功率不得大于本机额定输出功率。连接本机的音箱功率不得大于功放标称额定功率，阻抗不得低于4Ω，连接音箱总功率大于本机输出功率会产生音质失真和影响机器长期工作。

4. 功放的维护

1）设备需清洁时，用干布擦净即可。如机器污脏异常，取一干布在盛有清洁剂溶液的器皿里浸5～6s，挤干布，擦净污渍，最后用另一干布拭净机体。

2）不要用酒精、溶解液、杀虫剂或其他易挥发腐蚀剂擦拭外壳，这样会对机面造成损坏。同样，勿长时间放置或用织质布擦拭机面，否则会造成机表面褪色或脱落。

5. 音箱的维护

我们是将音箱固定于驾驶室的左右后侧、副教室的投影幕两边，以及教员控制台上，共使用了5个音箱。

1）每次使用前，检查放大器的音量电位器，应在最小输出位置，然后再开机调节到合适音量，否则开机时的瞬间大电流易造成音响系统故障。

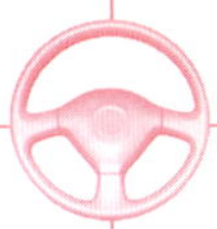

2）使用时，不能把传声器对着音箱而造成声反馈。声反馈会产生刺耳啸叫声，还会损坏扬声器系统。

五、监视系统的使用与维护

1. 监视系统的维护

本系统共有 4 路监视，分别对驾驶人整体情况和 3 踏板、转向盘操作及副教室情况监控。驾驶室共 3 路监视，使用的为红外一体监控机，副教室使用的为普通摄像机，如图 6-6所示。

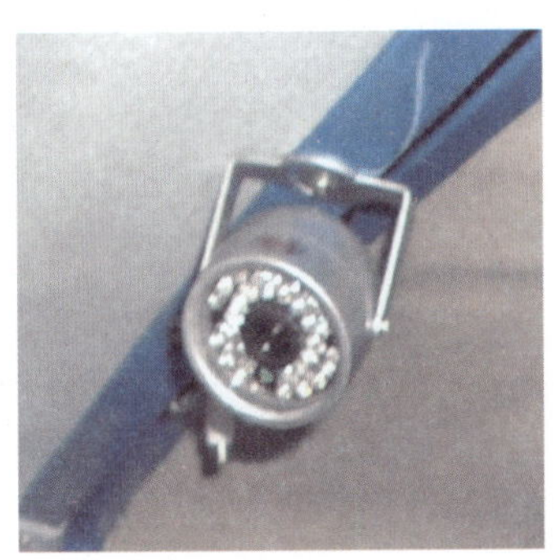

摄像机

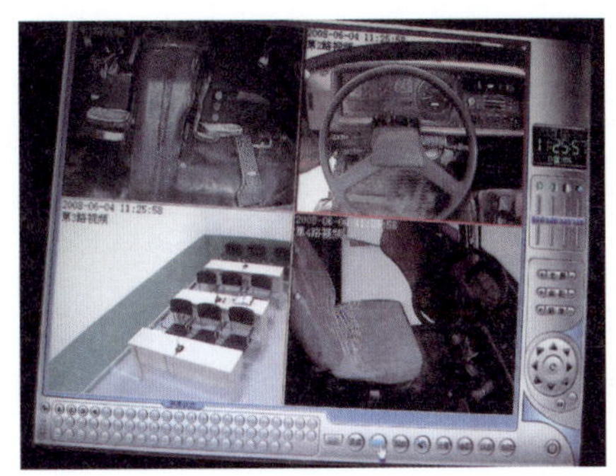

监控画面

图 6-6 监控系统示意图

摄像机使用螺钉及螺母固定在各点支架上，日常要注意观察是否松动，摄像机松动后，其图像会发生抖动，透过图像就可以判断，此时要及时紧固。并在接触点用机油润滑，防止生锈。

在日常使用中，一些保护摄像机的相关事项是必须做到的，由于摄像机属于容易损坏的电子产品，使用中一定要注意。

1）不要将摄像机直接对准阳光，以免损坏摄像机的图像感应器件。

2）避免摄像机和油、蒸汽、水气、湿气和灰尘等接触。

3）不要使用普通的清洁剂或有机溶剂擦拭摄像机。

4）千万不要用手指去摸镜头，如果镜头需要清洁时，可用软刷和吹气球清除灰尘，再用镜头纸擦拭。如果用硬纸、纸巾或餐巾纸来擦拭镜头，极易损坏它。

5）不要拉扯或扭转连接线，这样可能会对摄像机造成损伤。

6）在长期不使用摄像机时，最好盖上镜头盖，或用布将摄像机罩起来。对于选择采用了 CMOS 镜头的摄像机用户来说，由于 CMOS 的光线通透性一般，因此在使用时环境光线不要太弱，否则将影响成像效果。

2. 监视系统显示内容的调整

摄像机的图像经过数据线后，通过视频采集卡进入监控电脑显示。显示的图像变更区域时，可以直接拔插采集卡输入口进行调换，即可调整显示图像的位置。

六、其他设备的维护

1. 教员控制器的维护

本系统教员控制器，采用罗技 G25，是目前为止最为高端的控制器，这款控制器不仅与真实汽车操控方式完全一样，还加入了双引擎力回馈设计，如图 6-7 所示。

罗技转向盘由自带的塑料螺柱固定，变速器也是由自带的塑料螺柱固定，三踏板底部有固定的塑料防滑平垫，日常要注意检查和紧定。

图 6-7　教员控制器示意图

2. 一般故障的排除

1）教员控制器与计算机对接故障排除。控制器是通过一个 USB 接口与计算机进行连接的，并用到了延长线。如果控制器与计算机对接有问题，按此顺序排查。

① 控制器是否已经供电。

② 延长线是否松动或损坏。

③ USB 接口是否供电不足，换 USB 插口。

2）教员控制器不能正常动作的处理。如果控制器不能正常动作，按以下顺序排查。

① 控制器是否供电。

② 重新安装控制器程序。

③ 通过控制面板的游戏控制器进入，进行控制器各个部分测试。

3）教员控制器操作与图像显示不同步处理。

① 控制器的延长线损坏。

② 控制器传感器损坏，需要保修。

第二节　动感座舱的使用与维护

一、驾驶室的维护

驾驶室采用东风 153 平头柴驾驶室，操作件除变速器外都采用了原车件，在维护中有许多零部件可采购实车件进行维修，如图 1-84 所示。

1. 驾驶室的维护

1）离合器踏板。离合器踏板拉簧是新增的装置，使用时间长了可能有拉断的现象，可更换解决；拉杆是离合器与变速器相对接的联动装置，以实现互锁功能。平时应检查离合分泵及连杆的销子是否有漏油和松动、磨损的情况。

2）制动踏板。制动踏板日常维护中应注意泵的密封性，漏油时应进行更换。

3）加速踏板。加速踏板日常维护中需注意油门拉线连接是否可靠，有松动及时调整、紧固。

4）转向机。使用转向机转到极限时，不可过度用力猛打，损坏时联系厂家报修；做好转向轴的润滑。

5）变速器。每周对其内部导轴孔进行机油润滑，注意对挡位球进行检查紧定，防止松动，影响挡位识别，每日运行完毕应将变速杆置于空挡位置。

6）座椅及安全带。座椅滑动导轨每月润滑一次，安全带存在问题应更换修理。

7）车门及把手。每周润滑车门的门轴处一次，上下车时按要求拉紧相应把手并及时关好车门。门把手每日检查一次。及时紧定其内部紧固螺钉、螺母。

8）脚踏板。驾驶室左右脚踏板，日常需注意检查及维护。离合器踏板回位弹簧用的时间长了有拉断的现象，应更换解决。

9）其他紧固件。包括刮水器、车厢内部和底部的其他部件，应定期进行紧固，有损坏时更换修理。

10）电路板的检查与维护。

① 电路板由一个主板、一个力反馈板和二个挡位板组成。

② 打开计算机 D 盘中的串口助手执行文件，选择相应的串口号；选中右下角的 hex 选项，调整窗口相应的尺寸大小，可以看到有规律的数据：以 55 开头，以 16 结尾。

③ 数字 55 后面显示 01 为正常，显示 02 为异常，如显示 02 请联系厂家报修。

④ 在挂挡时仍能点火起动车辆为不正常，此时需擦拭变速器下挡位电路板的油污。

2. 一般故障的排除

本系统使用的仪表为东风 153 原装仪表。各仪表会随相应操作进行实时响应，同时发动机转速表及里程表会根据计算机传送的数据，显示相应的数值。

序号	总成	现象	处置办法
1	仪表	显示异常	① 检查指示灯泡是否完好，如有问题进行更换 ② 如上述情况正常还有问题，请报厂家修理解决
2	离合踏板	1. 踩踏无数据	打开计算机 D 盘中的串口助手执行文件，踩踏时显示 55 01，后面 3 个数据无变化时应检查 ① 传感器插头是否插入电路板 ② 离合踏板与传感器连接处是否松动
		2. 回力小	拉簧脱开
		3. 踩踏到底仍然不能挂挡	离合器拉杆脱开，互锁装置失灵
3	制动踏板	1. 踩踏无数据	① 传感器插头是否插入电路板 ② 制动踏板与传感器连接处是否松动
		2. 踩踏无力	油泵缺油
4	加速踏板	1. 踩踏无数据	① 传感器插头是否插入电路板 ② 油门拉线与传感器连接处是否松动
		2. 踩踏发卡	在踏板的支撑簧处润滑

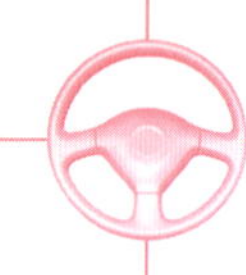

（续）

序号	总成	现象	处置办法
5	变速器	1. 挂挡发卡	① 使用润滑脂润滑 ② 更换挡位片 ③ 调整或更换导轴
		2. 变速杆入挡后弹出	重新安装导轴，调整方向
		3. 挂挡的力度小	适当压紧滑块的弹簧
		4. 挂挡无数据	① 传感器插头是否插入电路板
			② 数据线与传感器连接处是否松动
			③ 更换挡位电路板
6	力反馈转向盘	转向盘操作不正常	请重新启动系统并测试，如仍不正常，联系厂家报修
7	视频、监控显示器	无信号图像显示	① 视景输出视频线经 VGA 一分为二分成两个线束，再分别经过三分屏器连接到三台投影机和三台视景显示器，检查三个信号是否与投影机和显示器连接端口相对应 ② 监控器信号线是否连接到视频采集卡相对应的端口上

二、运动平台的使用与维护

1. 运动平台的维护

1）环境参数。避光、防潮、温度介于 0～50℃之间，平时注意防尘和清洁打扫，每周对控制柜、机箱、伺服缸除尘一次。

2）运行维护。每 7 天需运行一次系统。

3）润滑与保养。每 30 天需要给各个加油润滑点润滑。

① 伺服缸内部的滚珠丝杠、螺母在端口润滑。将丝杠升到最高点时，点入润滑油，调节丝杠自由升降 30 次。润滑周期为二周。

② 万向节每二周用机油擦拭一次。

③ 配电柜风扇每二周除尘一次。

2. 运动平台使用中的注意事项

1）应尽量少开电气柜门，防止灰尘进入电气柜，打开电气柜门容易使元件间电阻下降而发生故障，甚至使元器件及印制电路板损坏。

2）对外部裸露的电缆、电线注意保护，不要用力拉扯。

3）不要敲打撞击各轴伺服电动机，因为伺服电动机内部除动力绕组外，还有一个玻璃材料的精密光电编码器，容易受到撞击而损坏。

4）在闲置不用时，经常给系统通电，利用电器元件本身通电时的发热来驱散空气中的潮气，以保证电子部件的性能稳定可靠。

5）伺服缸每半年上一次润滑油，可由上部的传感器孔滴入。

6）运动时注意伺服缸是否有异响。定期检查各个机械部件的连接、运行情况。

7）运动时注意伺服缸表面是否过热。

8）注意监控伺服控制系统，驱动器有报警信息时应立即停止运行。

9）定期检查伺服缸的润滑情况。

3. 运动平台一般故障的排除

当遇到突发情况时，应直接按下急停开关，然后再进行妥善处理，重新启动系统或给公司客服打电话咨询。

运动平台一般故障的排除

序号	故障现象	处置方法
1	伺服缸冲缸——指的是在运行的过程当中，有个别的伺服缸会运行到顶的情况	这是因为静电电势的原因 当伺服缸在最高处时，给电后，手动控制相应的驱动器，让伺服缸向下运动，在驱动器上的具体步骤：ENT—下箭头（按 4 下）—ENT（按 2 下）—上箭头（一直按着），这样伺服缸就会往下运动。运行至中间位置即可
2	伺服缸溜缸——指的是在未启动系统的情况下，伺服缸自行动作，向下或者向上以较慢的速度伸缩	这是因为电磁场的静电电势对驱动信号造成干扰引起的，需在控制器上接入参考电压点 当伺服缸在最低处时，给电后，手动控制相应的驱动器，让伺服缸向上运动，在驱动器上的具体步骤：ENT—下箭头（按 4 下）—ENT（按 2 下）—下箭头（一直按着），这样伺服缸就会往上运动。运行至中间位置即可
3	开机撞缸——在系统启动后，伺服缸突然松动，支撑套筒滑下，直接撞击缸底	这个现象是因为电动机抱闸没有起作用，常见的原因是控制柜里继电器损坏或者接触不良，更换即可
4	系统启动报错	1. 如果 M 盘可以打开，再看看能不能启动服务 2. 如果还报错误，查看网络是否正常，如果网络断开，请接好网络再打开 3. 如果网络正常，看看映射 M 盘是不是能打开，如果打不开，请重新做个映射。具体步骤是：我的电脑—工具—映射网络驱动器—选择 M 盘符，选择 C 盘下共享的文件夹 SCANeRDT，选择确定，应该能自动打开 M 盘 4. 映射 M 盘正常的话，查看我的电脑—属性—高级—环境变量—系统变量，查看系统变量变量名称为 SCANER _ PATH 的值。应为 M。如果有差异的话，改成以上的数值
5	控制柜跳闸	1. 查看线路有无短路现象 2. 确认无误后合闸
6	电源短路	关闭系统，检查短路发生的原因，电话咨询
7	运动平台线束故障	1. 运动平台的线束包括 TRIO 卡到驱动器的线束及驱动器到电动机的动力线和反馈线 2. 驱动线束常见的故障为接地不良。需将表皮的铜网与大地相连 3. 动力线和反馈线常见的故障为接头不紧，当驱动器发信号时，电动机不动作，此时断电后重新插紧即可

（续）

序号	故障现象	处置方法
8	配电柜无法正常工作	1. 电源指示灯应正常亮起，检查是否正确接线 2. 6 个控制器是否同时工作 3. 所有的开关通段是否正常
9	座舱无法启动	检查是否打开点火开关，通电线路是否通电
10	伺服缸工作出现异响	检查缸体润滑是否到位，是否安装位置出现偏差
11	电动机、控制器工作不正常，有错误报告显示	将电动机与控制器正确连线后，首先对控制器参数进行设置，然后进入手动调节模式（“JOG”模式），进行手动的快速、慢速正反转运动，观察电动机的运动以及控制器的显示屏，检验电动机及控制器是否正常
12	某个伺服电动缸不动	驱动器报错。退出系统，关闭 24V 电源，重新供电后测试
13	伺服平台不能正常启动	1. 伺服平台没有供电。给伺服平台供电 380V 和 24V 2. 伺服平台资源被占用。退出系统，拔插加密狗，重新启动

三、电控系统 V1.1 的维护

1. 电控系统 V1.1 的维护

1）电控系统 V1.1 需日常检查固定件的紧固程度，如发现有松动现象，及时紧固。

2）电动机在使用中如发热严重，需暂停工作 0.5h，然后再重新开始。

3）系统的涡轮蜗杆及直齿轮每周润滑一次。

2. 电控系统 V1.1 故障的排除

序号	故障现象	处置方法
1	在打方向过程中没有力量，画面动画正常	① 电动机连线没有连好 ② 电路板电动机控制电路损坏 ③ 开关电源供电不足 ④ 电动机损坏
2	力反馈正常，但与画面不连接	① 光电编码器连接不正常 ② 光电编码器损坏 ③ 电路板数据线路连接不良 ④ 软件接收数据不正常
3	点火开关通电后，发动机无声音发出	检查发声音箱是否正常工作
4	转向盘转动无反馈	左右打转向盘，检查串口通信是否正常
5	三踏板无信息反馈	检查信号线路通信是否正常
6	SCANeR　DT 没启动	① 重新拔插加密狗 ② 操作无反应 ③ 检查电源连接情况，拔掉重插 ④ 操作过程中，出现掉挡现象 ⑤ 用一字螺钉旋具将控制箱内拨块上的螺钉向内旋转一圈左右

（续）

序号	故障现象	处置方法
7	显示器无视频信号	① 是否在使用过程中，伺服电动机带动车体运动，扰动很大，产生剧烈运动造成电源线、信号线松动 ② 把显示器的电源线重新拔插，看显示器是否有视频信号。若无视频信号，把显示器电源拔出，用万用表测量显示器的输入电源范围是否在 11～13V 之间
8	场景不能正常加载	1. 没有插入加密狗。退出系统，插入加密狗后再启动系统 2. 从机没有开机。退出系统，启动从机 3. 从机服务没有启动。退出系统，启动从机服务 4. 本机服务没有启动。退出系统，启动本机服务
9	声音不能播放	1. 没有打开功放设备。打开功放设备后调试 2. 没有启动声音模块。调整计算机音量控制器

第三节 视景 VIEW4 V1. 1 软件维护

一、视景 VIEW4 V1. 1 软件的安装

在计算机 D 盘新建“VIEW4 V1. 1”目录，打开硬盘中的 VIEW4 安装包目录，目录内容如图 6-8 所示。

图 6-8 VIEW4 V1. 1 软件安装包目录示意图

单击安装包目录中的 Setup.exe 图标进行安装，分别出现欢迎界面（图 6-9）、许可授权界面（图 6-10）和安装的插件（图 6-11）。

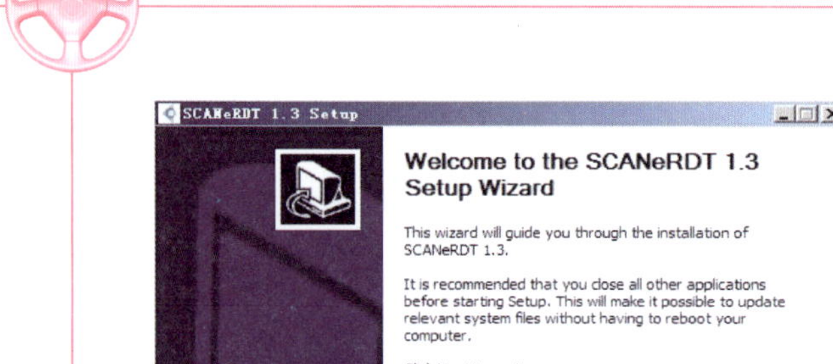

图 6-9 安装欢迎界面

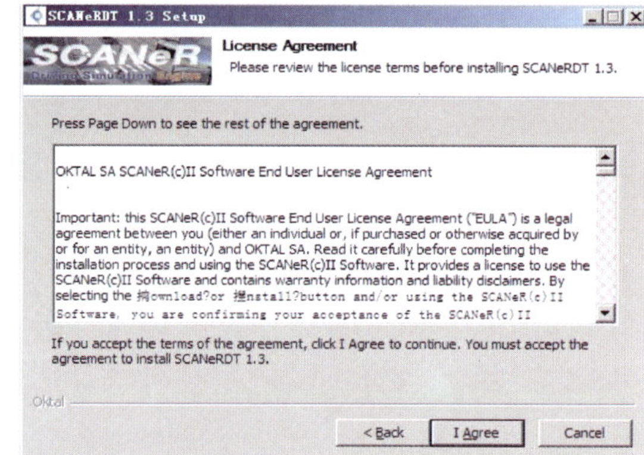

图 6-10 许可授权界面

在图 6-12 中，选择目标的位置界面，通过单击“Browse”按钮选择“D：\ VIEW4 V1. 1”虚拟驾驶软件的安装目录，之后请单击“Next >”按钮。

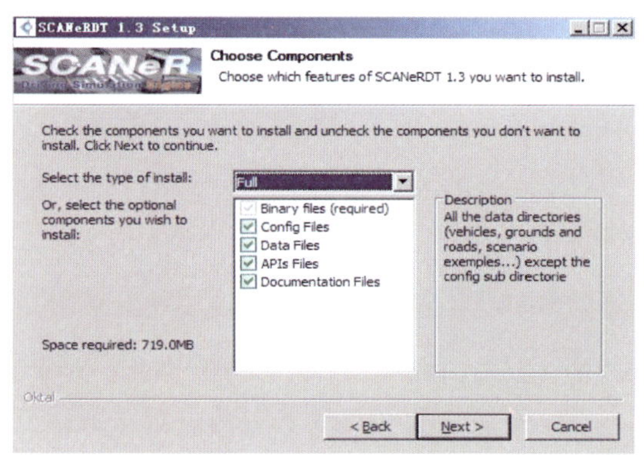

图 6-11 安装插件界面

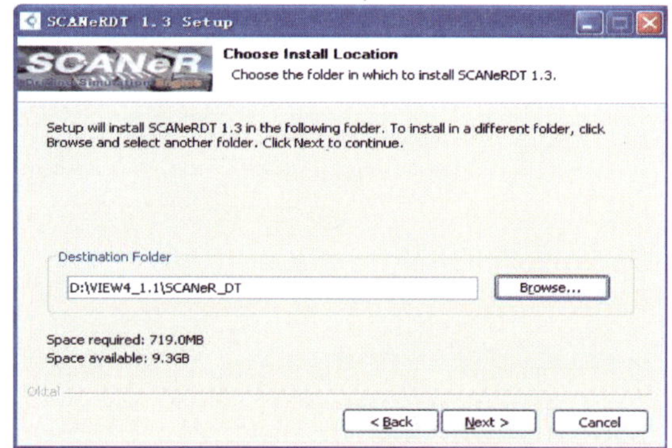

图 6-12 选择安装位置

虚拟驾驶软件需要设置一个“映射网络驱动器”，在这一步的时候，勾选图 6-13 中红色区域的复选框，单击“Next >”按钮。

在图 6-14 中，可以选择更改映射的盘符，单击“…”按钮选择希望映射的盘符，建议不修改映射盘符，默认盘符就可以，单击“Next >”按钮。

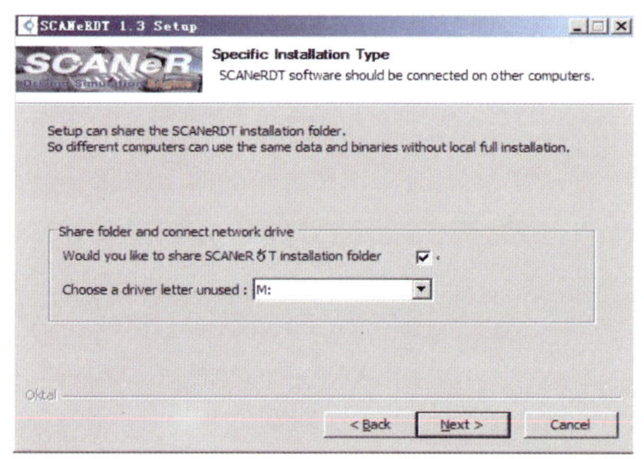

图 6-13 映射网络驱动器

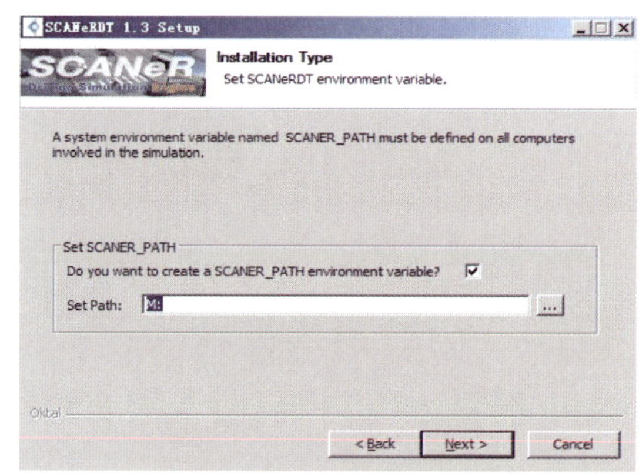

图 6-14 更改映射盘符

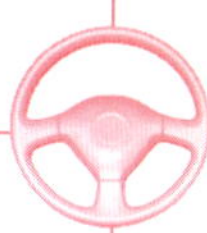

选择是否需要建立快捷方式和复制过程界面，如图 6-15a、b 所示，不需要更改任何选择，单击“Next >”按钮即可。

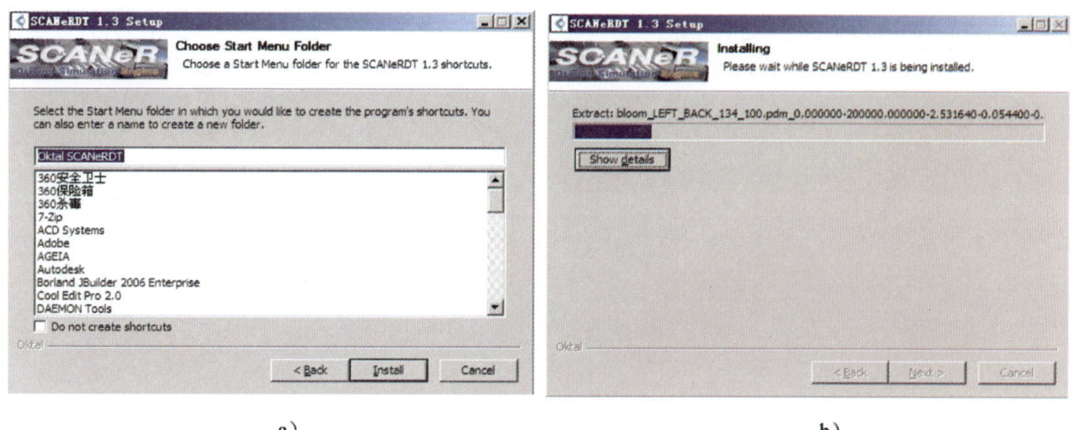

a） b）

图 6-15 建立快捷方式和复制界面

在图 6-16 中，询问是否希望安装 Wamp 的 HTTP、PHP 和 SQL server，并且询问是否要安装在默认路径，单击“是”按钮。

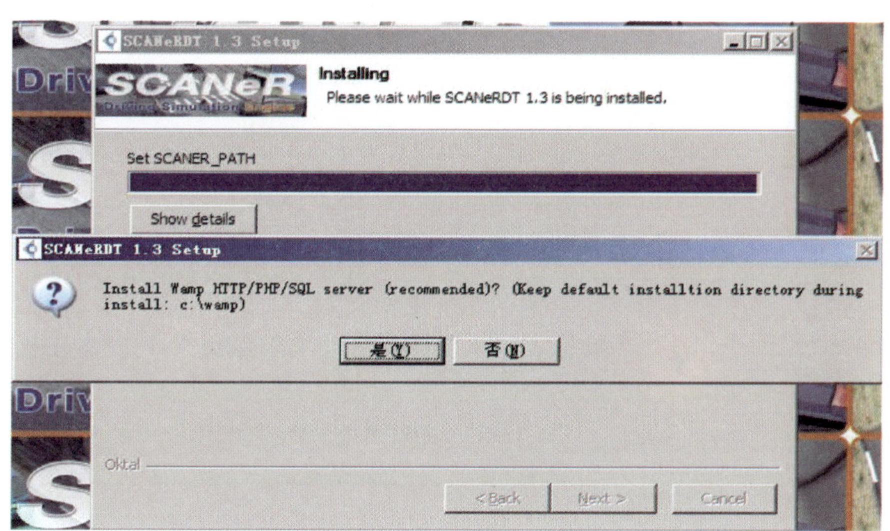

图 6-16 安装 Wamp 提示

进入下一个安装选择界面，提示备份原有的 Wamp 数据，如果不备份，安装将删除原来服务中的数据，因为以前没有相关的数据，所以不需要备份数据，继续安装 Wamp 服务，单击“是”按钮，如图 6-17 所示。

下一步安装过程中会再一次要求确认是否继续安装 Wamp 服务。选择“Next >”按钮（如果选择“Cancel”将结束安装 Wamp 服务）继续安装，如图 6-18 所示。

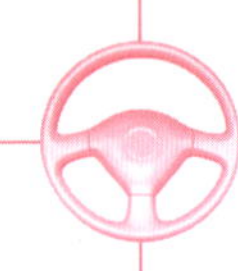

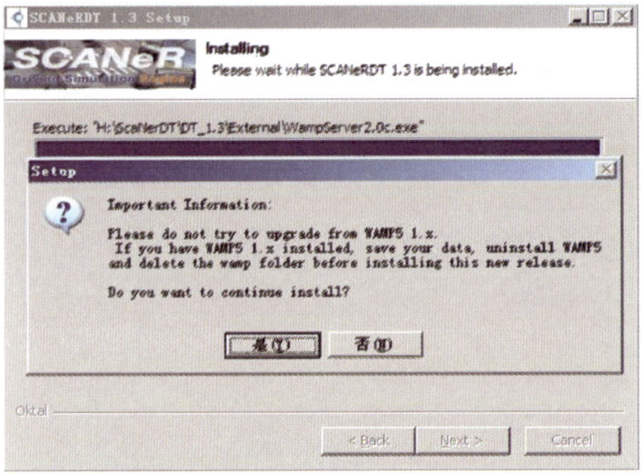

图 6-17　提示备份 Wamp 数据

图 6-18　安装 Wamp 服务

下一步是许可授权界面（图 6-19）和安装路径（图 6-20）。许可授权界面选择“I accept the agreement”；安装路径，不需要选择，默认即可。

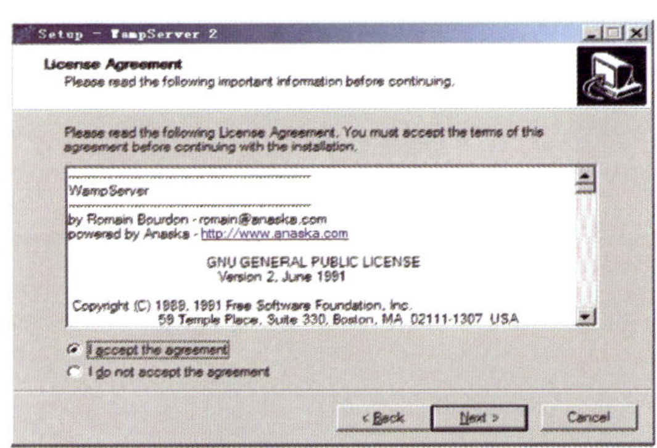

图 6-19　Wamp 许可授权界面

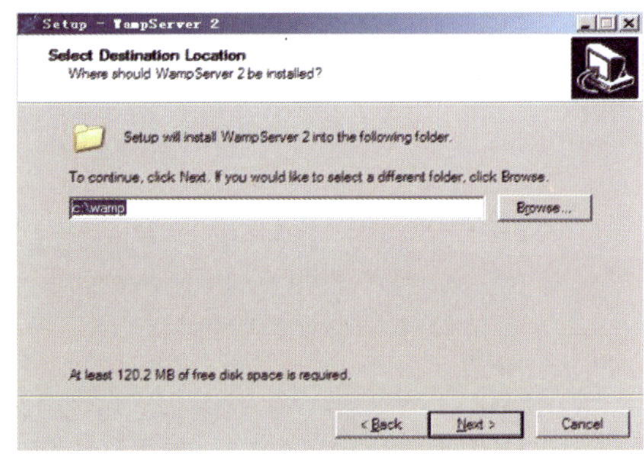

图 6-20　Wamp 安装路径

下一步需要选择是否创建桌面快捷方式和是否在快捷启动中建立快捷方式(图 6-21)，都不勾选。然后单击“Next>”按钮，进入安装复制过程(图 6-22)，不需要设置，直接单击“Next>”按钮即可。

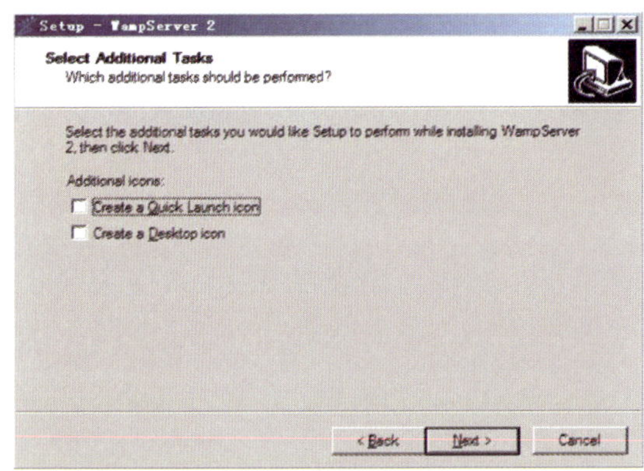

图 6-21　选择是否建立桌面快捷方式

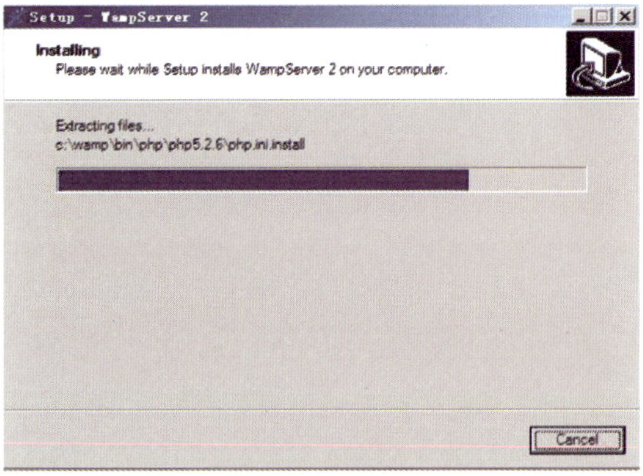

图 6-22　安装复制

复制完成后会提示是否设置起始页面（图 6-23），选择“是”按钮；最后出现完成安装“Wamp”服务（图 6-24），在复选框中勾选，加载“Wamp”服务，最后单击“Finish”按钮，完成安装。

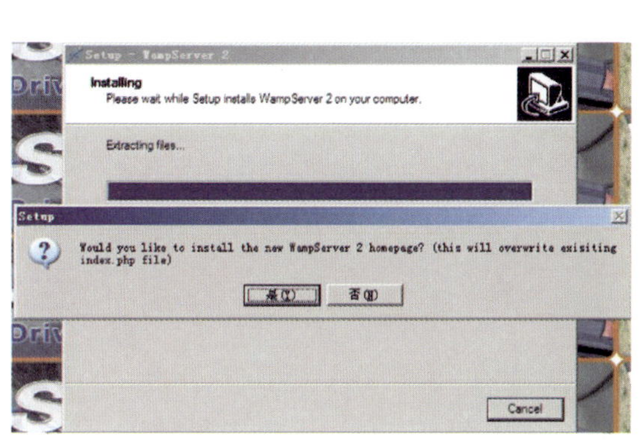

图 6-23 设置起始页面

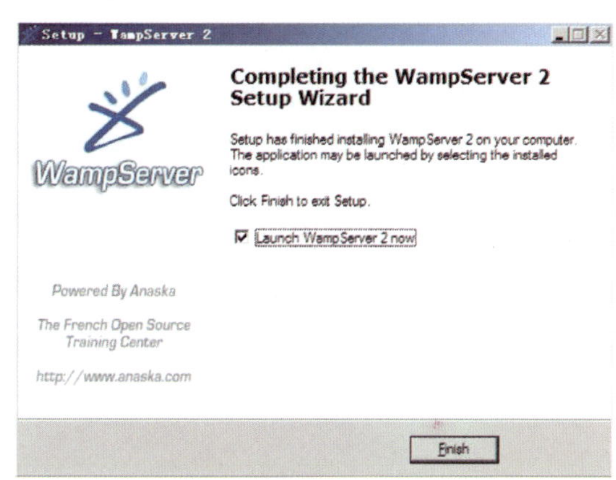

图 6-24 完成安装 Wamp 服务

然后会继续弹出一个界面（图 6-25），询问是否要安装 OpenAL 插件，它是一个关于声音模块的插件。选择“是”按钮，安装这个插件。

安装完成 OpenAL 插件后，会弹出一个新的窗口（图 6-26），询问是否需要安装加密狗驱动。选择“是”按钮，安装加密狗驱动（图 6-27）。

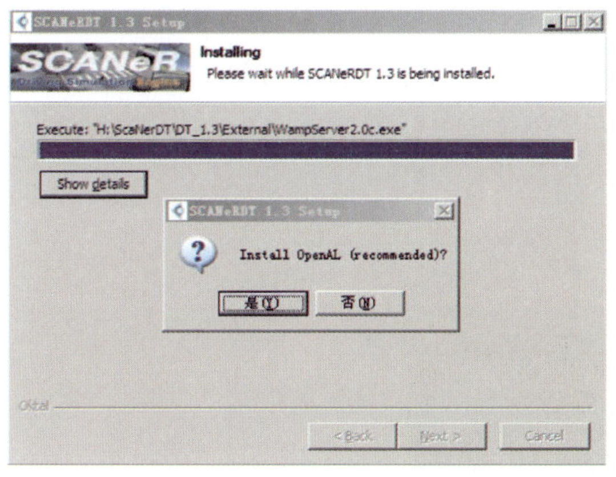

图 6-25 提示安装 OpenAL 插件

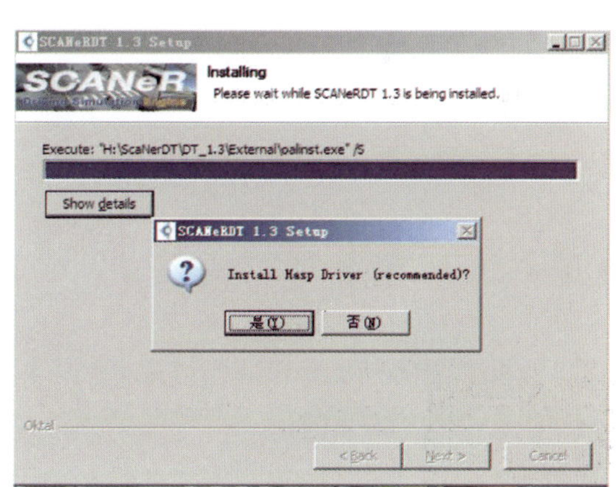

图 6-26 提示安装加密狗驱动

安装完成加密狗驱动后，会自动弹出安装“7zip”解压软件（图 6-28），选择“是”按钮，安装“7zip”解压软件。

安装完成“7zip”解压软件后，会弹出来安装“python”脚本语言软件（图 6-29），选择“是”按钮，安装“python”脚本语言软件（图 6-30）。

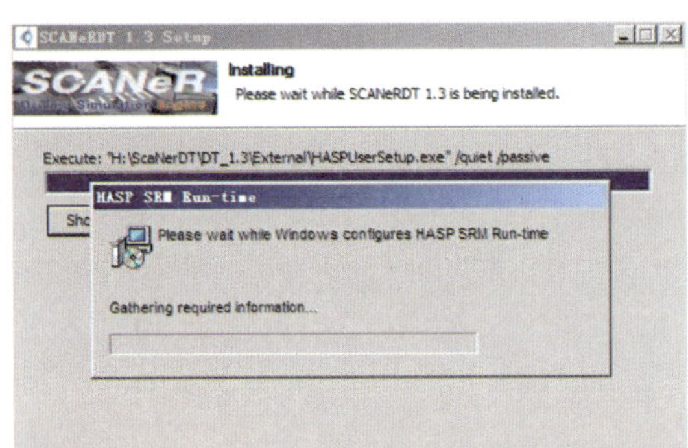

图 6-27　安装加密狗驱动

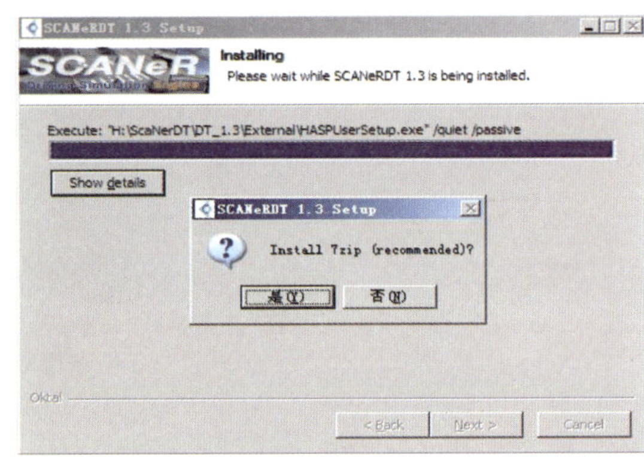

图 6-28　提示安装 7zip

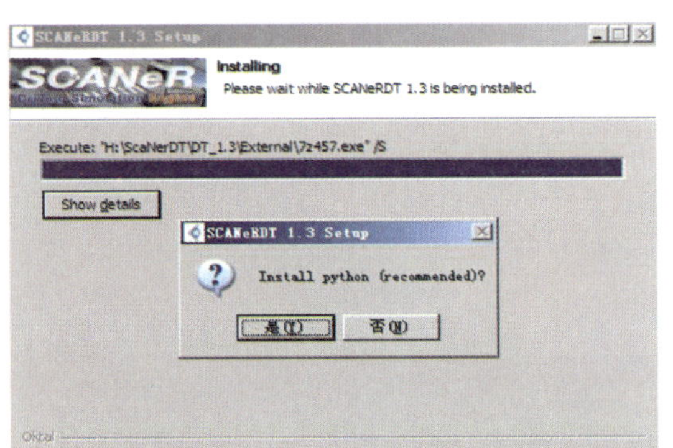

图 6-29　提示安装 python 插件

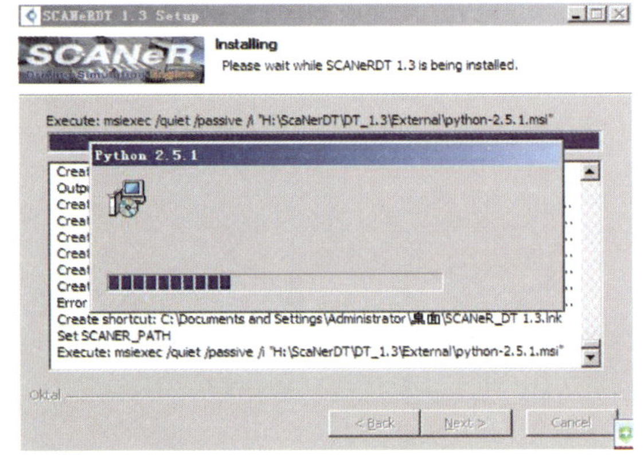

图 6-30　安装 python

最后显示图 6-31，表示 SCANeRDT 软件已经安装完成。单击“Finish”按钮，接着出现 VIEW4 主程序的安装。进入欢迎界面（图 6-32）和许可授权界面（图 6-33），分别选择“Next>”和“Yes”按钮。

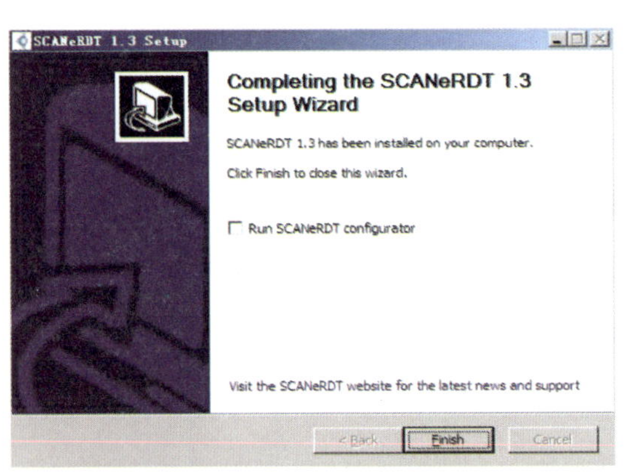

图 6-31　完成 SCANe RDT 软件安装

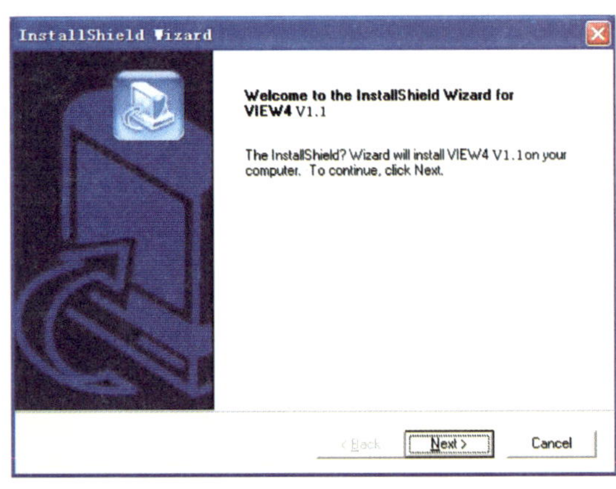

图 6-32　VIEW4 安装欢迎界面

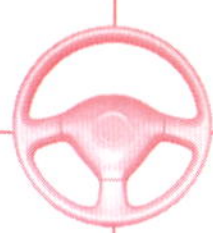

然后进入用户名、公司名称和序列号输入界面，单击“Next>”按钮，如图 6-34 所示。

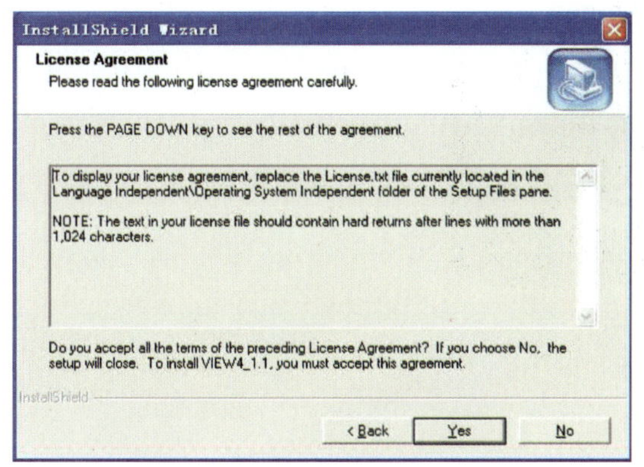

图 6-33 VIEW4 许可授权界面

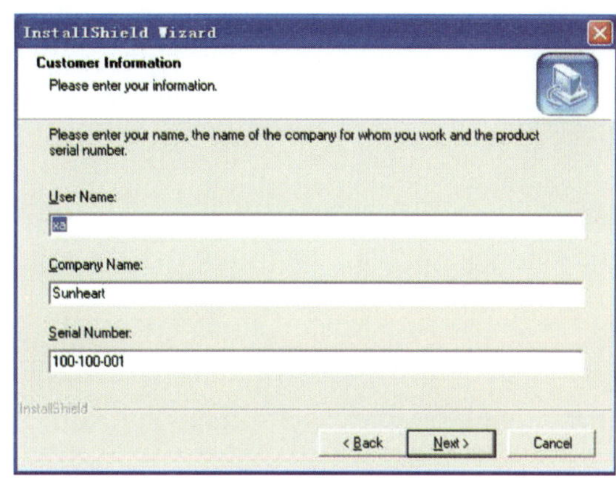

图 6-34 用户名、公司名称和序列号输入界面

进入软件安装的位置界面，如图 6-35 所示，通过单击“Browse”按钮选择视景 VIEW4 V1.1 安装目录（尽量选择容量比较大的盘符安装）之后，请单击“Next>”。

进入软件安装模式选择（图 6-36），默认选择“Typical（典型）”安装，单击“Next>”按钮。然后软件进入解压和安装过程（图 6-37）。

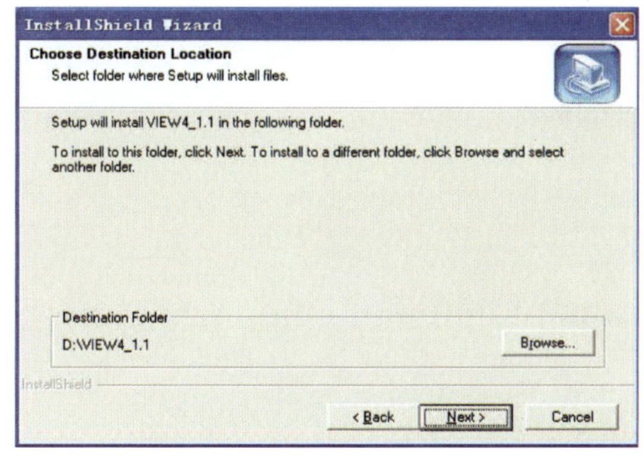

图 6-35 VIEW4 安装位置界面

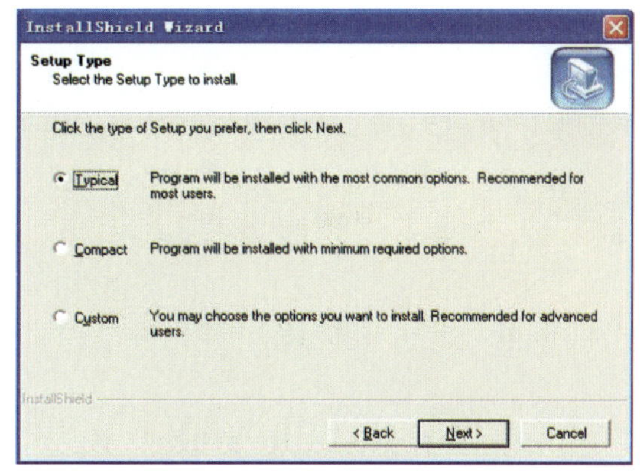

图 6-36 VIEW4 软件安装模式选择

安装完成后，软件将出现如图 6-38 所示的界面，表示软件已经成功安装，并且在桌面上会生成一个“VIEW4 V1.1”的快捷方式，如图 6-39 所示。

以上整个驾驶虚拟软件安装完成。安装完成后，在 D 盘下的 VIEW4 V1.1 文件夹中会有一个共享文件夹，如图 6-40 所示。

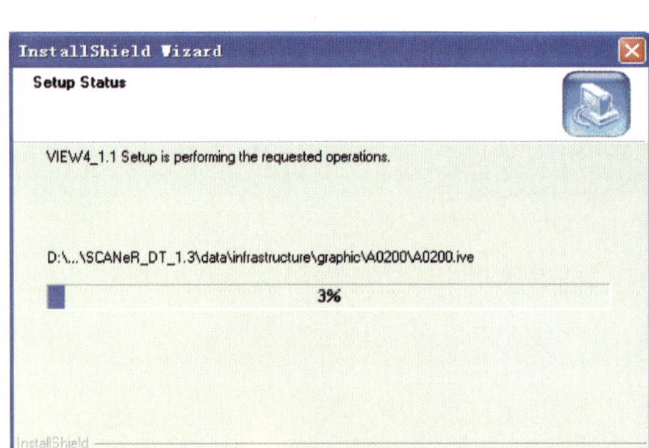

图 6-37　安装 VIEW4 软件

图 6-38　完成 VIEW4 软件安装

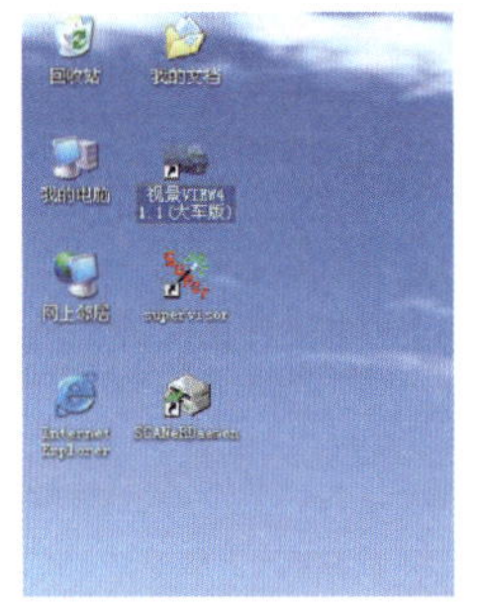

图 6-39　生成 VIEW4 V1.1 快捷方式

图 6-40　共享文件夹

在“我的电脑”中会有一个映射网络驱动器，如图 6-41 所示。

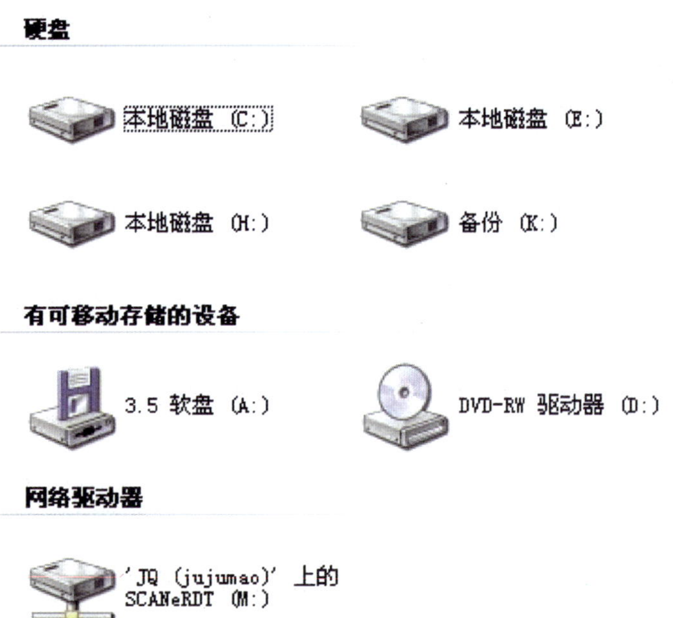

图 6-41　映射网络驱动器

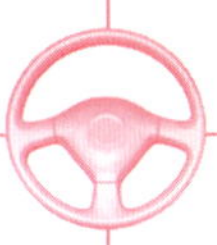

二、视景 VIEW4 V1.1 软件的删除和修复

如果您想卸载或修复视景 VIEW4 V1.1 软件，请重新单击移动硬盘中的 Setup.exe 文件，这时会出现修改、修复或删除程序界面，如图 6-42所示。选择相应的选项后，单击“下一步”，即可完成相应的操作。

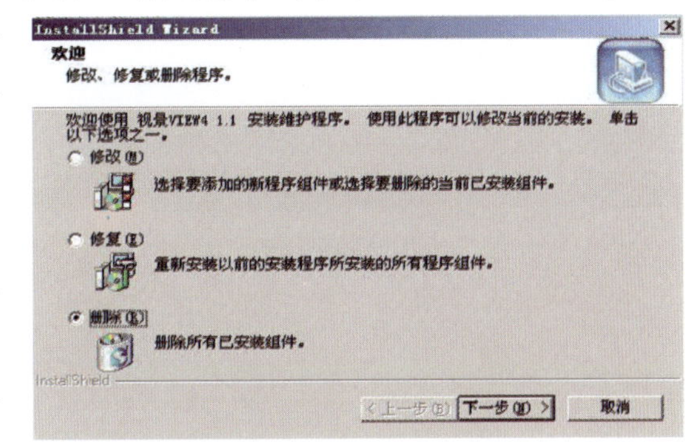

图 6-42　VIEW4 V1.1 软件删除界面

三、软件常见的问题与解决

1）在启动主程序之后需要启动相关的硬件环境，否则系统将不能正常运行。

2）正确操作软件时，数据库必须正常启动，否则系统将不能正常运行。

3）使用系统时需要启动视景服务程序。

4）不能进入软件操作界面，可能是因为用户编号、用户密码不正确。

5）数据库在安装过程中出现程序挂起时，需修改注册表。

6）安装加密狗的驱动时，出现此端口被禁用或无法使用时，属于计算机主板本身没有串并口的原因。

7）当软件系统功能出现故障时，需重新启动计算机，按正常步骤启动视景计算机及所有相关的硬件和软件，如果故障还没有排除，请联系视景系统维护人员。

第四节　电子学习室的定级维护与保养

电子学习室的保养分为日常保养和定期保养两类。其中定期保养又分为一级保养、二级保养和三级保养，三级保养为最高级别的保养。

一、定级保养制度

1. 保养的责任划分

电子学习室的日常保养由现场管理人员完成，定期保养由专业人员完成。

2. 定期保养周期

电子学习室定期保养周期的计算方法是：累计使用时间达 400h 或三个月，应进行一次保养。

3. 定期保养实施

电子学习室定期保养的实施办法通常按：1 级→ 2 级→ 1 级→ 3 级循环进行，即 1—2—1—3—1—2—1—3 ……

4. 保养工作内容

对电子学习室的维护与保养主要包括清洁、检查、紧定、润滑、检测、调整、拆检、更换等八项工作内容。

1）日常保养工作内容：主要是外部的清洁、检查、紧定。

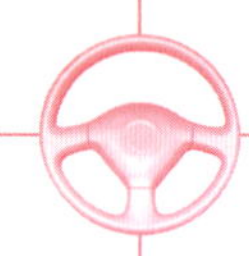

2）定期保养工作内容：按各级保养规定的项目进行，一级保养主要工作是清洁、检查、紧定、润滑；二级保养主要工作是检测和调整；三级保养主要工作是拆检和更换。上一级保养包含下一级保养的内容。

5. 保养工作记录

保养工作完成后要作好记录。日常保养由现场管理人员记录在专用的保养记录本上；定期保养由专业人员记录，并上交公司客服部，由专人负责分单位进行管理、统计。

二、定级保养项目

电子学习室定期维护与保养制度详见下表。

电子学习室定期维护与保养项目一览表

序号	系统	保养项目	保养内容	检验方法及标准	动感型		
					一级	二级	三级
1	一、视景系统	计算机硬件系统	1. 清洁计算机	外部清洁，无灰尘	●	●	●
2			2. 核对硬件配置	打开机箱核对配件是否正确，清理灰尘	●	●	●
3			3. 清洁液晶显示器	用专用清洗剂清洗液晶显示器	●	●	●
4			4. 清洁鼠标和键盘	鼠标清洁，底部无污垢，键盘表面无灰尘，按键齐全良好	●	●	●
5			5. 检查线路连接	检查电源、分配器、功放、键盘、鼠标、耳麦的线路是否完好，轻拉插接件，查看是否接触良好，紧固件应无松动，线路整洁无破损	●	●	●
6			6. 系统加电检测	开启电源开关，启动计算机，开机三次，每次均能正常启动并引导操作系统	●	●	●
7			7. 检测主机光驱	显示器图像清晰，画面无抖动和花屏	●	●	●
8			8. 检查主机音频输出	主机显示的配置情况与出厂标准配置单内容一致	●	●	●
9			9. 检查光驱功能	光驱能正常读取光盘	●	●	●
10			10. 检查传声器录音功能	检查声卡安装是否正确，音频是否正常输出，录音功能是否正常	●	●	●
11			11. 检查显卡功能	清洁显卡风扇灰尘，检查连接线是否固定稳固	●	●	●
12		操作系统	1. 检查操作系统	1. 启动操作系统，10min 内应进入系统，检查关机是否正常 2. 检查系统参数，恢复到出厂默认设置	●	●	●
13			2. 升级杀毒软件	连接网络，升级杀毒软件		●	●
14			3. 查杀病毒	全面查杀病毒		●	●
15			4. 升级系统补丁	升级最新系统补丁			●
16			5. 优化系统	整理磁盘碎片，清理垃圾文件，优化系统			●
17		转换器	清洁多屏宝	三个显示器显示画面清晰，无色差		●	●

（续）

<table>
<tr><th rowspan="2">序号</th><th rowspan="2">系统</th><th rowspan="2">保养项目</th><th rowspan="2">保养内容</th><th rowspan="2">检验方法及标准</th><th colspan="3">动感型</th></tr>
<tr><th>一级</th><th>二级</th><th>三级</th></tr>
<tr><td>18</td><td rowspan="19">一、视景系统</td><td rowspan="2">摄像头</td><td rowspan="2">检查监控摄像头</td><td rowspan="2">1. 三踏板位监控。可以看到整个三踏板
2. 转向盘位监控。可以看到转向盘的操作
3. 变速杆位监控。可以看到整个变速杆</td><td rowspan="2"></td><td rowspan="2">●</td><td rowspan="2">●</td></tr>
<tr><td>19</td></tr>
<tr><td>20</td><td rowspan="3">投影机</td><td>检查连接线</td><td>电源线、DVI 线、VGA 线的连接正确、牢固</td><td>●</td><td>●</td><td>●</td></tr>
<tr><td>21</td><td>检查显示设备</td><td>图像清晰、画幅正常、亮度正常、无偏色</td><td>●</td><td>●</td><td>●</td></tr>
<tr><td>22</td><td>检查遥控操作</td><td>各项功能键操作使用正常，操作范围≤5m</td><td>●</td><td>●</td><td>●</td></tr>
<tr><td>23</td><td rowspan="4">投影幕</td><td>测试电动投影幕</td><td>正常升降到位，螺栓紧定牢固</td><td>●</td><td>●</td><td>●</td></tr>
<tr><td>24</td><td>清洁三折平板幕</td><td>整理与清洁，无灰尘，幕面平整且固定可靠，无皱褶</td><td>●</td><td>●</td><td>●</td></tr>
<tr><td>25</td><td>清洁环形幕</td><td>整理与清洁，无灰尘，幕面平整且固定可靠，无皱褶</td><td>●</td><td>●</td><td>●</td></tr>
<tr><td>26</td><td>视景中的路景比例</td><td>实际丈量标准测试路，检查路宽，并调矫达到要求</td><td></td><td>●</td><td>●</td></tr>
<tr><td>27</td><td>融合器</td><td>检查三通道融合器</td><td>连线牢固可靠，画面过渡自然</td><td></td><td>●</td><td>●</td></tr>
<tr><td>28</td><td rowspan="2">显示器</td><td>左、右后视镜</td><td>1. 镜内侧 1/3 是车体，外侧 2/3 是道路
2. 镜上侧 2/3 是天空，下侧 1/3 是道路</td><td></td><td></td><td>●</td></tr>
<tr><td>30</td><td>下视镜</td><td>镜内侧 1/3 是车体，外侧 2/3 是道路</td><td></td><td></td><td>●</td></tr>
<tr><td>31</td><td rowspan="4">音响功放</td><td>测试传声器</td><td>与功放正确连接，开关无异响，信号稳定，音质清晰</td><td>●</td><td>●</td><td>●</td></tr>
<tr><td>32</td><td>测试音箱</td><td>连线正确牢固，音质清晰，无电流冲击声及杂音</td><td>●</td><td>●</td><td>●</td></tr>
<tr><td>33</td><td>测试功放</td><td>连线正确牢固，音量调节灵敏，左右声道平衡</td><td>●</td><td>●</td><td>●</td></tr>
<tr><td>34</td><td>测试调音台</td><td>连线正确牢固，音质清晰，无电流冲击声及杂音</td><td>●</td><td>●</td><td>●</td></tr>
<tr><td>35</td><td rowspan="3">教学软件</td><td>1. 检查系统数据库</td><td>1. 启动数据库服务管理器，运行正常完整且能正常启动
2. 启动数据库企事管理器，数据库 VIEW4 正常运行</td><td></td><td></td><td>●</td></tr>
<tr><td>36</td><td>2. 检查软件启动和关闭</td><td>启动教学软件，软件初始化正常，关闭软件时无异常</td><td></td><td></td><td>●</td></tr>
<tr><td>37</td><td>3. 检查视频播放功能</td><td>选择教学软件中的视频教学，视频播放正常，画面流畅，无断帧现象</td><td></td><td></td><td>●</td></tr>
</table>

（续）

序号	系统	保养项目	保养内容	检验方法及标准	动感型		
					一级	二级	三级
38	一、视景系统	教学软件	4. 检查教学内容	参照各软件教学内容目录，检查文件。无文件丢失、配置文件配置更改或其他相关的文件丢失或损坏			●
39			5. 检查软件教学功能	分别选择教学软件中的教学功能，教学软件功能使用正常			●
40			6. 检查互动场景模拟功能	检查 SCANeR DT 中 Log 是否有报错，如有报错信息，重新安装	●	●	●
41			7. 检查动感场景模拟功能	检查 Motion 中加载是否报错	●	●	●
42	二、伺服系统	伺服电动机	检测伺服电动机运行	加电测试控制电动机运转是否正常，伺服缸应能够正常伸缩，运行无噪声			●
43		驱动器	检测驱动器工作	加电后，液晶板上显示 rdy，上下运动没有误差			●
44		控制器	检测多功能伺服卡性能	控制每个电动机上下运动 30cm，没有误差			●
45		电控柜及线束	检测电气电控柜及线束状况	连线正确牢固，没有漏电现象			●
46		伺服缸	检测伺服缸总成	上下运行，没有异常声音			●
47			拆检清洗润滑伺服缸总成	清洗，抹润滑脂，安装后运行正常无异响			●
48		万向联轴器	检测万向联轴器	无松旷，运转正常，没有异常声音		●	●
49			拆检清洗润滑万向联轴器	清洗，抹润滑脂，安装后运行正常无异响			●
50		电动伺服系统性能试验	正常运行 4h，无报错	1. 加电后，加载 Test. baisc 程序 2. 负载相同质量 3. 通过 Trio 控制软件记录运行状态 4. 伺服控制器在 4h 内无报错			●
51		运动性能试验	1. 前、后倾角 ＞±10°	角度尺测量			●
52			2. 前、后位移 ＞±150mm	金属直尺测量			●
53			3. 左、右倾角 ＞±7°	角度尺测量			●
54			4. 左、右位移 ＞±150mm	金属直尺测量			●

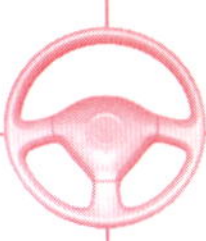

（续）

序号	系统	保养项目	保养内容	检验方法及标准	动感型		
					一级	二级	三级
55	二、伺服系统	运动性能试验	5. 左、右转角＞±13°	角度尺测量			●
56			6. 上、下位移＞±180mm	金属直尺测量			●
57	三、电控系统	电气箱	1. 清洁检测电控箱	箱体表面无灰尘，各航空插口紧固	●	●	●
58			2. 加电检测电控箱	加电测试，力反馈加电力度适中，各仪表灯显示正常		●	●
59			3. 清洁检测影音箱	1. 箱体表面无灰尘，各航空插口紧固 2. 加电测试，监控图像清楚，传声器无杂音	●	●	●
60			4. 检测主控板	加电测试，通过串口助手看得到的数据是否以 55 01 开头	●	●	●
61			5. 检测力反馈控制器	加电后，力度大小适中，力反馈可以自动归零	●	●	●
62			6. 检测电源	电源指示灯显示正常	●	●	●
63		传感器	1. 检测变速器传感器	加电后通过串口助手查看各个挡位的值是否正确	●	●	●
64			2. 检测离合器踏板传感器	加电后通过串口助手查看离合踏板数据变化是否正常	●	●	●
65			3. 检测加速踏板传感器	加电后通过串口助手查看加速踏板的数据变化是否正常	●	●	●
66			4. 检测制动踏板传感器	加电后通过串口助手查看制动踏板的数据变化是否正常	●	●	●
67			5. 检测驻车制动传感器	加电后通过串口助手查看驻车制动传感器数据是否正常	●	●	●
68			6. 检测安全带传感器	加电后通过串口助手查看安全带传感器数据是否正常	●	●	●
69		电动力反馈转向机	1. 拆检清洁润滑转向机总成	1. 转向机机构各连接部件不松旷 2. 游动间隙 4°±1°			●
70			2. 检测电气状态	加电后通过串口助手查看转向数据变化是否正常		●	●
71			3. 联机测试	加电后，力度大小适中，力反馈可以自动归零		●	●
72		线束	1. 清洁线束外观	线束线路完整无破损，无灰尘污垢	●	●	●
73			2. 检查电气状态	线束电器连接是否良好		●	●
74			3. 联机测试	联机系统测试线束是否正常运行			●

（续）

序号	系统	保养项目	保养内容	检验方法及标准	动感型		
					一级	二级	三级
75	三、电控系统	驾驶操纵机构仿真性检验	调整转向盘操作感觉	1. 左、右转动极限不小于720° 2. 转向盘转向后，能自动回正，回正力不大于30N 3. 行驶中，车轮遇高出路面100mm以上凸起障碍时，转向盘的反馈力不小于80N，且随车速增加而增大 4. 视景显示与转向盘操作响应滞后时间<50ms		●	●
76			调整变速杆操作感觉	1. 各挡位置应符合所模拟车型挡位 2. 空挡时，变速杆处于中间位置，挂挡时变速杆的左右、前后位移量与所模拟车型仿真度不大于±10mm 3. 摘挂挡力与所模拟车型仿真度不大于±5N。挂挡入位时，有强制定位感；行驶中，无脱挡现象 4. 变速杆受离合器踏板控制，不踩离合，不能摘挂挡 5. 当车速低于各挡最低车速时，车身抖动，但踏下离合器踏板后，抖动消失。各挡最低车速为：一挡5km/h，二挡10km/h，三挡15km/h，四挡20km/h，五挡25km/h，六挡30km/h 6. 变速杆处于挡位中，未踩离合器踏板时： （1）当拉紧驻车制动器，起动发动机时，车身一抖，发动机熄火 （2）当放松驻车制动器时，起动发动机，汽车前进，发动机起动 （3）当车辆行驶过程中，车速减至0时，发动机熄火 7. 使用3挡以上各挡起步时（即车速由0向上变化），车身一抖，发动机熄火		●	●
77			调整离合器踏板操作感觉	1. 踏板力与所模拟车型仿真度≤±20N 2. 半联动： （1）加速踏板≥0时，离合器踏板位于1/3行程处，车身一抖，汽车原地不动 （2）加速踏板=0时，离合器踏板由1/3处上移至行程终点，发动机熄火 （3）加速踏板>0时，离合器踏板由1/3处上移至行程终点，汽车前行 3. 使用3挡以上各挡起步（即车速由0向上变化），加速踏板≥0，抬离合器踏板超过1/3处再向上移动时，车身一抖，发动机熄火		●	●

（续）

<table>
<tr><th rowspan="2">序号</th><th rowspan="2">系统</th><th rowspan="2">保养项目</th><th rowspan="2">保养内容</th><th rowspan="2">检验方法及标准</th><th colspan="3">动感型</th></tr>
<tr><th>一级</th><th>二级</th><th>三级</th></tr>
<tr><td>78</td><td rowspan="3">三、电控系统</td><td rowspan="3">驾驶操纵机构仿真性检验</td><td>调整制动踏板操作感觉</td><td>1. 踏板力与所模拟车型仿真度≤±20N
2. 车辆减速度由踏板行程决定，踏下踏板的行程越多，车辆减速度就越大；保持一定的制动踏板位置，车辆将保持一定的减速度降速；踩至制动踏板行程终点时，车辆将以最大的减速度降速
3. 当减速度≥$-5m/s^2$，车身前倾
4. 急速踩下制动踏板至行程终点时，车辆将以最大的减速度快速降速，并带有车身前倾
5. 紧急制动。空车，当车速达40km/h，不摘挡，不踩离合器，同时踩下制动踏板、拉紧驻车制动，车辆迅速停下，车轮有拖印，发动机熄火。停车距离不大于9m</td><td></td><td>●</td><td>●</td></tr>
<tr><td>79</td><td>调整加速踏板操作感觉</td><td>1. 视景显示与加速踏板操作响应滞后时间<200ms
2. 声音与加速踏板操作响应滞后时间<50ms
3. 踏板位置与五种模拟发动机各工作状态的声音：
(1) 怠速（踏板处于0位）：发动机转速在600～1000r/min范围内，发动机声压为（66±5）dB
(2) 低速（踏板由0～1/4行程）：发动机转速在800～1200r/min范围内，发动机声压为（73±5）dB
(3) 中速（踏板由1/4～3/4行程）：发动机转速在1000～2000r/min范围内，发动机声压为（80±5）dB
(4) 高速（踏板由3/4～4/4行程）：发动机转速在1800～3000r/min范围内，发动机声压为（82±5）dB
(5) 急加速（将踏板由0迅速踏至3/4）：停顿时间<50ms后，发动机转速迅速达到1800r/min，发动机声压为（82±5）dB
(6) 声音频率为1300～6000Hz，失真率小于1%</td><td></td><td>●</td><td>●</td></tr>
<tr><td>80</td><td>调整驻车制动操作感觉</td><td>1. 拉紧驻车制动，挂挡后，完全抬起离合器踏板时，发动机熄火，汽车无法起步
2. 坡道拉紧驻车制动时，汽车不前后溜动
3. 放松驻车制动时，坡道停车时，放松制动踏板时，汽车或前溜或后溜</td><td></td><td>●</td><td>●</td></tr>
</table>

（续）

序号	系统	保养项目	保养内容	检验方法及标准	动感型		
					一级	二级	三级
81	三、电控系统	辅助操纵装置仿真性检验	检测点火开关模拟功能	1. 扭动灵活 2. ACC 挡位（第一挡位）属于接通电源，所有灯光电源接通 3. START 挡位（第二挡位）起动发动机 4. 从 ACC 或 ON 挡位（第一挡位）回转至 OFF 挡位（原位），车辆熄火 5. 在 START 挡位（第二挡位）时，松手后，自动回转至 ON 挡位（第一挡位） 6. 途中熄火，从 ON 挡位（一挡位）可直接转动至 START 挡位（二挡位）起动发动机		●	●
82			检测转向灯开关模拟功能	1. 中间是关闭状态 2. 向上是向左闪灯 3. 向下是向右闪灯 4. 应有“嗒嗒”的转向提示声音 5. 仪表板上的转向指示灯，车身上的转向灯均能够正确显示当前的转向方向		●	●
83			检测灯光开关模拟功能	1. 1 挡是小灯 2. 2 挡是大灯 3. 上下拨动灯光操纵杆，能变换远近光灯		●	●
84		仪表及警告装置仿真性检验	检测电流表与充电指示灯模拟功能	1. 车辆熄火且未通电状态，指针指向仪表正中 2. 车辆通电未起动状态，应属于放电状态，指针向负方向偏移 3. 车辆起动状态，指针向正方向偏移 4. 踩下加速踏板越大，偏移向正越多，但最高不得高于 24～27V		●	●
85			检测燃油表与液面警告灯模拟功能	1. 未打开点火开关时，指示为“0”。打开后，指针显示油箱存油量 2. 当油箱存油低于红线时，燃油警告灯发亮		●	●
86			检测机油压力表及警告装置模拟功能	1. 未起动发动机时，指示为“0”，起动后，指示发动机机油压力的变化情况。（正常值为 3～5kPa） 2. 当机油压力低于 0.5kPa 时，机油警告灯发亮		●	●

（续）

序号	系统	保养项目	保养内容	检验方法及标准	动感型		
					一级	二级	三级
87	三、电控系统	辅助操纵装置仿真性检验	检测冷却液温度表及温度警告灯模拟功能	1. 未打开点火开关时，指示为“0”，打开后，指示发动机冷却液温度的变化情况。（正常值为 80～90℃） 2. 当冷却液温度达到 100℃时，冷却液温度警告灯发亮		●	●
88			检测车速里程表模拟功能	1. 转动灵活，且显示准确 2. 日里程表能够计量单日里程数，且有归零按钮		●	●
89			检测发动机转速表模拟功能	能够正常显示发动机转速数值		●	●
90			检测制动指示灯模拟功能	当驻车制动在拉紧状态时，驻车制动指示灯为点亮状态		●	●
91			检测开车门警告灯模拟功能	当车门在开启状态下，仪表板上车门指示灯为闪烁或点亮状态		●	●
92			检测安全带警告灯模拟功能	打开点火开关后，不系安全带时，仪表板上安全带指示灯始终亮起		●	●
93			检测危险警告灯模拟功能	按动仪表板上的危险警告灯按钮，车体两边的转向灯及仪表板的转向灯同时闪光（俗称双闪）		●	●
94			检测倒车指示灯模拟功能	当挂入倒挡时，指示灯开启		●	●
95	四、五大总成件	支架总成	检查支架总成	焊接良好，无开焊，无变形		●	●
96			检查紧固联接螺栓	座舱支架固定牢固，各紧定螺钉无松动		●	●
97		转向管柱总成	检查紧定润滑转向管柱总成	1. 转动转向盘应有明显阻力感觉，各紧定螺钉无松动 2. 润滑转向轴支承轴承 3. 转向盘紧定可靠，轴向与径向均无明显晃动，自然状态固定位置正确，转动时无异响	●	●	●
98			拆检清洁润滑转向机构总成	1. 拆卸、分解、清洁转向管柱总成 2. 转动转向盘应有明显阻力感觉，各紧定螺钉无松动 3. 润滑转向轴支承轴承 4. 转向盘紧定可靠，轴向与径向均无明显晃动，自然状态固定位置正确，转动时无异响			●
99		踏板组总成	检查紧定润滑踏板组总成	1. 清洁踏板组 2. 各紧定螺栓紧定可靠，无异响 3. 润滑踏板轴		●	●

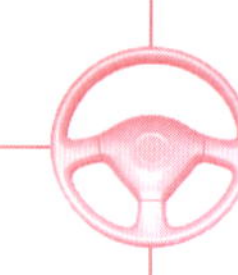

（续）

序号	系统	保养项目	保养内容	检验方法及标准	动感型		
					一级	二级	三级
101	四、五大总成件	踏板组总成	检查调整离合器踏板	1. 离合器踏板自由行程为20～30mm 2. 离合器踏板总行程应为50～120mm 3. 离合器踏板力应为20～150N		●	●
102			检查调整制动踏板	1. 制动踏板的自由行程为10～15mm 2. 制动踏板最大行程应为50～135mm 3. 制动踏板力应为100～500N		●	●
103			检查调整加速踏板	1. 自由行程为4mm±1mm 2. 踏板活动灵活，无发卡 3. 加速踏板总行程应为50～100mm 4. 加速踏板力应为20～100N		●	●
			更换踏板轴衬套	装配后运动自如，无异响			●
104		变速器总成	拆检清洁润滑变速器总成	1. 拆卸、分解、清洁变速器总成 2. 润滑各活动部位 3. 装配变速器时，应达到挡位操作正常，不发卡，定位牢固，入挡摘挡正常，无自动摘挡现象			●
105			调整变速器总成	1. 手感适中，无明显卡滞或沉重感，多次操作，无异响，润滑正常 2. 受离合器踏板控制的互锁装置工作可靠，润滑活动部位 3. 变速杆操纵力应为10～50N		●	●
106		座椅总成	检查紧定调整润滑座椅总成	1. 座椅固定可靠，前后位置调整顺畅，滑道安装位置正确，调节范围为200mm，无发卡 2. 安全带伸缩自如，紧急锁止功能正常工作：快速用力拉伸时将处于锁止状态，缓慢用力时可以伸长 3. 头枕高度调节灵活 4. 座垫靠背倾角调节灵活便捷 5. 润滑滑道			●
107	五、外饰件	前外罩	清洁检查养护前罩	1. 外观良好、使用正常 2. 外部清洁，无泥污	●	●	●
108		显示屏内罩	清洁检查养护显示器内罩	1. 固定牢固，各紧定螺钉无松动，和显示器配合紧密 2. 外部清洁，无泥污。 3. 装饰条配合紧密无缝隙	●	●	●
109		仪表罩	清洁检查养护仪表罩	1. 固定牢固，各紧定螺钉无松动，和显示器配合紧密 2. 外部清洁，无泥污 3. 装饰条配合紧密无缝隙	●	●	●

（续）

序号	系统	保养项目	保养内容	检验方法及标准	动感型		
					一级	二级	三级
110	五、外饰件	内挡板	清洁检查养护内挡板	1. 固定牢固，各紧定螺钉无松动，和显示器配合紧密 2. 外部清洁，无泥污	●	●	●
111		控制箱罩	清洁检查养护控制箱罩	1. 固定牢固，各紧定螺钉无松动，和显示器配合紧密 2. 外部清洁，无泥污	●	●	●
112		底座	清洁检查注塑底座	1. 颜色符合要求，表面光滑，无凹凸不平 2. 外部清洁，无泥污		●	●
113			清洁检查养护后围	1. 固定牢固，各紧定螺钉无松动，和座舱配合紧密 2. 外部清洁，无泥污 3. 装饰条配合紧密无缝隙		●	●
114			清洁检查养护胶压底座	1. 颜色符合要求，表面光滑，无凹凸不平 2. 外部清洁，无泥污		●	●
115			清洁检查养护座舱底座后围挡	1. 颜色符合要求，表面光滑，无凹凸不平 2. 外部清洁，无泥污		●	●
116	六、实车件	驾驶室总成	清洁检查调整润滑驾驶室总成	1. 驾驶室应形状正确、曲面圆顺、无污垢及机械操作的缺陷。左右各对称部位离地面高度差不大于10mm，不得漏水 2. 门窗启闭灵活，关闭紧密，锁卡可靠，合缝匀称，不松旷。风窗玻璃透明，不眩目。玻璃升降器升降自如 3. 刮水器可三速调节（慢挡、快挡、间隙挡）。刮条不与风窗玻璃接触，摆动平稳，停止时能回到零位，电动机工作正常 4. 检查紧固各部螺栓		●	●
117		转向机构	检查转向盘	外观完好，固定可靠，转动时无异响	●	●	●
118			检查紧定润滑万向节连接杆	连接可靠，无松旷	●	●	●
119		传动系	检查变速器手球	整洁干净无污渍，更换挡位顺畅不发卡		●	●
120			检查变速器防尘套	整洁干净无污渍，无损坏		●	●
121			检查离合器分泵	工作正常，无漏油现象		●	●
122			检查离合器弹簧	工作正常，踩下离合器，回位顺畅		●	●
123		制动系	检查驻车制动把	整洁干净无污渍，回位顺畅	●	●	●
124			检查驻车制动把套	整洁干净无污渍，无松动脱落	●	●	●

（续）

序号	系统	保养项目	保养内容	检验方法及标准	动感型		
					一级	二级	三级
125	六、实车件	燃油系	检查加速踏板弹簧	踩下加速踏板，回位顺畅			●
126			检查油管	工作正常，无漏油现象			●
127		车用电器	检查喇叭	工作正常，无杂音			●
128			检查转向指示灯	工作正常			●
129		组合开关	检查组合开关	工作正常			●
130			检查组合开关罩	整洁干净无污渍。			●
131			检查点火开关	工作正常，转到点火处，回位顺畅			●
132		仪表总成	检查仪表	1. 仪表板中各仪表均设有指示灯 2. 各仪表工作正常，指针应平稳，无跳动或卡滞，不工作时应回至零位			●
133	七、其他	教学用具	检查教员控制台	整洁干净无污渍，固定牢靠，无松动现象	●	●	●
134			检查转椅	整洁干净无污渍，固定牢靠，无松动现象	●	●	●
135			检查课桌	整洁干净无污渍，固定牢靠，无松动现象	●	●	●
136			检查课椅	整洁干净无污渍，固定牢靠，无松动现象	●	●	●
137			检查踏台	整洁干净无污渍，固定牢靠，无松动现象	●	●	●
138			检查安全围栏	整洁干净无污渍，固定牢靠，无松动现象	●	●	●
139		展板	检查展板组	数量齐全，整洁干净无污渍，固定牢靠	●	●	●
140		辅助设备	检查教员用转向盘	加电后转向盘自动回到中间位置，力度柔和。	●	●	●
141			检查打印机	打印字迹清楚，色彩鲜艳	●	●	●
142			检查学时记录机	加电后显示屏显示正常	●	●	●

注：●为执行此项目。

第五节　宣爱客服的运营规程

宣爱智能的客户服务中心（简称：客服中心）是宣爱公司负责产品的安装、调试、交接、使用培训、技术支持、维护与保养等一系列服务工作的常设机构。下辖二个部门，即：客户管理部、技术支持部，分别负责客户的日常管理与产品的技术管理工作。

一、客服中心基本运作流程

客服中心负责汽车驾驶模拟器的安装调试、售后服务及定期维护保养（需签署维护保养协议）。

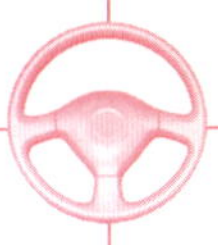

1. 客服中心安装作业流程

图　　示	操作步骤
	(1) 客服中心依据销售部门提供的“工程计划通知单”，确认安装时间和安装人员并纳入到“工程计划管理表”中进行统一计划管理
	(2) 每月按“工程计划管理表”组织实施。如因生产、运输或客户原因，可进行临时调整并注明下次安排时间
	(3) 每个工程安装前需先电话与客户确认时间、现场安装条件，且需确认到货时间
	(4) 工程人员提前准备好安装所需工具、软件、加密狗和“工程验收单”
	(5) 工程人员到达现场后，首先仔细检验核对产品，确保数量正确，无损坏

（续）

图　示	操作步骤
	（6）进行现场安装调试施工
	（7）安装调试完毕，请客户进行现场验收并签署“工程验收单”
	（8）每个工程完成后，及时将“工程验收单”返回客服中心
	（9）客服中心在收到“工程验收单”的一周内对客户进行电话回访并填写“客户回访单”
	（10）电话回访完成后，相应工程结束，在“工程计划管理表”中将其状态改为已完成

2. 客服中心售后服务作业流程

图　　示	操作步骤
	（1）客服中心在接到客户直接来电或销售部门反馈过来的客户的售后服务请求后，以“售后服务通知单”的形式进行记录，并视工程进度和人员状况安排相应负责人和时间，纳入到“工程计划管理表”同时给予客户初步答复
	（2）客服人员先期与客户进行电话沟通，了解情况。初期进行电话指导解决
	（3）如电话指导不能解决，与客户协商安排时间去现场进行处理
	（4）到达现场后，先进行故障现象的检查及初步问题判断，并对所有产品进行一次检查，向客户说明处理方法及所需时间

第三篇

（续）

图　示	操作步骤
	（5）得到客户认可后，现场实施维修作业
	（6）经查需更换零件时，向客户说明是否需付费及零件供应周期。客户认可后，安排采购并发运所需配件（如为客户付费，需客户先支付零件款）
	（7）零件发到客户处后，由客服人员进行更换作业
	（8）维修完成后，进行测试。无问题后，请客户进行现场验收并签署“售后服务作业单”
	（9）每个服务作业完成后，及时将“售后服务作业单”返回客服中心

（续）

图　示	操作步骤
	（10）客服中心在收到“售后服务作业单”的一周内对客户进行电话回访并填写“客户回访单”
	（11）电话回访完成后，相应作业流程结束，在“工程计划管理表”中将其状态标为已完成

3. 客服中心维护保养作业流程

图　示	操作步骤
	（1）客服中心根据客户的实际使用情况和需求，参照“汽车驾驶模拟器定期维护保养标准与收费一览表”为客户量身定制保养级、保养次数、保养周期及保养费用，并与客户签定“汽车驾驶模拟器保养协议”
	（2）按“汽车驾驶模拟器保养协议”规定的保养时间，将其纳入到“工程计划管理表”

（续）

图　示	操作步骤
	（3）事前与客户约定去现场的时间并提前准备相应的工具
	（4）到现场按保养级别规定的项目，逐项实施保养作业
	（5）全部保养项目实施完毕，经测试无问题后，请客户进行现场验收并签署“维护保养作业单”
	（6）在保养过程中，如需更换零件，参照售后服务作业流程中更换零件的相关内容执行
	（7）每个维护保养作业完成后，及时将“维护保养作业单”返回客服中心

（续）

图示	操作步骤
	（8）客服中心在收到“维护保养作业单”的一周内对客户进行电话回访并填写“客户回访单”
	（9）电话回访完成后，相应作业流程结束，在“工程计划管理表”中将其状态标为已完成

二、客服中心各项业务管理制度

1. 新品检验时的要求

为了保证检验工作顺利完成，避免将电子学习室擦伤和弄脏，检验人员必须按以下要求进行检验。

1）检验人员的制服应整洁、合身，应穿无扣或有暗扣的工作服，鞋子不能沾有泥土。

2）检验人员的衣服口袋不能放任何工具和硬物。

3）检验人员不能佩戴钥匙、手表、戒指、手链、项链等金属物品。

4）检验人员应穿软底平跟鞋，不能穿拖鞋、硬底鞋、高跟鞋。

5）检验人员的双手应保持干净，指甲不能太长。

6）检验人员应准备棉纱手套及白色薄手套各一副，棉纱手套用来检查计算机机箱等，白色薄手套用来检查电子学习室的内、外饰。

7）检验人员的服装、手套、帽子、软底平跟鞋均要定期清洁或更换，以保持清洁。

2. 客服中心安全作业管理制度

客服人员现场施工的首要原则是“安全第一”，所有人员必须严格执行。

1）电子学习室对人体有危险的部位必须张贴危险标志。

2）工程作业前，要确认现场环境的安全、用电及结构施工条件。

3）开机前，所有的防护罩，特别是风扇处必须正确地安装在机器上。

4）开机前，所有的电气接头必须正确地连接，所有的仪器设备必须检查一遍以确保安全。

5）开机前，所有带锁的配电盘的门必须锁好。

6）维修人员必须经过培训，不要独自一人在机器旁维修，这样一旦事故发生时，能得到相互帮助。

7）工程作业中，更要注意人身和设备的安全，避免磕碰、刮划、挤压等伤害事故。

8）维修时，禁止启动机器，可以采取切断电源的办法。

9）在进行电气维修时，请严格遵照电气说明书进行，确保电子学习室接地正确。

10）不能用湿手或站在水中和潮湿地面上触摸电线和设备。

11）所有接地必须良好。

12）工程作业后，要清理检查现场，重点是事故隐患的排查（如确认有无漏电等）。

13）装备合适的灭火器在方便的位置。

14）不要将碎布放在电子学习室的设备或仪器上或留在电子学习室附近。

15）需要将机器上的油污清理干净，过量的油污可能引起火患。

3. 客服中心的5S工作制

5S是指在客服现场中对设备、人员、材料、方法等作业要素进行有效管理的一种管理方法，具体指整理、整顿、清扫、清洁、素养。

5S的内涵：整理（Seiri）、整顿（Seiton）、清扫（Seiso）、清洁（Seiketsu）和素养（Shitsuke），将此5条应用在服务过程中，能够有效地提高服务质量。客服人员在现场工作中要贯彻落实5S，具体要求如下：

（1）整理　所谓整理，就是将混乱的状态收拾成井然有序的状态。整理是为了改善企业的品质，因此，在工作场所里没有用处的东西不必配备。也就是说，首先判断哪些是不必要的东西，再将这些不必要的东西丢掉。所以，整理的工作就是：

1）首先，区分哪些是必要的东西，哪些是不必要的东西。

2）抛弃不必要的东西。

3）将必要的东西收拾得井然有序。

抽屉里整理示例：

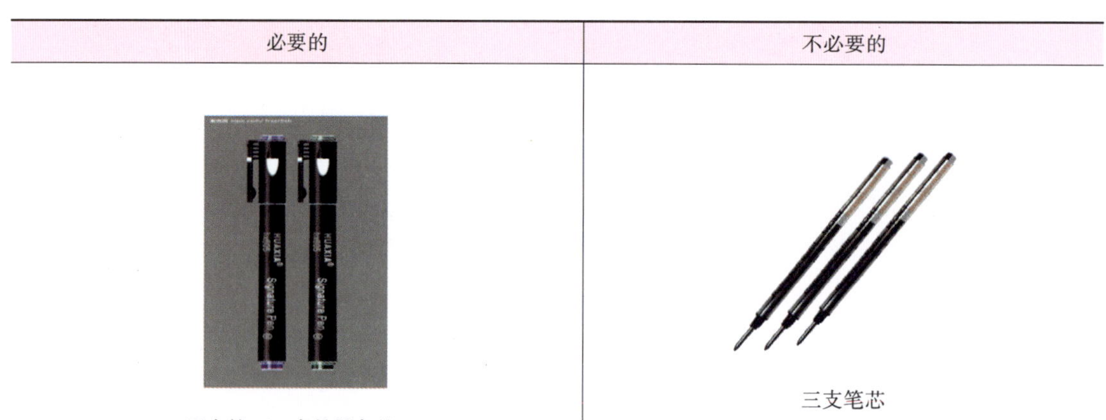

必要的	不必要的
两支笔（一支是预备的）	三支笔芯

（续）

必要的	不必要的
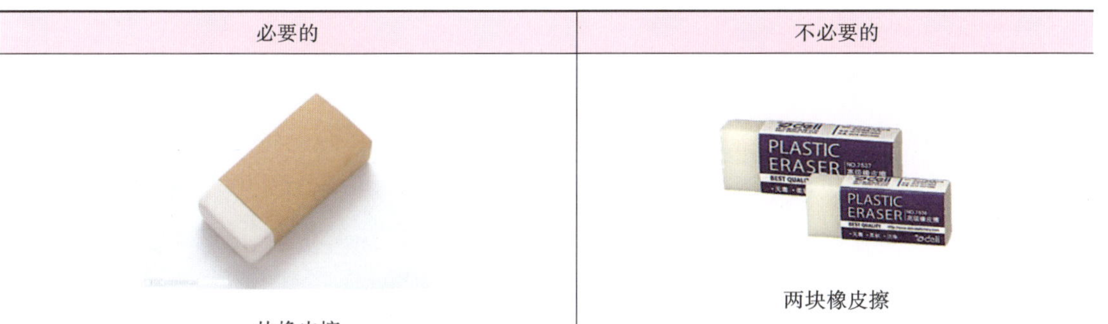 一块橡皮擦	两块橡皮擦
 电子计算器	 旧稿纸
 便笺	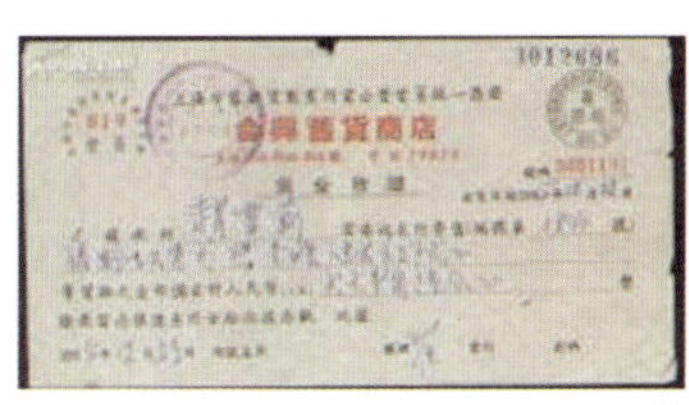 又皱又旧的收据
 现在使用的文件夹	 以前就有的，可没有用过的 FILE

扔掉可惜，但整理过程中，敢于扔才是最重要的。

（2）整顿　所谓整顿，就是整理散乱的东西，使其处于整齐的状态。目的是在必要的时候能迅速取到必要的东西，如图 6-43 所示。整顿比整理更深入一步，主要的工作是：

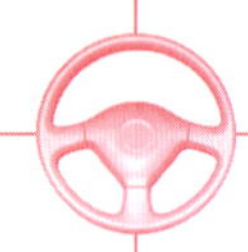

1）能迅速取出。

2）能立即使用。

3）处于能节约的状态。

图 6-43　未整顿的场面示意

（3）清扫　所谓清扫，就是清除垃圾、污物、异物等，把工作场所打扫得干干净净，便于更好的展开工作活动，如图 6-44 所示。清扫的对象是：

1）地板、天花板、墙壁、工具箱、工具等。

2）设备、测量用具等。

图 6-44　未清扫场面示意

(4) 清洁 所谓清洁就是保持工作场所没有污物、非常干净的状态，即：一直保持清洁后的状态，通过一次又一次的清扫，使地板和设备都保持得干干净净，让人看了之后受到感动，如图 6-45 所示。

图 6-45 未清洁的现场

(5) 素养 所谓素养，就是在仪表和礼仪两方面做得好，严格遵守企业推行的 5S 制度，并做到：养成良好的 5S 运动的习惯。素养是“5S”活动的核心，没有人员素质的提高，各项活动就不能顺利开展，就是开展了也坚持不了。素养的工作要点是：

1) 仔细检验产品，确保数量正确，无损坏，可卸车进入场地。

2) 仔细勘查安装现场，和客户及时沟通设备安装的位置及摆放方法。

3) 检查工程现场的用电情况，确保设备正常运行。

4) 文明安装，操作作业规范，现场不得大声喧哗，不得野蛮施工。

5) 设备轻拿轻放，不得重力撞击，安装力度适中。

6) 设备安装过程中，本着严谨仔细的工作作风，不得敷衍、欺骗客户。

7) 安装现场禁止吸烟。

8) 安装完毕，清理安装现场（不得由客户清理），应为客户提供一套完整干净的电子学习室。

9) 为客户进行设备的基本操作培训，说明设备使用过程中的注意事项。

附　　录

附录 A　4B1 系列产品 BOM 表

序号	系统	总成	物料编码	名称	规格	4B1		备注
						大	小	
1	一、视景系统	计算机	0101CH01	计算机　主机	CPU：英特尔 Q8300 LGA7751 2.5G/4MX（333MHz），主板：华硕 P5Q Delux/微星，显卡：索泰 Zotac　GTX275，内存：OCZ DDR2 1200 4G/金士顿，硬盘：希捷 ST73S0330SV　7200 转 1T 32M SATA，电源：安钛克 NeoPower 550，机箱：华北工控 RPC-610	2	2	
2			0101CH04	计算机 监控	惠普 DX2040 VP620PA，配采集卡	1	1	
3			0101CH06	创新声卡		1		
4			0101CH07	显示器	19in 液晶，宽屏，戴尔	2	2	
5			0101CH08	鼠标和键盘	USB　双飞燕	1	1	
6		转换器	0102CH01	多屏宝	迈创一分三（模拟版）	2	2	
7			0102CH02	PCI USB 卡	一转四	1	1	
8			0102CH03	转换器	USB 转 422	1	1	
9		摄像机	0103CG01	摄像机	定点红外一体机 PNT-858	3	3	
10			0103CG02	摄像机	定点红外一体机 PNT-628	1		
11		投影机	0104CG01	数字投影机	3M-SCP720，数字短焦，1024×768	3	3	配吊架
12			0104CG02	液晶投影机	2500lm 1024×768	1		配吊架
13		屏幕	0105BG01	电动投影幕	红叶 120in	1		
14			0105BG04	环形幕	2500×10000，180°环形，高清无缝拼接 1.0 增益	1	1	配支架
15		显示屏	0106CH05	显示器液晶屏	12.1in，京东方 HT12X21，TFT，1024×768，VGA	1		
16			0106CH07	显示器液晶屏	8.4in AUO，TFT，800×600，DIY	1	3	
17		融合器	0107CH01	三通道融合器	硬件融合，含 3 根 30mDVI 线缆及远程驱动器、远程值机功能	1	1	

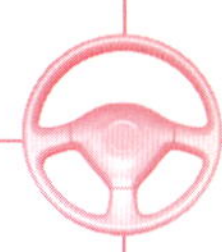

（续）

序号	系统	总成	物料编码	名称	规格	4B1		备注
						大	小	
18	一、视景系统	音响功效	0108CH01	传声器	HT-38，直头	3		
19			0108CH02	传声器	HT-DZ2（含单配的线）	1	1	
20			0108CH03	传声器	HT-737，弯头	1	1	
21			0108CH04	音箱	创新 T20（对）	1	1	
22			0108CH07	功放	A-T1006	1	1	
23			0108CH10	调音台	8 口，美奇 PMX-800（大二芯转莲花头 4）	1	1	
24			0108CH14	音箱	狮特 CS5（对）	2		
25		视景 VIEW4 1 系列	0111CH01	视景 VIEW4 V1.1	大型车版	1		
26		视景 VIEW4 1 系列	0111CH02	视景 VIEW4 V1.2	小型车版		1	
27		SCANeR DT	0113CH01	SCANeR DT V1.3	大型车带伺服不带路谱路基编辑	1		DT V1.3
28			0113CH07	SCANeR DT V1.3	小型车带伺服不带路谱路基编辑		1	DT V1.3
29		包装盒	0116CH01	包装盒	定制	1		
30		线类	0117CH02	网线	交叉	1		
31			0117CH03	USB 延长线	10m，常规	7		
32			0117CH04	传声器线	传声器线 40m	3		
33			0117CH05	视频线	BNC　30m　摄像机用	1		
34		电源线	0118CH01	插线板	加长公牛插线板，30m，到主投影机	1		
35			0118CH02	插线板	40m，到副教室投影机	1		
36			0118CH03	插线板	突破保镖，10A，2m	1		
37			0118CH04	插线板	突破保镖，10A，10m	2		
38			0118CH05	电源线	12V　30m 电源线	1		
39		分配器	0119CH01	分配器	VGA 分配器 一分二	1		
40	二、运动平台	伺服电动机	0201CH01	伺服电动机	施耐德 BSH1402P11F1A 含编码器和制动器	6	6	
41		驱动器	0202CH01	驱动器	施耐德 LXM05SD57N4	6	6	
42		控制器	0203CH01	多功能伺服卡	TRIO　PCI-208	1	1	

（续）

序号	系统	总成	物料编码	名称	规格	4B1		备注
						大	小	
43	二、运动平台	电气电控柜及线束	0204AG01	电气电控柜及线束	意美德标准 二合一	1	1	
44		电气电控柜及线束	0204AG03	继电器	继电器 4B（升级用）	18		
45		伺服缸	0205AH01	伺服缸总成	6D100 型（方形）	6	6	
46		万向联轴器	0206AH01	十字轴式万向联轴器	SWC-180 WF 型无伸缩法兰式	12	12	
47	三、电控系统	电气箱	0301CH01	电控箱总成	电控系统 V1.1	1		
48			0301CH02	影音箱总成	4B1 专用	1	1	
49		传感器	0302CH01	变速器挡位传感器	电控系统 V1.1 6 挡位板（对）		1	
50			0302CH02	变速器挡位传感器	电控系统 V1.1 8 挡位板（对）	1		
51			0302CB03	三踏板传感器	非接触式线性位移传感器 KTM-100MM	3	3	
52			0302CB04	转向机传感器	非接触式磁阻角度传感器		1	
53			0302CH05	驻车制动传感器	开关传感器	1	1	
54			0302CH06	安全带传感器	开关传感器	1	1	
55		电动转向机	0303CG01	汽车转向传动系统	金钻 V4.0 TDZ-P03	1		
56		线束	0304CH05	线束组总成	4B1（大）专用	1		
57			0304CH06	线束组总成	4B1（小）专用		1	
58			0304CH13	秋叶原线	4B1（大）每套 4 根×10m	1		
59	四、五大总成件	支架总成	0401AH07	上下支架总成	4B1（大）后视镜外壳	2		
60			0401AH08	上下支架总成	4B1（大）下视镜外壳	1		
61			0401AH09	上下支架总成	4B1（大）上支架	1		
62			0401AH10	上下支架总成	4B2（大）下支架	1		
63			0401AH11	上下支架总成	4B1（大）移动升降装置	3		
64			0401AH12	上下支架总成	4B1（大）整车移动装置	3		
65			0401AH13	总装加工件	4B1（大）力反馈转向机支架	1		
66			0401AH14	总装加工件	4B1（大）变速器支架	1		
67			0401AH15	总装加工件	4B1（大）变速器附属机构	1		
68			0401AH16	总装加工件	4B1（大）电气箱固定支架	1		
69			0401AH17	总装加工件	4B1（大）加速踏板传感器安装板	1		
70			0401AH18	总装加工件	4B1（大）驻车制动传感器安装板	1		

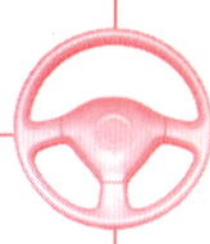

（续）

序号	系统	总成	物料编码	名称	规格	4B1		备注
						大	小	
71	四、五大总成件	支架总成	0401AH19	总装加工件	4B1（大）制动踏板传感器连接机构	1		
72			0401AH20	座舱支架总成	2C（小）		1	
73			0401AH21	上下支架总成	QJ-4B（小）后视镜外壳		1	
74			0401AH22	上下支架总成	QJ-4B（小）车内后视镜外壳		1	
75			0401AH23	上下支架总成	QJ-4B（小）上支架		1	
76			0401AH24	上下支架总成	QJ-4B（小）下支架		1	
77			0401AH25	上下支架总成	QJ-4B（小）移动升降装置		1	
78			0401AH26	上下支架总成	QJ-4B（小）踏台支架		1	
79			0401AH27	总装加工件	QJ-4B（小）电气箱固定支架		1	
80			0401AH28	总装加工件	QJ-4B(小)加速踏板传感器安装板		1	
81			0401AH29	总装加工件	QJ-4B(小)驻车制动传感器安装板		1	
82			0401AH30	总装加工件	QJ-4B（小）制动踏板传感器连接机构		1	
83		变速器总成	0404AH03	变速器总成	V1.0（大电）	1		
84			0404AH08	变速器总成	变速器铝外壳	1		
85	六、实车件	车身	0601AE01	驾驶室	东风 153	1		
86			0601AA02	驾驶室	速腾		1	
87		转向机构	0602AH06	转向万向节连接杆	东风 153	1		
88			0602AH07	转向万向节连接杆	福田轻卡	1		
89		传动系	0603BH01	变速器手球	东风天锦	1		
90			0603BH05	离合器分泵	东风 153	1		
91			0603BH06	离合器弹簧	东风 153	1		
92		燃油系	0605AH01	加速踏板弹簧	通用	1		
93			0605AG02	油管	1500×ϕ6	1		
94	七、装配用料	标牌	0701BB02	商标标牌	“北京宣爱”40×5	1	1	
95			0701AH05	铭牌	“动感型……”蚀刻烤漆	1	1	
96		橡胶件	0702BH05	橡胶件组	4B1（大）	1		
97			0702BH06	橡胶件组	4B1（小）		6	
98		标准件	0702BH04	标准件组	4B1（大）	1		
99			0702BH05	标准件组	4B1（小）		1	
100			0702BH06	桥架	120×50×1.2	1		
101		装配辅料	0704EG01	制动液	901（800g/瓶）	1	1	
102			0704EG02	润滑脂	钙基润滑脂	1	1	
103			0704EG03	胶水	AB 胶	1	1	

（续）

序号	系统	总成	物料编码	名称	规格	4B1		备注
						大	小	
104	七、装配用料	装配辅料	0704EG04	胶水	401 胶	1		
105			0704EG05	车窗太阳膜	中黑色	1		
106			0704EG06	车腊	通用	1	1	
107			0703AG13	联轴器	4B1（大）	1		
108			0703BG19	自封塑料袋	装产品合格证，装箱单	1	1	
109			0703BG21	合格证组	装箱单、合格证、检验单	1	1	
110		包装	0705EG09	外包装箱	4B1（大）升级专用	1		
111	八、其他	教学用具	080EH03	教员控制台	4B1 系列产品专用	1	1	
112			0801EH05	转椅	螺杆有扶手座椅	1	1	
113			0801EG06	课桌	复合板 单面 1800×400×750	6		
114			0801EH07	课椅	复合板 革质	18		
115			0801EG08	踏台	4B1（大）实木地板	1		
116			0801AG09	踏台	4B1（小）电动		1	
117			0801AG10	安全围栏	4B1（大）不锈钢	1		
118			0801AG11	安全围栏	4B1（小）不锈钢		1	
119		展板	0802BG04	展板组	《汽车驾驶电子学习室展示板组》V1.2	1		
120		辅助设备	0803CH01	教员用转向盘	罗技 MOMO	1	1	
121			0803CG02	打印机	喷墨打印机	1	1	
122			0803CG03	学时记录机		1		
123		工具箱	0804AG01	工具箱	工具箱	1		
124			0804CH02	工具箱	红外测温枪	1		
125			0804AG03	工具箱	润滑脂枪	1		
126			0804AG04	工具箱	机油壶	1		
127			0804AG05	工具箱	座椅套	1		
128		LOGO	0805AA01	公司 logo	企标	1	1	

附录 B　电子学习室工程设计图

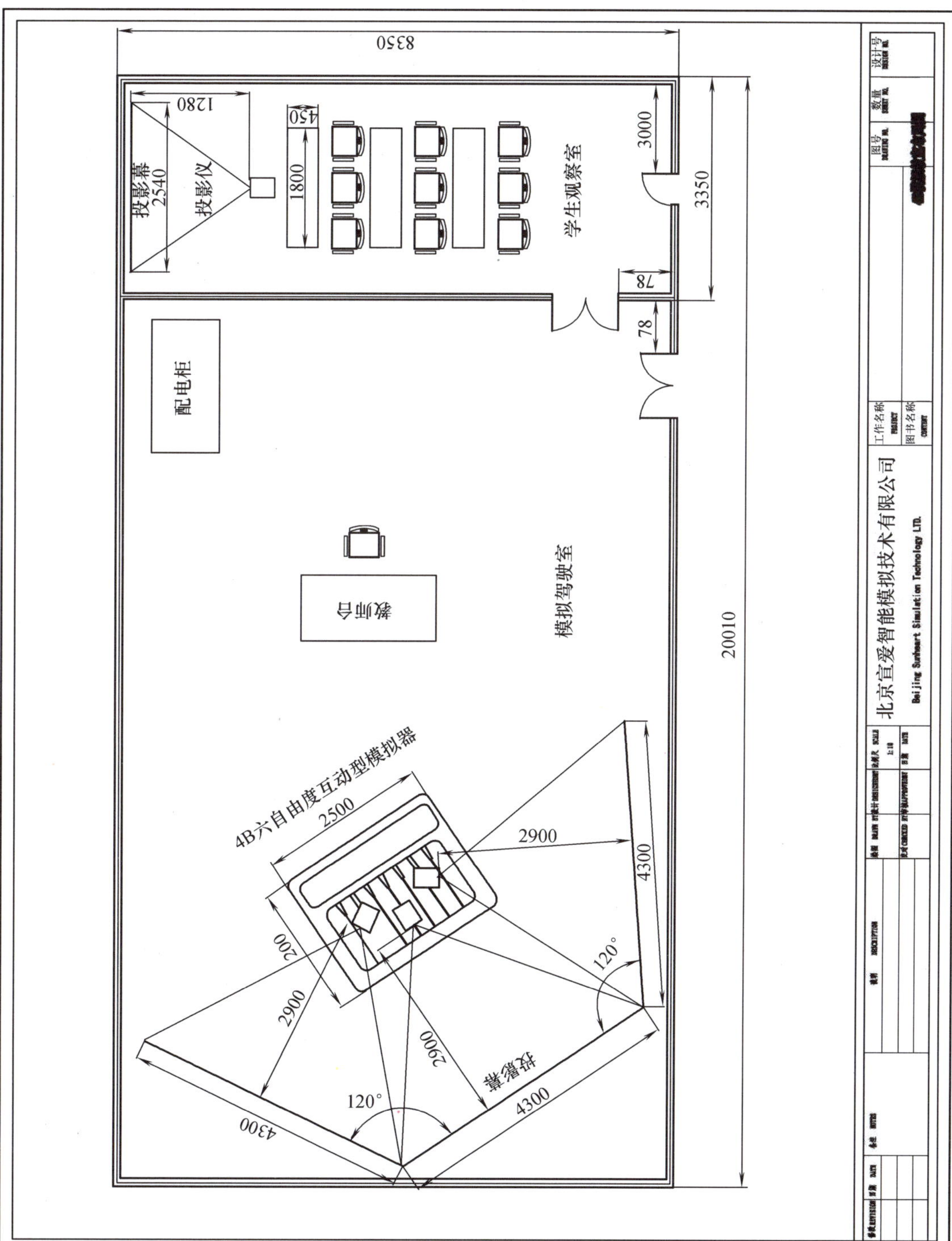